2015年度安徽师范大学本科教材出版基金资助项目

# 中学物理教学技能理论与实践

ZHONGXUE WULI JIAOXUE JINENG
LILUN YU SHIJIAN

程小健◎编著

安徽师范大学出版社

·芜湖·

责任编辑：吴毛顺

装帧设计：董丹阳

**图书在版编目（CIP）数据**

中学物理教学技能理论与实践 / 程小健编著 — 芜湖：安徽师范大学出版社，2017.2（2023.7重印）

ISBN 978-7-5676-2718-5

Ⅰ.①中… Ⅱ.①程… Ⅲ.①中学物理课 – 教学研究 Ⅳ.①G633.72

中国版本图书馆CIP数据核字（2016）第326036号

# 中学物理教学技能理论与实践

程小健　编著

出版发行：安徽师范大学出版社

芜湖市九华南路189号　安徽师范大学花津校区　邮政编码：241002

网　　址：http://www.ahnupress.com/

发 行 部：0553-3883578　5910327　5910310（传真）　E-mail：asdcbsfxb@126.com

印　　刷：苏州市古得堡数码印刷有限公司

版　　次：2017年2月第1版

印　　次：2023年7月第4次印刷

规　　格：700 mm × 1000 mm　1/16

印　　张：14.25

字　　数：263千字

书　　号：ISBN 978-7-5676-2718-5

定　　价：42.50元

# 前　言

　　随着全球范围基础教育课程改革的进一步深入，我国基础教育发展不仅对高等师范院校教师教育的课程体系和结构提出了更高的要求，而且希望以教师专业发展和终身学习思想为指导的教师教育理论和教学实践能够引领中小学校课程和教学改革。基础教育课程改革发展的历史告诉我们，在总结课程和教学改革取得的成绩、积累的经验和存在的问题基础上，只有用现代教育理论、思想和方法指导教育教学实践，才能有效地促进教师教育理论和实践的健康发展，提高新一代教师的科学素养、教学技能和专业素养水平。基础教育课程改革的新思想和新理念，要求教师特别是未来的教师，能够尽快地熟悉和适应基础教育课程和教学改革的发展需要。

　　在教师教育实践中，理解课程改革的理念，提升理论层面的指导意义，就必须使教师教育课程的理论和实践与基础教育实际能够无缝对接，这其中强大的黏合剂无疑是教师课堂教学技能的理论和实践。微格教学作为教师教育体系中培养和培训教师的一种理论、实践和方法，搭建起教师教学技能的理论和实践的桥梁，有效地沟通了教师职前培养中先进视听技术、现代教育技术和手段的运用。伴随着现代教育技术的发展，传统的课堂教学也在悄然地发生着变化，计算机多媒体技术、教学课件、电子白板，甚至包括"互联网＋"等信息技术在课堂教学中的应用，都使得教师教学技能的研究得以再上新台阶。教师能否灵活运用这些技术手段，能否将其与教师课堂教学技能的理论与实践结合起来，在很大程度上决定能否借助这些技术手段赋予教师教学技能的训练以新意。

　　本书将在教师教学技能理论和实践的结合方面做一些有益的探讨，也是配合学校新型教师教育课程建设和培养方案实施的需要，力图解决教师职前培养课程设置滞后于基础教育教学发展这一实际问题。笔者长期从事中学物理教师教育培养和培训工作，熟悉基础教育物理学科教育教学实际，对中学物理教师职前培养和在职培训中存在的问题有一定的认识。近年来，高等师范院校承担着国家层面的教师继续教育和"国培计划"的任务，也承担着省级及地市级学科骨干教师培训任务，笔者有更多的机会和条件接触基层一线不同层次和不同教龄的教师，通过多种途径和渠道了解在职教师专业发展的不同需求，更熟知他们专业成长中的苦恼，同时从一些优秀教师和青年教师身上看到基础教育发展的动力。正是基于这样的考虑，笔者从教师的专业发展和终身学习的角度，将中学物理教育教学的理论和实践及时反馈到教师教育的培养和培训之中，进而在教师教育实践过程中，探寻未来的、优秀的物理学科教师成长和发展规律。

本书是2015年安徽师范大学本科教学教材建设基金项目，是物理学（师范类）专业教师教育课程建设的一项重要内容。本书的出版得到安徽师范大学教务处、物理与电子信息学院的鼎力支持，在此表示衷心感谢！由于水平有限，笔者在教师教育理论研究和实践方面存在许多不足，书中所述难免偏颇，敬请各位指正。

程小健

2016年10月于安徽师大赭山校区

# 目　录

理论篇　微格教学与教学技能研究

## 实践篇　中学物理教学技能训练

## 综合篇　教师专业化发展

理论篇

微格教学与教学技能研究

# 第一章  微格教学概述

## 第一节  什么是微格教学

### 一、什么是微格教学

微格教学（Microteaching）是师范生和在职教师掌握课堂教学技能的一种培训方法。1963年，美国斯坦福大学的阿伦（D. W. Allen）和他的同事们首先开发并创建微格教学这种培训教师的系统。在对教师培养方式和方法的研究中，他们把微格教学定义为："一个有控制的实习系统，它使师范生有可能集中完成某一特定的教学行为，或在有控制的条件下进行学习。"英国学者布朗（G. Brown）说："它是一个简化了的、细分的教学，从而使学员易于掌握。"北京教育学院微格教学课题组经过多年的实践和研究认为，微格教学是一个有控制的教学实践系统，它使师范生和教师有可能集中完成某一类特定的教学行为，并在有控制的条件下进行学习和训练；它是建筑在教育教学理论、科学方法论、视听理论和技术的基础上，系统训练教师课堂教学技能的一种理论和方法。

微格教学在美国斯坦福大学产生后，迅速在美国各地得到推广、应用和研究。20世纪60年代末传入英国、德国等欧洲国家，20世纪70年代传入日本、澳大利亚、新加坡等国家和我国的香港地区，20世纪80年代开始传入我国大陆、印度、泰国、印度尼西亚以及非洲的一些国家。随着微格教学理论和实践系统的不断完善，这种专门培养和培训教师，提升教师课堂教学技能的独特方法，很快得到各国教师教育职前培养和在职教师培训机构的重视。

20世纪80年代，微格教学以其鲜明的特点和理论联系实际的方式方法，开始逐渐被我们认识和接受。其中，北京教育学院在微格教学的理论和实践研究的基础上，已初步形成体系。借助联合国教科文组织和世界银行贷款培训项目，北京教育学院举办了多期全国微格教学研讨班，结合学科教学探讨微格教学实践，并有相关学术刊物定期出版。全国各地教育学院系统和各级师范院校不仅开展了微格教学的理论研究，设置微格教学理论课程和实践课程，着手编写适用于不同层次教育工作者的培训教材和中小学各学科微格教学教材，同时各地积极开展并进行了大量的实践研究。特别是随着信息技术的迅猛发展，我国基础教育学校教育技术装备及课堂教学条件得到极大的改善；高等师范院校和各级教师教育培训机构也在教师职前培养方面加大投入，新建了具有先进设备的微格教学专用实验室；师范院校各学科各专业师生也将开展微格教学的实践活动纳入正规的教师教育课程体系中，从而建立和完善了以教育学、心理学及学科教学论等课程的理论学习和各层次微格教学及教学技能专项训练的实践活动两大主线。高等师范院校已将学科专业的教学技能训练作为学生职前教育培养的重要组成部分，充分利用微格教室等培训硬件设施，加大培训和练习的力度，并将微格教学中教学技能训练和考核与师范生教育教学实习紧密联系起来，积极探索具有中国特色的师范院校教师教育培养的课程体系和实践体系。

## 二、微格教学的过程和特点

### （一）微格教学的过程

自从美国斯坦福大学的研究者提出微格教学这一培训系统以来，世界各国对于微格教学理论和实践的研究不断深入，逐渐形成了微格教学训练过程的系统模式，这个模式一般包括如图1-1所示的几个步骤①。

**1. 事先的学习和研究**

进入微格教学训练之前，被培训者应当学习的内容主要包括教学理论、学科教学论的系统知识和学科专业教学设计研究，具体有中学物理教材分析的基本方法、教学目标分类研究、课堂教学观察方法、教学设计的理论和实践、教学技能分类的理论基础、课堂教学评价和学习者的特点研究等。

**2. 确定培训技能和编写教案**

微格教学是培训教师的课堂教学技能，把课堂教学分为不同的单项教学技能分别进行训练，每次只集中培训一二种教学技能，以便容易掌握。当被培训的教学技能确定后，被培训者就要据此选择恰当的教学课题，根据所设定的教学目标进行教学设计，并编写出较为详细的教案。微格教学的教案不同于一般的课堂教学所用的教案，它主要是从教师课堂教学行为的视角，考察整个教学过程教师运用教学技能的情况，详细说明教师的教学行为（即所

---

① 孟宪恺.微格教学基础教程［M］.北京：北京师范大学出版社，1992：2-5.

应用的技能）和学生的学习行为（包括预设的反应）。

### 3. 提供示范

训练前，为了使被培训者明确培训的目标和要求，通常利用录像或角色扮演的方法对所训练的技能进行示范，便于师范生或被培训者对教学技能的感知、理解和分析。实践表明，录像、录音等音像资料的示范应以正面典型事例为主，以便树立好的学习榜样。

### 4. 微格教学实践

微格教学实践环节是微格教学过程的中心环节，主要包括以下几个组成部分：

（1）微型课堂。微型课堂要由扮演的教师角色（师范生或在职教师）、学生角色（由被培训者的同学或真实的学生担任）、教学评价人员（被培训者的指导教师或同学）和摄录像设备的操作人员（专业人员或被培训者的同学担任）组成。

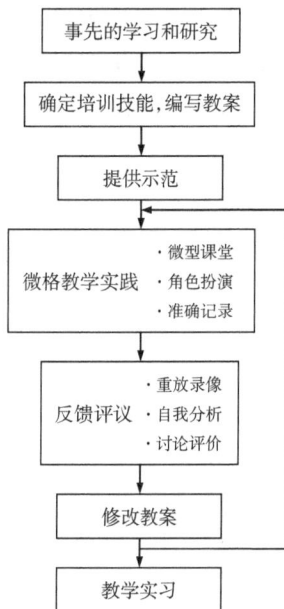

图 1-1　微格教学过程

（2）角色扮演。由被培训者在微型课堂上一节课的一个片断，练习一二种教学技能，所用的时间通常为 10 分钟左右。正式练习前，被培训者应当明确所要练习和培训的教学技能，以便明确所训练的技能的要求和应该达到的目标，事先准备的有关教学内容和教学设计应当紧紧围绕这一主题展开，训练所用的教案必须事先准备充分。这里特别要指出的是，扮演"学生"角色的同学或同事要能够根据微型课堂上扮演"教师"角色的被培训者上课的实际情况，尽量营造出一个"真实"的课堂教学情境，帮助"教师"完成预定的培训任务。

（3）准确记录。练习过程中，采用录像的方法对微型课堂上教师的行为和学生的行为进行实时记录，以便能及时准确地进行反馈和评价。扮演"学生"角色的听课者和指导教师、教学评价人员，应在第一时间内认真记录教学技能训练的实际过程，特别是要记录执教者的教学行为表现和听课者的即时感受，填写评价表，以便评课时能有所依据，做到有的放矢。

### 5. 反馈评议

反馈评议环节是微格教学的重要环节，主要包括以下几个方面：

（1）重放录像。为了使被培训者能够及时、准确地获得反馈信息，当角色扮演活动完成后要及时重放录像。教师角色、学生角色、指导教师和教学评价人员一起观看，进一步观察被培训者达到培训目标的程度。

（2）自我分析。反馈评议是被培训者的再学习过程。通过重放录像，教师角色扮演者首先进行自我分析，指导教师和"学生"角色的师范生一起讨论评议，检查实践过程中是否达到预定的教学目标，所培训的教学技能达到的程度，讨论存在的问题，指出需要改进之处和今后努力的方向。

（3）讨论评价。指导教师或教学评价人员也可在前面定性评价的基础上，通过评价表进行定量评价，以便实践过程中的师生相互分析。被培训者根据自我分析和讨论评议中指出的问题，为修改微格教学设计和教案指明方向。

### 6. 修改教案

经过上述反馈中发现的问题，被培训者进行反思，总结经验，根据指导教师及集体的建设性意见修改教案。若角色扮演比较成功，则可以训练其他教学技能，或重新进行角色扮演实践，进行微格教学的再循环。

微格教学模式的研究得益于行为主义教学设计的思想，即斯金纳（B. F. Skinner）所说的"小步子、循序渐进、序列化、学习者参与、强化、自定步骤"的程序教学设计原则，它使得教学技能的培养和训练得以在有控制的条件下进行。

## （二）微格教学的特点

实际的课堂教学中，教师运用并展示的教学技能往往是以综合的形式出现的。微格教学的基本思想是将复杂的教学过程进行科学的细化，重点突出教师运用的某一二种教学技能，然后应用现代视听技术，对特定的教学技能进行训练，逐项地学习、示范、训练、评价，不断提高和完善。当每种教学技能都达到要求以后，再结合适当的教学课题，把相关的教学技能综合起来，形成整体的课堂教学能力。与传统的培训方式相比，微格教学主要具有以下特点：

### 1. 理论联系实际

微格教学的实践过程是被培训者将教育学、心理学、学科教学论的理论应用于教学实践的操作过程。教学准备、教学示范、教案编写、角色扮演、分析评议等一系列活动中都充分体现理论指导的作用，通过实践活动使理论与实践紧密结合起来，能够有效地激发学习者的学习兴趣。

### 2. 目标明确

根据培训的目的和要求，被培训者开始训练的教学技能比较单一，训练目标可以制订得更加具体明确。同时，由于角色扮演的情境创设更易控制，不仅有利于判断培训目标是否达到以及达到的程度，还能及时找出他们在训练过程中的不足。

### 3. 内容集中

微格教学将复杂的教学过程中教师所运用的教学技能细分为容易掌握的单项技能，如导入技能、讲解技能、提问技能、演示技能、板书技能等，要求被培训者在规定的时间内练习一二种特定的教学技能，再把这些技能的细节放大，反复练习，细致观察和研究……如此这般，集中对某一种教学技能加以练习和讨论研究，更容易收到技能训练的预期效果。

### 4. 反馈及时

一节微格教学训练活动结束后，被培训者可以通过重放录像及时了解自己的行为过程，通过自我分析，肯定成绩，找出教学实践中存在的问题，明确自己的努力方向。同时在相互讨论中，可以把有争议的片段用暂停、重放等方法，突出需要解决的问题，起到在教育自己的同时，也能够教育和启发他人。

### 5. 认识自我

微格教学利用现代视听技术设备作为记录手段，真实而准确地记录了教学的全过程和一些细节内容，被培训者则可以作为"旁观者"通过实录来观察自己的教学活动和教学行为。在对自己有一个全面认识的基础上，通过与指导教师或其他被培训者的讨论，能够更好地认识自己，真正实现从思想和行动上进行改进和完善。

### 6. 角色转换

被培训者在教学技能训练的实践活动中，经历一个从学习者到实践者，从执教者到评议者不断转换角色的过程，经历着理论到实践再到理论再实践的过程，这无疑会促进教师职前培养和在职培训模式的转变，更有利于教师专业化发展。

微格教学实践过程中，"教师"角色、"学生"角色、指导教师及教学评价人员组成一个相互学习、相互交流的良好环境，被培训者可以根据同伴和指导教师的意见，完善并改进自己的教学设计方案，或在学习过程中借鉴他人的成功经验，逐步加深对某一教学技能的认识和理解，丰富教学技能的应用方法，有助于师范生尽快掌握和运用某一教学技能。与此同时，这种练习方式如果不成功，也不会对扮演学生角色的听课者产生不良影响，不必担心影响中小学校的正常教学；科学的训练方法再加上师范生刻苦地练习，也有助于增强师范生的自信心，减轻他们在学习和训练中的心理压力。

当然也应当指出，微格教学和教学技能训练不能代替教师教育职前培养教学实习这一重要的实践环节，同样也不能代替传统的师范生教学见习和备课、试讲等活动。从目前师范院校教师教育发展的趋势看，微格教学和教学技能的训练效果仍不尽人意，甚至在最基本的教姿、教态和板书练习上都不令人满意，原因是多方面的。我们认为，这其中最为关键的是在教学技能训练等实践活动的各个环节上均存在训练时间不足、练习效率低下、缺乏正确指导、训练强度不够、理论与实践脱节、师生投入不足等问题。而这些也决非微格教学和教学技能训练所固有的问题，显然仅仅通过微格教学实践和教学技能训练无法解决，微格教学和教学技能的理论研究和实践活动不能解决教师培养和培训中的所有问题，这不仅是一个认识问题，更是一个思想观念问题。

第二次世界大战后，由美国掀起的全球范围内第一次科学课程和教学改革，不仅涉及理科课程和教学中亟待解决的众多问题，如课程设置、教材建设、教学管理等，同时也包含对课堂教学的研究和教学方法的改革。此次美国理科课程的改革，在提高中学物理教学水平和质量方面的确起到了一定的作用，但客观地说，并未能达到预期的目标。当然，原因是多方面的，如师生对理科革新教材的适应性问题、课程和教学改革中教师的培训问题、教师参与教学改革的投入问题，等等。

如果从教师培养或教师课堂教学技能研究的角度看待此次理科课程和教学改革活动，有一点是可以肯定的，即世界各国开始重视理科教师的培养，开始意识到无论理科课程设计得多么完善、课程内容多么完美、科学探究活动组织得多么精心，没有教师的执行这一切都只是"理想"的设计。那么，如何才能培养出合格的理科教师？此次课程和教学改革中，美国在教学技能方面的开创性研究，给我们提供了一个可以借鉴的研究平台，使得我们能够有机会重新审视课堂教学。在观察和研究中学理科课堂教学实际的基础上，从教师课堂教学技能运用入手，研究中学理科课堂教学的规律，进而探寻中学理科教师的培养方法和模式，科学、合理、规范地培养能够在教学实践中贯彻课程改革基本理念的高水平的教师队伍。

## 第二节 微格教学理论依据和研究对象

我们熟知的传统意义上的师范教育中，最能体现教师专业特点的课程主要是教育学、心理学和各专业的学科教学论等师范类教育课程。教育学、心理学是揭示一般的教育教学规律和学生学习、发展的心理规律的基础理论，对教育教学的实践给出一般的原则和方向指引，是指导教学实践活动的理论基础。对于专业学科教师的培养，直接针对具体教育教学实践活动的是各专业学科教学论课程和专业课程，它们是保证课堂教学科学性的基础。

随着时代的发展，当下教师教育无论是理论还是在实践方面都较传统的师范教育提升了一个台阶。与师范教育的实践相比，教师教育课程的研究对象仍旧是较宏观的课堂教学活动，而活动的最终目的则直指培养师范生综合的教学能力。实践表明，师范生在形成综合的教学能力之前，需要掌握一些基本的教学技能，这是教师教育职前培养的关键，也是师范生走向工作岗位，顺利开展课堂教学工作的基础和条件。

不论基础教育中学科领域、科目和课程是文或是理，是综合课程、学科课程或实践课程，如果我们将注意力放在课堂教学上，就不难发现教师在课堂教学中都是运用一些能够分辨的、清晰的、可以解释和说明并能够被模仿的教学技能。之所以有必要研究课堂教学技能，一是课堂教学一定是有规律可循的，教师的课堂教学技能是可以通过学习和培养、培训获得的；二是我们通过各学科的课堂教学活动，尤其是当我们观摩和学习优秀教师的课堂教学时，发现所运用的一些教学技能是具有共性的，如教师清晰的讲解、规范的演示、优美的板书、抑扬顿挫的语调、环环相扣的提问……

## 一、微格教学的理论依据

应当清醒地看到，课堂教学活动是复杂的，而从教师教学技能的角度进行研究是有益的。从技能形成和发展的角度，我们认为在形成综合教学能力之前系统地训练和培养教学的基本技能，是一种行之有效的方式。用微格教学的方法培养和培训教师，不仅可以使被培训者更加清楚地认识课堂教学的过程，同时这种认识方法也符合人类认识事物的规律。

从上述微格教学过程的六个步骤可以看出，可以分为观察、训练、反馈和评价四个主要阶段，每一个阶段都有相应的理论做指导。

### （一）观察示范能获得较大的信息量

示范是对重要事实、观念、过程的一种形象化解释。在实施微格教学之前，为被培训者提供各种风格和特点的教学示范，辅以对各种教学技能的解释和说明，使他们获得直观的感受和认识。同时，使得学习者在掌握较为复杂的、具有一定综合程度的教学技能之前，首先通过直观的、单一的技能学习，有了模仿的样板。实施微格教学过程中，被培训者可以通过观摩他人的微格教学实践活动，体验实践环节的经历，学习他人处理同一问题的思想和方法，也可以通过学习者之间的相互交流，加深对某一具体教学技能的理解和认识。这种通过视听观摩和观察、交流相结合的方式，能够使接受者获得更大的信息量，对教学技能实践有着直接的感性认识，比起传统的主要用语言文字描述的方法更为有效。

（二）技能训练是掌握较复杂活动的途径

微格教学活动中，教学技能的学习和练习同样可以分为理论和实践两个方面。教学技能是教师在教学中顺利地达成教学目标的一系列有效的教学行为方式，是智力技能与动作技能的综合体现。教师教学技能的理论基础是依据教学理论而形成的，这其中智力技能起着支配和调节作用，而动作技能则是具有特定的操作规程和技术要领的操作行为，这种行为方式具有可视性、程序性和可测量性①。因而，通过微格教学实践，被培训者经由示范、观察、角色扮演、录像等形式，逐步形成对实践活动的感官印象，并在此基础上结合智力活动，获得指向活动的动作技能。动作技能的形成需要经历从掌握局部动作到初步掌握完整动作阶段，再到动作协调和完善阶段的过程，这个过程是以诸多不同的单一的基本动作构成的。由于教学技能的训练在微格教学中首先是以单一的教学技能训练进行的，当每一种教学技能掌握之后，再把它们综合起来，形成较为完整的课堂教学活动。

（三）通过反馈能使培训者尽快达到培训目的

微格教学活动中的反馈是一种即时反馈、适时反馈，它对于被培训者学习和掌握教学技能十分重要。从前面介绍的微格教学的过程可以看到，整个训练过程是一个有控制的、可以调节的过程。这些来自不同方面的反馈，可以来自指导教师，也可以来自同伴，还可以通过观摩录像获得。这使得被培训者能够对照培训目标，客观地分析和调整自己的教学行为，从而尽快地达到培训目的。

另一方面，教学技能的综合、协调和完善的过程较为复杂。各种技能的有机融合并非是一个简单的过程，反复的练习和实践需要与这种即时反馈结合起来。

（四）定性与定量评价相结合，客观准确

微格教学根据有关学习理论把教学技能按目标分类，制定标准，明确某一教学技能的功能、目的和定义。被培训者结合自身特点，选择某一教学技能进行训练，通过定性和定量相结合的方式对其完成情况进行自我评价和小

---

① 胡淑珍，等.教学技能［M］.长沙：湖南师范大学出版社，1996：1－2.

组评价，在肯定成绩的同时，指出其需要改进的地方，借以实现被培训者的强化和内化，这种分析和评价具有较强的可操作性。

值得注意的是，微格教学实践活动中指导教师肩负重任。作为教学实践活动的组织者和指导者，负责练习和培训工作的指导教师具有丰富的培训经验，熟知中学物理课堂教学情况，对教师应当具备的基本教学技能了如指掌。只有在每个环节都做到位的情况下，结合学生或被培训者的实际情况，才能取得好的效果。

观察示范阶段，教师应当为学生或被培训者提供正面的素材，以引导学生明了一个规范的、值得学习和借鉴的教学技能应当是什么样的，从而能够使学生在之后的分析和讨论中，学会识别所培训的教学技能练习中的优点和不足，也有利于学生改进和完善自己的培训任务。

单一的教学技能的学习和训练，同样需要充足的时间保障。任何一项技能的掌握都必须经历熟能生巧的过程。通过反馈来进行学习和训练，不仅体现了微格教学的特点，也反映这种反馈仍然应当在教师的指导下进行，结合教师和学生对培训过程的定性和定量评价，以便尽快达到培训目标，顺利完成培训任务。

## 二、微格教学的研究对象

微格教学作为培养和培训教师掌握课堂教学技能一种有效的方法，其研究对象应当是研究各专业各学科课堂教学技能的行为模式和有效的教学技能训练程序，以及某些较为复杂的教学专题[①]。其中课堂教学技能是微格教学研究的核心问题。北京教育学院微格教学课题组经过多年的研究和实践认为，根据不同的教育教学思想可以提出各种不同的教学技能，但要符合训练的要求则必须满足一定的条件：

（1）教学技能模式必须是对教师课堂教学行为的描述，而不是对教学提出概括性的原则要求。技能模式应该回答"做什么？怎么做？为什么要这样做"的问题，应该具有较强的可操作性，通过对教学活动的观察能够具有鲜明的示范性，并在实际教学活动中具体体现。

（2）教学技能模式中的教学行为，应该是课堂教学中的基本行为，而不是宏观的、综合的教学行为。中学物理课堂教学活动中，教师运用的教学技能虽然是以综合形式出现在观察者和学生面前，但仍旧是以基本的教学技能综合和组合起来的。

---

① 孙立仁.中学物理微格教学教程［M］.2版.北京：科学出版社，2002：3-4.

（3）教学技能模式应该是依据教学活动的行为方式、特点和教学功能的特点对一类教学行为的概括。一种教学技能中的教学行为，在行为方式和教学功能方面具有某种共性。各项教学技能之间有比较明确的界定。具有共性的一类教学行为便于集中描述、示范和模仿，可构成基本的、稳定的教学行为模式。

（4）教学技能操作规则系统的基本要求，应由相关的教育教学理论来说明，能够体现理论对实践的指导作用，实现教学技能的教学功能。

（5）每项教学技能应具有明确的培训目标和可观察的具体评价标准。培训目标是教学技能活动的预设目标，或称之为达成目标。通过多次实践活动，能否达到预设的目标，应当能够运用定性和定量分析和评价给予确定。

通过教学技能模式的研究，使微格教学逐渐形成一种有效的培养和培训方法，将被培训者对课堂教学技能的认识转化为一种内在的东西，从而促进对教学技能的理解和掌握。

## 三、微格教学是一种培训方法，更是一种思想观念

教师作为一种专门职业，从传统的教师观中"传道、授业、解惑"到今日的"教书育人"、促进学生全面和有个性的发展、肩负培养国家未来的希望的现代教师观，其职业的性质发生了巨大的变化，但有一点是肯定的，即与医生、工程师、飞行员和律师等职业一样需要专门的培训。2012年，经过多次讨论和修订的《教师教育课程标准（试行）》明确指出，教师是学生发展的促进者，在研究和帮助学生健康成长的过程中实现专业发展。教师教育课程应引导未来教师树立正确的儿童观、学生观、教师观与教育观，掌握必备的教育知识与能力，参与教育实践，丰富专业体验；引导未来教师因材施教，关心和帮助每个幼儿、中小学学生逐步树立正确的世界观、人生观、价值观，培养社会责任感、创新精神和实践能力。

教师是反思性实践者，在研究自身经验和改进教育教学行为的过程中实现专业发展。教师教育课程应引导未来教师树立正确的专业理想，掌握必备的知识与技能，养成独立思考和自主学习的习惯；引导教师加深专业理解，更新知识结构，形成终身学习和应对挑战的能力。

微格教学有助于打通教师职前培养和在职提高的专业通道。我们认为，微格教学的实践活动是连接教师培养的理论与实践相结合的关节点，是夯实教师职前培养的重要实践活动，教学技能的实践研究直指提升在职教师提高课堂教学能力的重要实践活动。从某种意义上讲，坚持和加强教师职前培养实践活动，对于基础教育事业的健康发展有着举足轻重的作用。

从教师专业发展的角度来看，接受正规的专业训练同样是专业发展的必要前提。微格教学中教师职前培养应当有一个明确的要求，相关的理论学习和实践活动对于一个专业而言应当是必不可少的，这不仅是专业或行业职业发展的需要，也是对该专业领域的一种尊重。

# 第二章　教学技能研究

教学技能是微格教学理论和实践研究的核心内容。在课堂教学活动中，教师的教学行为及行为方式无疑是具有共性、有规律的，是可以观察和模仿的，同时可以通过培训掌握。当然，也可以通过评价来确定目标达成的程度。

"教学是一门艺术，一门科学。"①纵观各学科优秀教师的课堂教学活动，我们发现其中有很多共同的和相似的地方。如中学物理教师对有关物理概念和规律清晰、严谨的讲解，对物理现象及变化过程清晰的演示和分析、解释，有条理性和逻辑性的板书设计，课堂教学过程中较强的课堂把控能力，随时都将学生的学习置于课堂中心的想法和做法，烂熟于心的教学内容和富有创造性的教学设计能力，等等。

这些优秀教师不仅能够从整体上把握课堂教学，视课堂教学为一个由多种要素构成的系统活动过程，而且对其中各要素间的相互联系、相互作用善于理出头绪，抓住课堂教学的核心。他们不仅能够看到课堂教学中教学过程的复杂性，也能够看到其中显现出来的规律性。美国著名的教育学者盖奇（N. L. Gage）认为，"问题的关键不在于教学是一门艺术还是一门科学，而是能否运用科学的方法以求得对教学有更多的认识。"

## 第一节　教学技能研究

### 一、什么是教学技能

对于教学技能的概念，中外学者从不同的研究视角和理论基础出发，有着不同的表述。澳大利亚学者特尼（C. Turng）认为，"基本教学技能是在课堂教学中教师的一系列教学行为"；日本东京学艺大学井上光洋引自西方学者的研究，认为教学技能是"为了达到教学上规定的某些目标所采取的一种极为常见的、一般认为是有效果的教学活动方式"。有人做如下表述，"教学技

---

① 联合国教科文组织总部.教育——财富蕴藏其中［M］.联合国教科文组织总部中文科，译.北京：教育科学出版社，1996：138.

能是由与行为及认知有关的事项的结构系列组成"；"教学技能是在课堂教学中教师运用专业知识及教学理论促进学习学生的一系列教学行为方式"；"教学技能是教师在教学中顺利地达成教学目标的一系列有效的行为方式，是智力技能和动作技能的综合体现"[①]；"教学技能是教师在教学过程中，运用与教学有关的知识和经验，促进学生学习的教学行为方式"[②]；"教学技能不仅是指顺利完成教学任务的良好的心理特征，而且与顺利完成某种教学任务所采取的活动方式有关"[③]；"教学技能是指教师的课堂教学中，依据教学理论，运用专业知识，促进学生学习顺利完成教学任务所采用的一系列教学方式"[④]；"教学技能是指教师在课堂教学中，依据教学理论，运用专业知识和教学经验等，使学生掌握学科基础知识、基本技能并受到思想教育等所采用的一系列教学行为方式"[⑤]。也有人从教学艺术的角度论及课堂教学技能，认为"教学技能分为课前、课中、课后三个阶段"。课前阶段有制订教学目标的技能、了解学生的技能、分析处理教材的技能、选择教学媒体和教学方法的技能、进行教学设计的技能；课中阶段主要涉及导入技能、讲解技能、提问技能、演示技能、强化技能、变化技能、结束技能等；课后阶段则有复习技能、教学测评技能、教学研究技能、辅导技能和指导课外活动技能等[⑥]。

　　从以上分析中，我们可以清楚地看到，在教学技能的定义和表述方面的确存在着一些共同之处。一是针对的是课堂教学这个特定的教学环境而言；二是特指教师的教学行为；三是具有明确的目的性；四是有一定的结构和组织。

　　我们认为，教学技能是教师在课堂教学中，运用专业知识及教育教学理论和经验，顺利地完成既定教学任务，实现课堂教学目标，促进学生学习和发展的一系列教学行为方式。

　　在观摩课堂教学时，我们总是发现教师的课堂教学行为方式都是以综合的形式出现的。为了有效地对教学技能加以研究和训练并获得明显的效果，根据课堂教学中各种教学技能的特点及使用情况，必须将其分解成各种类型。在完成相关教学技能训练之后，再加以综合，运用到实际的课堂教学实践中。

　　通过对课堂教学的系统分析和研究，我们认为这其中教师的教学技能是

---

　　① 转引自胡淑珍，等.教学技能［M］.长沙：湖南师范大学出版社，1996：1.
　　② 孟宪凯.微格教学基本教程［M］.北京：北京师范大学出版社，1992：23.
　　③ 安徽省中小学教师继续教育丛书编委会.物理课堂教学技能训练［M］.合肥：安徽教育出版社，2000：1.
　　④ 郭友.大学教师教学技能概述［J］.北京教育学院学报，1993（3）：33-35.
　　⑤ 郭友，等.教师教学技能［M］.北京：首都师范大学出版社，1993：18.
　　⑥ 梁旭.中学物理教学艺术研究［M］.杭州：浙江大学出版社，2005：3-4.

值得研究的重要内容。通常人们所说的教学能力是顺利完成教学任务的个性心理特征，而教学技能则是完成教学任务的行为方式。这种行为方式是依据教学理论转化而来的，具有特定的操作规程和技术要领的操作行为，具有很强的可视性、程序性和可测量的特点。教学技能可通过学习来掌握，在训练和练习中得到巩固和发展。

## 二、教学技能分类研究

由于社会文化背景、教育价值观念、人才培养规格、学校教育的社会意义、教育教学理论思想、教育发展的历史沉淀等诸多因素的差异，很大程度上影响着世界各国的教育工作者对教学技能的分类研究。这些不同的分类思想、目的和方法、角度，以及对课堂教学规律的认识的不同，直接影响了分类的一致性。

对于教学技能的分类，学者有不同的主张。美国斯坦福大学的学者阿伦等人根据经验和对教师行为的分析，提出了十四种教学技能：变化刺激、导入、概括、沉默与非言语暗示、强调学生参与学习、频繁提问、探索性提问、高水平提问、发散性提问、确认、运用例证和实证、运用教材、有计划的反复、完整的交流。日本学者井上光洋提出五大类教学技能：教学设计技能、课堂教学技能、学校管理技能、普通教学技能、明确课题实质的教学技能。东京学艺大学学者将教学技能分为导入技能、展开技能、变化技能、总结技能、例证技能、确认技能、演示技能、板书技能和提问技能等九种。英国学者特洛特（A.J. Trott）在进行微格教学的研究和实践时，将教学技能分为六种，即变化的技能、导入的技能、强化的技能、提问的技能、例证的技能、说明的技能。澳大利亚悉尼大学学者则将教学技能分为十种：强化技能、一般提问技能、变化技能、讲解技能、导入与结束技能、高层次提问技能、小组讨论组织技能、个别指导技能、发现学习指导与创造力培养技能。

20世纪80年代后期，北京教育学院微格教学课题组经过多年的实践和研究，采用所谓"散点透视"的具体研究方法，对某些教学技能从教学环节的"视点"进行分类，或从其功能的"视点"进行分类研究，或以我国的实际情况和文化背景为"视点"，从教学环节和技能的功能进行研究，或从师生信息交流的"视点"进行研究。据此总结出来十项教学技能：导入技能、教学语言技能、提问技能、讲解技能、变化技能、强化技能、演示技能、板书技能、结束技能、课堂组织技能[①]。上述研究不仅反映出教学技能分类方法的多

---

① 孟宪凯.微格教学基础教程［M］.北京：北京师范大学出版社，1992：24-25.

样性和教学过程的复杂性，更是开创我国教学技能研究之先河，使教师课堂教学技能的研究更加明确具体，从而具备指导学科课堂教学实践。

1994年，国家教委下发的《高等师范学校学生的教师职业技能训练大纲（试行）》中，将教学工作技能分为五类：教学设计技能、使用教学媒体技能、课堂教学技能、组织和指导课外活动技能、教学研究技能。李克东主编的《教师职业技能训练教程》一书便是按此对教学技能进行划分的。在课堂教学技能中，又设定了导入、板书、演示、讲解、提问、反馈和强化、结束、组织教学和变化技能等九项教学基本技能。胡淑珍将教学技能分为四大类：教学设计技能、课堂教学技能、指导学生学习和活动技能、教学研究技能。白彦茹将教学技能分为教学的准备技能、教学的基本技能、教学的调控技能和教师的研究技能，其中教学的基本技能包含语言技能、讲解技能、演示技能、提问技能、板书技能和变化技能，而教师的研究技能则包括教学反思技能、说课技能、听课技能、评课技能和教学艺术与教学风格。

首都师范大学的郭友等从教学信息的传播过程出发，分析教学信息交流过程中教师行为方式的构成要素，将教学技能划分为基本教学技能和调控教学过程的技能两大类，前者包括教学语言技能、板书板画技能、教态变化技能、教学演示技能、讲解技能和提问技能，后者则包括导入技能、反馈强化技能、组织教学技能和结束技能[①]。

《教师教育课程标准（试行）》中对"中学职前教师教育课程目标与课程设置"规定，课程目标的目标领域包括三个方面：教育信念与责任、教育知识与能力、教育实践与体验，目标如表2-1所示。

表2-1 教师教育课程目标领域及具体内容

| 目标领域 | 目 标 |
|---|---|
| 1. 教育信念与责任 | 1.1 具有正确的学生观和相应的行为<br>1.2 具有正确的教师观和相应的行为<br>1.3 具有正确的教育观和相应的行为 |
| 2. 教育知识与能力 | 2.1 具有理解学生的知识与技能<br>2.2 具有教育学生的知识和能力<br>2.3 具有发展自我的知识与能力 |
| 3. 教育实践与体验 | 3.1 具有观摩教育实践的经历与体验<br>3.2 具有参与教育实践的经历与体验<br>3.3 具有研究教育实践的经历与体验 |

---

① 郭友，等.教师教学技能［M］.北京：首都师范大学出版社，1993：24-25.

　　教师教育课程设置的"学习领域"中有关学科教育教学的有中学教育基础、中学学科教育与活动指导，并建议开设如课程设计与评价、有效教学、中学学科课程标准与教材研究、中学学科教学设计、中学综合实践活动等。在"学习领域"中的教育实践则明确由两个模块组成，即教育见习和教育实习，且规定按1学年18周要求进行。

　　2012年，教育部颁发的《中学教师专业标准（试行）》中明确指出，"中学教师是履行中学教育工作职责的专业人员，需要经过严格的培养与培训，具有良好的职业道德，掌握系统的专业知识和专业技能。"主要内容如表2-2所示：

表2-2　中学教师专业标准维度及主要内容

| 维度 | 领域 |
| --- | --- |
| 专业理念与师德 | （一）职业理解与认识 |
| | （二）对学生的态度与行为 |
| | （三）教育教学的态度与行为 |
| | （四）个人修养与行为 |
| 专业知识 | （五）教育知识 |
| | （六）学科知识 |
| | （七）学科教学知识 |
| | （八）通识性知识 |
| 专业能力 | （九）教学设计 |
| | （十）教学实施 |
| | （十一）班级管理与教育活动 |
| | （十二）教育教学评价 |
| | （十三）沟通与合作 |
| | （十四）反思与发展 |

　　"专业知识"主要包括以下的内容，见表2-3：

表2-3 中学教师专业知识及基本要求

| 专业知识 | 基本要求 |
|---|---|
| （五）教育知识 | 19.掌握中学教育的基本原理和主要方法<br>20.掌握班集体建设与班级管理的策略与方法<br>21.了解中学生身心发展的一般规律与特点<br>22.了解中学生世界观、人生观、价值观形成的过程及其教育方法<br>23.了解中学生思维能力与创新能力发展的过程与特点<br>24.了解中学生群体文化特点与行为方式 |
| （六）学科知识 | 25.理解所教学科的知识体系、基本思想与方法<br>26.掌握所教学科内容的基本知识、基本原理与技能<br>27.了解所教学科与其他学科的联系<br>28.了解所教学科与社会实践的联系 |
| （七）学科教学知识 | 29.掌握所教学科课程标准<br>30.掌握所教学科课程资源开发的主要方法与策略<br>31.了解中学生在学习具体学科内容时的认知特点<br>32.掌握针对具体学科内容进行教学的方法与策略 |
| （八）通识性知识 | 33.具有相应的自然科学和人文社会科学知识<br>34.了解中国教育基本情况<br>35.具有相应的艺术欣赏与表现知识<br>36.具有适应教育内容、教学手段和方法现代化的信息技术知识 |

其中的"专业能力"主要包括以下内容，见表2-4：

表2-4 中学教师专业能力及基本要求

| 专业能力 | 基本要求 |
|---|---|
| （九）教学设计 | 37.科学设计教学目标和教学计划<br>38.合理利用教学资源和方法设计教学过程<br>39.引导和帮助中学生设计个性化的学习计划 |
| （十）教学实施 | 40.营造良好的学习环境与氛围，激发与保护中学生的学习兴趣<br>41.通过启发式、探究式、讨论式、参与式等多种方式，有效实施教学<br>42.有效调控教学过程<br>43.引发中学生独立思考和主动探究，发展学生创新能力<br>44.将现代教育技术手段渗透应用到教学中 |
| （十一）班级管理与教育活动 | 45.建立良好的师生关系,帮助中学生建立良好的同伴关系<br>46.注重结合学科教学进行育人活动<br>47.根据中学生世界观、人生观、价值观形成的特点，有针对性地组织开展德育活动。<br>48.针对中学生青春期生理和心理发展特点，有针对性地组织开展有益身心健康发展的教育活动<br>49.指导学生理想、心理、学业等多方面发展<br>50.有效管理和开展班级活动<br>51.妥善应对突发事件 |
| （十二）教育教学评价 | 52.利用评价工具，掌握多元评价方法，多视角、全过程评价学生发展<br>53.引导学生进行自我评价<br>54.自我评价教育教学效果，及时调整和改进教育教学工作 |

**续表**

| 专业能力 | 基本要求 |
|---|---|
| （十三）沟通与合作 | 55.了解中学生，平等地与中学生进行沟通交流<br>56.与同事合作交流，分享经验和资源，共同发展<br>57.与家长进行有效沟通合作，共同促进中学生发展<br>58.协助中学与社区建立合作互助的良好关系 |
| （十四）反思与发展 | 59.主动收集分析相关信息，不断进行反思，改进教育教学工作<br>60.针对教育教学工作中的现实需要与问题，进行探索和研究<br>61.制定专业发展规划，不断提高自身专业素质 |

中学物理课堂教学技能不仅与其他学科课堂教学技能有共同之处，同时应该反映出自己学科的特点。在中学物理课堂教学技能研究中，有人将物理教学技能分为教材处理与备课技能、课堂教学技能、实验操作技能、教学测评技能。其中，教材处理与备课技能包括掌握大纲和分析教材；课堂教学技能包括物理教学中的语言、板书板画、物理课堂环节（导入、讲解、提问、演示、结束）、物理课堂的变化与强化技能；实验操作技能包括演示实验、指导学生分组实验、自制教具、设计实验等；教学测评技能则主要包含听课、评课、命题、考试、试卷分析和评估等[①]。

刘炳升、仲扣庄将中学物理教学技能划分为物理课堂教学基本技能（包括激励动机与组织学生学习的技能、物理教学的语言技能、物理演示教学技能、运用教学媒体的技能）、中学物理实验技能、物理教学设计技能（包括物理教学设计与教案编写、说课与课后反思、探究式教学设计和专题探究式教学技能）等[②]。

本书主要就中学物理学科课堂教学实际，结合《教师教育课程标准（试行）》《中学教师专业标准（试行）》，从教师职前培养的角度和教学技能专项训练入手，将教学技能简单分类，重点研究中学物理教师的课堂教学基本技能和课堂教学研究技能，即将教学技能分为导入技能、讲解技能、演示技能、提问技能、板书技能等课堂教学基本技能，以及课堂组织教学技能、教学设计技能、评课技能、科学探究教学技能、课堂教学研究技能等教师课堂教学研究技能。这种分类主要是考虑与师范院校相关的教师教育专业课程联系起来，同时兼顾物理学科教学的基本特点。其中的课堂教学基本技能涉及中小学各学科教学中具有共同性的教学技能，属于教师基本教学素养的范畴和要求，有些则是联系特定学科的教学实际和学科特点以及学科教学发展的

① 安徽省中小学教师继续教育丛书编委会.物理课堂教学技能训练 ［M］.合肥：安徽教育出版社，2000：2.
② 刘炳升，仲扣庄.中学物理教师专业技能训练 ［M］.北京：高等教育出版社，2004：1－2.

新趋向和新要求，比如中学物理教学中科学探究教学技能等。

我国对于课堂教学技能的研究多基于此，本书中所涉及的有关教学技能也将在此基础上结合中学物理学科教学的特点，特别是我国基础教育改革和发展的现状进行拓展，同时也希望能深入教师职前培训和培养的各个环节，将教学技能的理论研究和具体实践结合起来，探寻教师教学技能培训的新模式。

## 三、教学技能研究

为了便于从理论层面研究教学技能和从实践层面训练教学技能，需要把教师的课堂教学行为分解为不同类型的教学技能，这种研究的基本思想是基于教学活动是一个十分复杂的实践活动，但其中仍有规律性的东西需要人们加以研究。人们对它的认识曾以对整堂课的教学或教学环节的分析为出发点，从中总结出一些在教学上有指导意义的相关理论和经验，这些都是人们认识课堂教学、研究课堂教学规律的宝贵财富。

### （一）研究方法

随着人类社会的发展，特别是基础教育事业的发展，传统的课堂教学研究的认识方式的不足也显现出来。为了深化对课堂教学本质和规律的认识，宜采用原子主义的思想和方法对教学技能进行分类研究。明确中学物理课堂教学为研究对象，剖析课堂教学中教师的行为方式及其组成，探求其中的共性特征，把握某一类教学技能的表现形式。同时，注意从宏观上把握研究方向，考虑各种教学技能之间及其与师生相互作用之间的联系，对教学深层次的问题进行探索，希望从中得到某些规律性的东西，从而为提高教师培训质量和水平提供条件。

### （二）研究思想

教学技能的分类研究不仅有助于我们对其中的某一具体教学技能有更深入的理论方面认识，也可以为我们在实践中通过不断的练习掌握这一具体的教学技能提供可能，从而在课堂教学中真正地综合和灵活运用打下扎实的基础。

从教学技能研究的情况来看，由于所确定的教学技能是影响课堂教学质量的主要因素，在教学中具有实践意义，并为教师的教学实践和教学经验所证实。同时，教学技能的运用是衡量教师专业成熟度的重要尺度，也是教师实现其人生价值的前提和基础。

所确定的教学技能有利于课堂教学过程中师生之间的交流和互动，能够更好地促进学生的学习，它与先进的教学思想和在教学过程中提倡科学探究的教学思想相一致。

相关教学技能可以通过课堂教学实际观察和体验，能够通过生动形象的示范具体地展现出来，且每种教学技能都具有明确的培训目标和要求，具有较强的可操作性，可以为师范生的职前训练提供典范，也为教师进行具体指导提供借鉴。

由于分类研究中每种教学技能都有确定的内涵和外延，能够为指导教师和师范生、教学研究人员之间的交流提供规范术语，有关教学技能的构成要素或亚类型也便于师范生学习和掌握。

教学技能的实践活动中，指导教师和师范生、教学评价人员能够针对具体的教学技能进行定性分析和定量分析相结合的评价，为教学技能掌握的程度和效果提供反馈，有利于技能的训练、完善和提高。

教学技能训练的实践活动，不仅是一项充满乐趣和挑战的实践活动，同时也是具有较高智力水平的活动。训练过程中不仅要解决教学训练方案的落实，也要解决训练方案的细化，正如教学技能研究中一再指出的，越是具体的东西越容易操作，越是可以描述的东西越容易模仿，越是清晰可辨的东西越容易掌握。

## （三）教学艺术

由于教学技能研究主要涉及教师的课堂教学行为方式，因而理论研究与实践活动的结合应当贯穿其中，更重要的是一种实践活动的习得。若将教学活动过程与艺术创作过程进行分析和比较，我们发现其有相似之处。艺术创作过程包含三个基本环节，即艺术感受、艺术构思、艺术表现，而教学活动过程则表现为教学准备、教学设计、教学表达三个基本环节[1]。教学准备是教学的基础和前提，它包括对学生已有知识背景和能力基础的分析和判断，对教学内容的界定，对课程资源的挖掘和教学资料的搜集和整理等；教学设计是对教学活动的整体规划和具体安排，包括对教学重难点知识的确定，教学方法和教学策略的选择和优化，教学过程的组织和安排；教学表达则是教学活动的主体，主要是通过教学活动多方位、多渠道、多层次地将教学设计的意图和精妙之处展现出来，实施并完成课堂教学设计活动，从而形成融合教学技能、实现教学设计、完成教学任务的教学艺术活动。

---

[1]梁旭.中学物理教学艺术研究［M］.杭州：浙江大学出版社，2005：5－7.

# 第二节 中学物理教学技能研究

从一般意义上对导入技能、讲解技能、演示技能、提问技能、板书技能等课堂教学基本技能进行理论研究，较早出现在学科教学论课程内容中，这不仅丰富了课堂教学技能理论研究，而且赋予学科教学技能研究更多新意。中学物理教学技能研究则将教学基本技能的理论研究与物理学科的特点结合起来，为物理学科的教学实践活动提供理论指导。为了系统地认识和理解教学技能的理论和实践研究。

下面我们就导入技能、讲解技能、演示技能、提问技能、板书技能等中学物理课堂教学基本技能进行讨论。

## 一、导入技能

### 1. 什么是导入技能

导入技能是教师在进入新课时，运用创建物理问题情境的方式，引起学生注意，激发学习兴趣，明确学习目标，形成学习动机的一类教学行为。

导入技能通常运用于新课伊始，教师通过创建物理问题情境，生动活泼、引人入胜地导入新课，能够使学生尽快地进入学习状态，精神集中、兴趣盎然地投入到新课的学习中。由于教师运用导入技能具有明确的目的性，从课堂教学环节来看，它是课堂教学的一个重要环节，且所用时间有限，属于导入新课的环节。

### 2. 导入技能运用的目的

良好的开端是成功的一半。教师运用导入技能主要有几方面的作用：

（1）引导学生明确学习目的。使学生了解新课所要学习的主要内容，突出重点，明确任务。

（2）吸引学生的注意力。教师运用导入技能不仅可以使学生尽快进入学习的准备状态，集中注意力，而且可以引导学生带着问题进入新课的学习。

（3）通过创设物理问题情境，激发学生的学习兴趣。只有对所学知识产生兴趣，才会调动学习的积极性。

（4）通过导入技能的运用，强化知识联系的关节点。物理知识的学习不仅应当反映物理概念和规律之间的逻辑关系，而且还应体现出教材结构体系与学生认知特点的联系。

### 3. 导入技能的类型

从前面的定义中可以发现，创设物理问题情境是导入技能运用的关键。

如何创设物理问题情境？如何处理教材中提示的物理问题情境？如何与学生的日常生活经验联系起来？显然，导入技能的运用有多种方法。下面介绍中学物理课堂教学中常用的几种导入方法。

（1）直接导入。这是一种最简单、最常用的导入技能，主要是教师运用教学语言，直接阐明学习内容，明确学习目的和学习程序与要求的导入新课的方法。

【示例1】在讲授初中物理（八年级）"光的直线传播"时，教师可以这样设计导入。

教师：日常生活中，我们经常看到从汽车前灯射出的光束是直的，城市中心广场的探照灯射出的光束是直的，警察和战士射击瞄准时要求的"三点一线"也是直的，这些现象说明光在空气中是沿直线传播的。

【示例2】在讲授高中物理选修3-4"光的本性"时，教师可以这样设计导入。

教师：光的本性是什么？自人类认识光现象以来，物理学家一直关注此问题。本章我们首先介绍人们对光现象和光行为的解释和说明中认为光是一束微粒流的观点，然后介绍从一些光学实验中形成的光是一种波动的理论。我们能否从历史上形成的光是微粒和光是波的观点的争论中得到启发从而认识光的本性？下面我们将进入新课内容的学习……

> 此处有关"光的本性"的导入内容显然要求学生已知两类光现象和光的行为的解释，其中的联系则是关键。

（2）经验导入。经验导入是指以学生已有的生活经验为出发点，通过语言描述或提问的方式引起学生回忆，或者通过演示再现生活经验，引导学生发现问题的导入方法。

【示例3】在讲授初中物理"物体的浮沉条件"时，教师可以这样设计导入。

教师：在日常生活中，我们可以看到这样的现象，一个铁球会沉入水底，而铁制的万吨巨轮却会在水面航行，那么决定物体浮沉的条件是

> 此处由"铁球""巨轮"抽象到"物体"，是表述的关键。

什么？

【示例4】在讲授初中物理"生活中的透镜"时，教师可以这样设计导入。

教师：仔细观察自己家中的门镜，你会发现它是一个凸透镜。仔细观察手机上的照相镜头，你会发现它也是一个凸透镜。蘸一滴水在广告宣传单上，你会发现宣传单上的字会被放大。现在广泛应用的数码相机，你会发现所有照相机的前面都有一个镜头，镜头是

> 此处紧密联系学生的日常生活，也有一些细节方面的内容。

由一组透镜组成的，相当于一个凸透镜。下面我们来研究透镜及其应用。

【示例5】初中物理"摩擦力"知识教学时，教师可以设计如下的导入。

教师：将手掌压在桌面上，并在其上滑动，你是否感到桌面对手掌有阻碍作用？桌面对手的运动会产生阻碍作用，这种阻碍作用称为摩擦力。摩擦力是一种很常见的力。两个相互接触的物体，当它们相对滑动时，在接触面上会产生一种阻碍相对运动的力，这种力叫作滑动摩擦力。[①]

【示例6】初中物理"比热容"知识教学时，教材设计了以下的导入内容。[②]教师在教学中，可以通过教材内容的叙述完成导入设计。

教师：烈日炎炎的夏季，白天海滩上的沙子热得烫脚，但海水却非常凉爽；而当太阳西落，沙子很快凉了下来，但海水却仍然暖暖的。同样的日照条件，为什么沙子和海水的温度不一样？

由于这些教学内容贴近学生日常生活，与学生的生活经验有密切的联系，但又与学生对此类问题的认识有冲突，在初中物理教学时，教师尤其应当注意学生的生活经验和学习经历，导入的设计应当能够很好地抓住学生的注意力，进而促进学生思维的发展。

（3）实验导入。实验导入主要是指教师通过演示实验创设物理问题情境引导学生进入学习状态的一种方法，也是中学物理课堂教学中常用的方法。

【示例7】在初中物理"大气压强"知识教学中，教师通过"覆杯"演示

---

① 彭前程.义务教育教科书物理（八年级下册）[M].北京：人民教育出版社，2012：23.
② 彭前程.义务教育教科书物理（九年级）[M].北京：人民教育出版社，2013：11.

实验，展现大气压强的存在。

教师：请同学仔细观察，这是一个装满水的普通玻璃杯，现在我用一张硬纸片盖在杯上，然后将玻璃杯翻转过来，请大家注意观察，水会不会从杯中流出来？（演示实验）为什么一张薄纸能够托住这满满的一杯水？

【示例8】在初中物理"噪声的危害和控制"时，教师通过演示实验和多媒体声音播放，演示噪声的产生。

教师：同学们，这是一个简单的发声装置，请大家注意听。（教师演示）大家都听到了什么？好，再请大家注意听一段音频，你又能听到什么？（教师播放飞机起飞时的噪声、家庭装修的噪声、赛车场引擎的轰鸣声）

【示例9】在初中物理"弹力"教学时，学生已经通过前一节"力"的学习，从三个方面对"力"的概念有了一定的认识。这三个方面分别是：力的作用效果、力的三要素和力的示意图、力的作用是相互的。紧接着，教材中是这样设计导入常见的"弹力"的学习内容①。

教师：轻压一把直尺，使它发生形变，撤去压力，直尺会恢复原状；把橡皮筋拉长，松手后，橡皮筋会恢复原来的长度；撑竿跳高运动员将竿压弯，松手后，撑竿也会恢复原状。

> "弹力"这部分教学内容属于第七章，共三节。第1节 力；第2节 弹力；第3节 重力。

在"弹力"教学伊始，教材有上述的设计。教师应当通过演示实验，丰富学生的感性认识，而对于后面运动员做撑竿跳高活动则可以通过展示图片或播放视频方式进行。

由于实验导入具有生动、直观的特点，能够引发学生认识上的冲突，吸引学生的注意力，教师精心设计的实验导入不仅可以培养学生的观察能力，还可以适时地将观察和思维结合起来，促进学生学习。

（4）旧知识导入。旧知识导入是指教师通过对旧知识的复习，对照新的学习情境从而引导学生发现问题、明确学习任务的导入方法。

考虑到物理知识之间的逻辑联系及学生物理学习的需要，教师通过新旧

---

① 彭前程.义务教育教科书物理（八年级下册）[M].北京：人民教育出版社，2012：6.

知识之间的联系点，精心设计导入，从而强化知识之间的联系。

【示例10】在高中物理"动能定理"知识的教学中，可以这样设计导入内容。

教师：我们知道物体由于运动而具有的能量，称为动能。这显然是与物体的运动状态有关。同时，我们在前面的学习中知道，力是改变物体运动状态的原因。力在对物体作用时，会对物体做功，那么力所做的功与物体动能的改变又有什么关系？下面我们就来研究，做功与物体动能改变的关系。

【示例11】在讲授初中物理"浮力"时，教师可以这样设计导入内容。

教师：同学们，我们已经知道浮力产生的原因是由于浸在液体中的物体受到液体对该物体上、下表面的压力差的缘故，那么液体对物体的浮力的大小跟哪些因素有关？

（5）直观导入。直观导入是指教师在新知识教学时，为学生更快进入学习情境和丰富学生的感性经验，提供多种感官刺激，引导学生观察实物、模型、图表、多媒体视频等活动创设物理问题情境的导入方法。

【示例12】在进行初中物理"压强"知识教学时，教师结合教材中的图示，补充日常生活中图钉的事例，设计本节学习中讨论"压力的作用效果与哪些因素有关"实验探究内容。

教师：同学们，除了课本上的事例之外，在日常生活中我们都有使用图钉的经验。这是一个我们非常熟悉的图钉。它一头是尖的，另一头则有一个钉帽。当我们要将图钉按到墙里时，手指一定会按住钉帽。如果我们用拇指和食指分别接触钉帽和钉尖时，设想一下你会有什么感受？你的两个手指一定会有不同的感受，稍微用力时接触钉尖的手指会感到更疼痛，这是为什么？为什么两个手指会有不同的感受？下面我们通过一个实验来研究压力作用的效果与哪些因素有关？

> 此处可以设计成一个"徒手"实验，用圆珠笔代替图钉也可以。相信如果没有实物，学生也能有所体验。

【示例13】在进入初中物理"摩擦力"教学时，教师先请同学观看冰壶比赛视频，在冰壶比赛时，运动员需要不断调节自己的运动。

教师：从比赛中我们发现，运动员在冰面上行走时，一只脚蹬冰一只脚滑行，你知道是什么原因吗？运动员两只鞋的鞋底材质是不相同的。蹬冰脚的鞋底是橡胶制成的，滑行脚的鞋底是塑料制成的。两个鞋底为什么会使用不同的材质呢？

> 冰壶比赛可能是学生不熟悉的，可以通过图片或视频展示。

直观导入中使用的物品通常是学生非常熟悉的，都有使用的经验。利用学生已有的经验，只是导入技能运用的前提条件，若以此作为新课的开始，能够更快地将学生带入问题情境，从而激发学生学习的愿望，自然顺利进入新课教学的下一个环节。

后一个示例中所展示和说明的内容，可能不为所有的学生所熟悉，学生可能从电视等媒体中对该项运动有所了解，利用视频资料展现在学生面前，对学生后续学习有一定帮助。

（6）故事导入。故事导入通常是指教师精选学生生活中所熟悉的事例或新闻中的趣事，或以物理学史上的小故事创设物理问题情境，进入新课教学的一种方法。

【示例14】在讲授"平均速度"的概念后，教师设计一个事例，用以说明当描述一个物体的运动状态时，平均速度的概念是粗略的，进而引入"瞬时速度"或"速度"的概念。

教师：一个举办过多年著名的马拉松比赛组委会接到一份参赛申请，申请人年近70岁却要求参加全程42.195km比赛。组委会出于安全方面的考虑，拒绝了老人的申请。但老人执意要参赛，并告诉组委会其申请的理由。原来这位老人曾经在50年前参加过这项赛事，但当时在比赛时却被朋友从赛道强行拉走去吃饭了，之后再也没有参赛。他希望组委会能给他一个机会，让他圆了参加全程马拉松比赛的梦想。现在请问同学们，如果这位老人真的参赛了，那么加上他年轻时的距离，他跑完全程马拉松的平均速度的大小是多少？注意，他跑完全程马拉松的时间是50年！

> 讲好这个真实的小故事会很有趣！

【示例15】在学习"速度"概念时，高中物理1（必修）教材在"说一说"栏目介绍了这样一个小故事。

教师：著名物理学家、诺贝尔奖获得者费曼（R. P. Feynman, 1918 –
1988）讲过这样一则笑话。一位女士由于驾车超
速而被警察拦住，警察走过来对她说："太太，
您刚才的车速是 60 英里每小时！"（1 英里 =
1.609 千米）这位女士反驳说："不可能的！我才开了 7 分钟，还不到一小时，
怎么可能走了 60 英里了呢？""太太，我的意思是：如果您继续像刚才那样开
车，在下一个小时里，您将驶过 60 英里。""这也是不可能的，我只要再行驶
10 英里就到家了，根本不需要再开过 60 英里的路程。"

> 这是一个非常有名的小笑话。

通过这个笑话，你对"用比值定义物理量"是否有了更深刻的认识。

为什么我们在物理学习中强调物理概念和规律的学习，从上述例子中，
我们不难发现，要准确地描述和理解物体的运动状态，速度的概念是多么
重要！

（7）悬念导入。悬念导入是指教师利用学生在物理学习中可能会产生的
认知冲突为前提，以学生强烈的关切心理为特点的导入方法。

学生在物理学习时，对与自己原有的观念、对事物发展的认识、对一些
似是而非的选择、对事物可能发生的变化和变化趋势等有冲突时所表现出来
的惊奇、疑惑、迷茫和矛盾，折射出学生原有的知识、经验、观念和"理
论"与新的教学内容的学习产生冲突，这些都是教师运用悬念导入的设计点。

【示例18】初中物理"电功率"教学时，通常教师都会讲这样一个例子。

教师：请同学们看这两个白炽灯泡，一个标有"220 V 100 W"，一个标
有"220 V 25 W"。现在将两个灯泡接在 220 V 的交流电上，你们认为哪个灯
泡会更亮？（演示结果证明学生的判断是正确的，即标有"220 V 100 W"的
灯泡会更亮！）但如果将这两只灯泡串联起来，再接到电路中，则仍是标有
"220 V 100 W"的灯泡更亮吗？

这样的导入设计，会使学生进一步认识额定功率的含义，从而加深对物
理概念的认识和理解。

【示例19】在讲授"物体的平衡"时，教师可以设计这样一个导入：展示
视频"高空走钢丝"。

教师：刚才我们看到了表演者走钢丝的惊险一幕，你们能告诉我，表演
者除了平日的刻苦练习、良好的心理素质、过人的胆识外，这其中还有什么

科学道理吗？

#### 4. 中学物理课堂导入教学的特点

物理学本身的逻辑规律制约着教学活动，所以物理教学中导入的特点也应该从物理教学内容与学生的认知结构的联系中去寻找。

物理教师在导入教学中设置问题情境的基本方式是：①用各种直观教学手段展示丰富的物理现象，并且引导学生探究现象的原因；②帮助学生提取和整理原有的知识结构，并且提出新的概念与旧的知识结构的不协调甚至是矛盾；③提出新的问题与旧的处理方法的矛盾，即旧方法处理不了新问题而产生的困难。

#### 5. 导入技能的功能

（1）课堂教学中，导入技能的运用是很重要的。

（2）物理教学是在教师的引导下，学生对物理世界的再认识过程。

（3）教师承上启下，开宗明义提出本课的关键问题，提示教学活动的内容和方式，使学生明确学习任务，即每个学生都要了解他应该观察什么、做什么、想什么问题，明确达到什么标准才符合要求，从而形成学习动机。

（4）物理学是基础学科，它与自然界、人们的社会生产和生活有着密切的联系。

#### 6. 导入技能的构成要素

各种类型的导入教学活动，基本上都由以下几个技能要素构成。掌握这些要素，对于准确、有效、灵活地应用导入技能是很重要的。

（1）引起注意。在教学的开始，教师通过有效的活动方式使学生的注意力集中到教学中来，进入学习的准备状态。通常教师引起学生注意的教学活动是：师生目光接触、沉默、教师的声音或体态位置变化、语言直接指引等。通常学生注意集中于课题的表现是：举目凝视、侧耳细听、思考入神、顿时寂静或议论纷纷等。

（2）激发学习兴趣。激发学习兴趣是中学物理教学的一项重要任务，而在课的起始学生接触的是新的物理情境，因此导入技能中必须具有激发和培养学生学习兴趣的要素。教师在呈现学习情境时应尽量使用新颖的资料，呈现的方式应尽可能新奇和富于变化，设计的学生活动方式应尽可能生动和适合学生的年龄。这些行为是教师在使用导入技能时不可缺少的。

（3）激发认知需要。教师将所设置的学习情境作用于学生，使他们感到与原有的知识经验不协调，从而产生认知需要。在学习情境中，建立教学内容与学生原有知识结构之间的实质性联系，依据教学内容本身的逻辑关系，明确教学内容对学生原有知识结构所提出的要求，并依据这种联系进行导入教学设计。

（4）形成学习动机。学生意识到认知上的差距，产生认知需要，还不能形成学习活动的动机，必须使学生明确学习目标、活动方向和活动方式，学生才能主动地学习，形成学习动机。

如教师在运用经验导入时，以学生已有的生活经验为出发点，通过描述式的讲解、提问，引起学生回忆，或者通过演示再现生活经验，从而引导学生发现问题。

### 7. 导入技能运用的原则和要点

从上面的示例中，我们发现导入应有一个基本结构，大致如下所示：

引起注意 ⟶ 激起动机 ⟶ 组织指引 ⟶ 建立联系

导入的设计应充分考虑到将学生的学习心理活动保持在教学行为上，明确学生"专心"于导入活动，才能从教学开始时就能够得到反应。这些反应主要表现为：学生顿时安静下来、举目凝神、侧耳细听、沉静思考，或紧张屏息，或议论纷纷，教师应当善于把握时机，将学生引向有意注意。新课教学开始环节，教师运用导入技能应注意几点：

（1）导入的目的性和针对性。在各种类型的导入教学活动中，教师要明确导入教学的目的，应当使学生明了将要学习什么？怎么学？为什么要学？前述的导入方法很多，教师应当根据教学内容的逻辑体系和结构，充分考虑学生学习的实际情况，精心设计导入以创建物理问题情境，其最终的目的直指新课教学的目标。

（2）导入的关联性。导入的内容应与新课重点紧密相关联，能够提供和揭示新旧知识联系的关节点。无论采用何种导入方式，务必使学生能够明确新旧知识的关联性。

（3）导入的直观性和启发性。根据学生的年龄特征和学习需要，尽量以生动、具体的事例，丰富的物理现象和实验为基础，并借此引导学生进入新的物理问题情境。

（4）导入的趣味性。导入技能的运用是否成功，关键在于教师能否在导入环节以生动的语言和精心设计的情境引发学生思考，形成学生思维上的冲突，这其中包含着教师鲜明的个人魅力。

应当指出的是，那种为了导入而设计导入的做法尤其要引起新教师注意。当我们苦于设计导入时，不妨思考一下这样一些问题：为什么要设计导入？如何运用导入技能？课堂教学时，运用导入技能是否能够真正地引起学生注意，从而激发学生的学习动机，教师在导入过程中是否注重组织指引，有没有真正建立新旧知识的联系。

在新课教学之初，也有这样简单的导入。"同学们，今天我们将进入新的单元学习，请大家把书翻到……"从而进入新课教学，这也是一种好的选择。

## 二、讲解技能

### 1.什么是讲解技能

讲解技能是教师运用教学语言，向学生传授知识和方法，启发思维，表达思想感情的一类教学行为。

讲解技能是教师必须掌握的基本技能，其主要任务是使学生明确新知识与原有知识经验之间的联系，以及新知识中各要素之间的关系。考虑到中学物理知识体系和结构的逻辑性、系统性、精确性、科学性和严密性，中学物理教学的讲解显得格外重要。

物理学是观察、实验和科学思维相结合的学科，其中的文字语言、数学语言、图像图表是构成教材中物理语言的三个组成部分。同时，物理学的研究思想和方法不仅反映了学科的特点，也具有自然科学方法论的一般特点。

讲解技能并不完全等同于学科教学论教学方法研究中的讲授法。这里所研究的讲解技能是从教师课堂教学运用教学技能的角度去研究教师的教学行为，而讲授法则主要是从教学方法的角度研究教师的课堂教学行为。

### 2.讲解技能的目的

课堂教学中教师讲解技能的运用随处可见，讲解的主要目的是传授物理知识，引导学生在原有认知结构的基础上，了解、理解和充分记忆物理学新知识。通过生动、活泼和有效的讲解，使学生产生学习的兴趣进而形成志趣，帮助学生明了获得新知识的思维过程和探究物理问题的方法，提高学生的认识能力，并结合具体的教学内容影响学生的思想和审美情趣。"教师的工作并非只是传授信息，甚至也不是传授知识，而是以陈述问题方式介绍这些知识，把它们置于某种条件中，并把各种问题置于其未来情景中，从而使学生能在其答案和更广泛的问题之间建立一种联系。"[1]

纵观课堂教学中物理教师的讲解教学行为，我们不难发现，一个完整的、好的讲解具有一个基本结构。这个基本结构是将讲解分解为若干部分，每一部分都有一个明确的阶段性目标，并根据各部分讲解内容之间的逻辑关系和学生认识过程的规律，将各部分讲解内容安排成一个序列，在讲解实施

---

[1] 联合国教科文组织总部.教育——财富蕴藏其中［M］.联合国教科文组织总部中文科，译.北京：教育科学出版社，1996：138.

中正确清晰地表现这个序列。

**3. 讲解的类型**

我国中学物理教学实际中，讲解技能的主要类型有解释、描述、原理中心和问题中心式四种基本类型。

（1）解释式，即通过讲解将求知与已知关系联系起来。

【示例20】试简述牛顿第一定律。

这种类型主要涉及物理规律的意义解释。

【示例21】试简述天平的构造和使用方法。

即用语言说明某一物理现象、物理实验，或物理仪器设备的结构和使用。这种类型主要是结构和程序的说明。

> 此处的讲解较为复杂，需要合理组织一个较为详细的讲解结构和程序。

【示例22】试说明金属铜的导电性。

在用万用表测试铜时，得出铜能导电的结论。这是由于铜是金属，金属中存在着大量的自由电子，所以能导电。

（2）描述式。描述的对象是人、事和物，描述的内容是人、事、物的发生、发展、变化过程和形象、结构、要素。其目的是使学生对所描述的事物、过程形成一个较为完整的形象，对一切向前看的发展有一定深度的认识。

【示例23】试描述惠斯通电桥的基本结构。

这是一个涉及结构要素的描述。因而，首先对对象要有一个整体认识，然后则涉及其中的要素，最后才是各部分之间的联系。

> 讲解的基本结构：整体、要素和联系。

【示例24】试描述卢瑟福的原子核式模型的发现。

这是一个按事物发生、发展变化的先后顺序而进行的描述。显然，其中的时间顺序不能颠倒，描述时不仅要注意事物发展的阶段性，而且要抓住事物发展的关键，最后应当给出结论。

（3）原理中心式，即以物理概念、规律、原理、理论为中心内容的讲解。例如，什么是压强？什么是浮力定律？原理中心式讲解是物理教学中最重要、最基本的一种教学方式。如果说初中阶段物理知识的学习主要是从物理现象入手的话，对物理现象的解释和说明则是教师的一项基本功，而高中物理课堂教学则对教师的原理中心式讲解提出了更高的要求。

【示例25】阿基米德原理的讲解[①]。

导论：阿基米德原理亦是一个实验定律，我们已经用实验归纳出了该原理的结论：浸入液体中的物体所受液体的浮力等于它所排开的同体积液体的重量。

可是，为什么浮力等于物体排开的同体积液体的重量呢？这一结论与液体内部的压强有何关系呢？

论证：如图所示，各边长为1的物体，完全浸入液体中，液面距物体上表面深度为 $h_1$，距下表面为 $h_2$。物体左、右、前、后表面深度压强都相互对应、大小相等。故压力 $F_左 = F_右$，$F_前 = F_后$，它们方向相反，相互平衡。

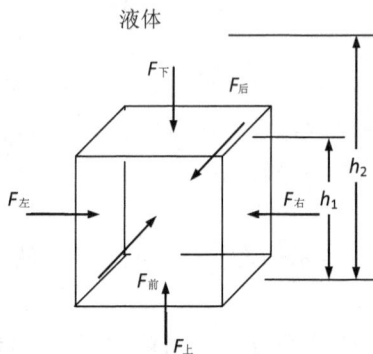

图2-1　液体中物体所受浮力

上、下表面的深度不同，所受压力大小也就不同。若上、下表面积为 $S$，则物体受到向上的压力差即是下表面所受压力 $F_2$ 与上表面所受压力 $F_1$ 之差。

$F = F_上 - F_下$

$F = F_2 - F_1 = p_2 S - p_1 S = (p_2 - p_1)S$

根据液体内部压强公式 $p = \rho g h$，代入上式，有

$F = \rho g V$

式中，$\rho$ 为液体的密度，$V$ 为物体浸入液体的体积，即为物体的体积。则上式可写成

$F = G_液$

浸入液体中的物体所受液体的浮力等于它所排开液体的重量。

---

① 孟宪恺. 微格教学基本教程 ［M］. 北京：北京师范大学出版社，1992：81-82.

由上述示例我们又可以看到，物理教学中讲解技能的运用重在逻辑推理，即由前提条件出发，最终推出结论。当然，我们从中也可以体会到，单纯地用语言进行描述存在缺陷。课堂教学中，教师总会将一些基本的教学技能综合起来运用，比如本例中，一定要结合板书技能和提问技能的运用才能取得最佳的教学效果。

（4）问题中心式。问题中心式即以解答问题为中心的讲解。问题中心式讲解的基本模式如下：

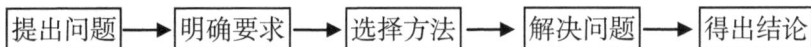

提出问题 ➡ 明确要求 ➡ 选择方法 ➡ 解决问题 ➡ 得出结论

首先由事实材料引出问题，进而明确解决问题的要求，然后选择解决问题的方法，对问题进行分析和研究，解决问题，最后得到结论。

【示例26】有关电阻阻值的测量。

教师：在学习了多种测量电阻阻值的方法后（如用欧姆表直接测量、伏安法测量、电桥测量等），提出问题。现有二个完全相同的电流表，一只待测电阻 $R$ ，一个精度足够的电阻箱 $R_0$ ，开关、导线、电源等，请你设计一个电路，准确地测量出待测电阻的阻值。

1. 提出问题

高中物理学习中，有关电阻阻值的测量，其基本原理始终围绕着欧姆定律。然而，在解决实际问题时，仍需考虑所提供的实验仪器条件。

2. 明确要求

此例中的要求是较为准确地测出未知电阻的阻值。

3. 选择方法

实验基本原理仍是欧姆定律，需要学生灵活运用所学知识，包括对电表表头的认识，甚至要较为深入地理解电表的构造。本例中，两只完全相同的电流表的使用是解决问题的关键。

4. 实验设计

了解有关电路的基本知识，如串联电路、并联电路的特点。学生需要尝试着画电路图（如图2-2），进行实验设计。

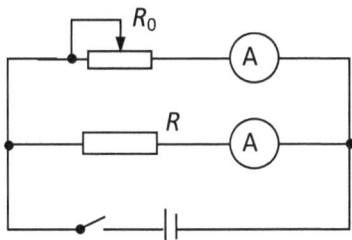

图2-2

5. 解决问题

此问题的解决主要是依据题设二个完全相同的电流表。实验中，调节电阻 $R_0$ ，观察两个电流表的示数，当示数相等时， $R$ 的阻值就等于 $R_0$ 的阻值。

这种问题中心式讲解，较多地应用于习题课教学。显然，本例中有关问题解决方法的选择和实验结论的讨论是讲解时必不可少的。精心设计的讲解可以实现对学生进行物理学研究的思想和方法的教育和培养。

讲解按其内容的认识特点可分为四种类型：说明、描述、原理式、问题解答式。其中，说明式主要包括对教学活动的对象、活动方法、活动目的的说明，以及对简单事实性知识、术语的说明和简单物理现象、事物及活动的说明。例如，"$G$"表示物体受到的重力，"$\Delta t$"表示一段时间间隔。描述式则是对物理事实、现象、过程用语言进行形象的描述，是提供问题背景和讨论前提的重要手段。原理式讲解在物理教学中通常是对物理概念和物理规律的讲解。例如，牛顿第二定律的建立是通过分析 $a$ 与 $F$ 的关系和分析 $a$ 与 $m$ 的关系，然后综合为 $a = F/m$ 得出的。

### 4. 物理教学中讲解技能的特点

物理教学中讲解的基本目的，是使学生掌握物理知识和学习物理的思想方法，中学物理教学中的讲解特点主要是：

（1）讲解语言准确、简练；

（2）讲解逻辑严密、体现物理思想方法；

（3）讲解使学生对物理现象充分感知；

（4）讲解使学生的直觉概括上升为理性概括；

（5）讲解使抽象结论具体化。

### 5. 讲解技能的功能

讲解是课堂教学中教师必备的、基本的教学行为，在完整的课堂教学中，讲解的教学行为出现在教学过程的各个部分。在教学中应用讲解技能可以实现以下教学功能：

（1）引导学生以原有的认知结构为基础，了解、理解和掌握新知识；

（2）帮助学生明了获得新知识的思维过程和探讨问题的方法，提高学生的认识能力；

（3）结合教学内容影响学生的思想和情感，从而培养学生的审美情趣。

### 6. 讲解技能的构成要素

讲解技能的构成要素是一些典型的课堂讲解教学行为，这些典型的教学行为构成了讲解技能的主要部分。

（1）讲解的结构。讲解的结构是教师在分析学生情况和教学内容的基础上，对讲解过程的安排。它是将讲解的总任务分解为若干部分，每一部分都有一个明确的阶段性目标，根据各部分讲解内容之间的逻辑意义和学生认识过程的规律，将各部分讲解内容安排成一个序列，并在讲解实施中正确清晰地表现这一序列。

（2）语言清晰流畅。语言清晰流畅的教学行为使讲解紧凑、连贯，语言准确、明白，语音和语速适合讲解内容和情感的需要。

当然，讲解紧凑、连贯是在明确讲解任务的基础上才能做到，因此，准备充分和自信是完成讲解任务的前提。讲解时要做到语言准确、明白，就要使讲解中的句子结构完整，后半句话的音量不能过小，否则就会造成讲解不明白，需要听者去猜测。使讲解明白的另一重要方面是讨论的前提应该明确，讲解的逻辑过程不能有较大的跨越，否则就会使学生听不懂。

（3）使用例证。举例说明是进行学习迁移的重要手段。用所学过的知识分析判断具体的事例，是检查、巩固抽象知识的有效方法。要做到这一点必须注意：举例内容要恰当，举例要适合学生的认识水平，举例数量要符合认识过程的要求，要注重对举例的分析，要正确使用正面例证和反面例证。

（4）进行强调。强调是成功讲解的一个核心成分。一位有经验的教师能够运用强调将关键信息从背景信息中突出出来，帮助学生集中保持重要的方面，减少次要因素的干扰，同时建立讲解中核心内容之间的联系。因此，强调的内容、方式和重点等是检验强调成果的关键。

（5）形成连接。讲解的结构是由系列化的关键问题和相应的阶段性目标构成的。清楚连贯的讲解是由新旧知识之间、例证与概念规律之间、问题与问题之间恰当的逻辑意义构成的。在讲解中仔细安排各步骤的先后次序，选择起连接作用的词语说明上述关系，使讲解形成意义连贯的完整系统是"形成连接"这一技能要素的教学行为。

（6）获得反馈。讲解从形式上看似乎是教师单方面的活动，但事实上成功的讲解必然要有师生间知识、信息和情感的交流。有的新教师教案编写得很好，但教学效果却不佳，主要就是在实施教学计划时只将注意力放在了教学内容上，忽视了学生的反应，讲解像在背书。所以，在讲解中教师应当随时注意获得学生的兴趣、态度和理解程度等的反馈信息。教师可以从观察学生的表情、行为和操作活动中，从留意学生的非正式发言，从提出问题使学生回忆或应用所讲知识，从给学生提问题的机会让他们提出自己的看法或感到困难的地方等方面获得反馈信息。

### 7. 讲解技能运用原则与要点

对于讲解的内容而言，首先要明确讲解的目标，要求越具体，越容易组织讲解的内容。其次，讲解的过程和结构要合理，条理清楚，逻辑严密，层次分明。讲解内容要重点突出，要有明确的主线。讲解要有针对性，要考虑学生的年龄、兴趣、性别、知识水平、能力基础，要清楚学生已有的知识背景。

【示例27】讲解一定要注意学生已有的知识背景，在用词方面要注意每个学段的教学要求。下面的示例中"位置的移动"不可说成"位移"，"位移"是高中物理的一个概念。

　　教师：用叉车搬运货物时，叉车把货物从地面提升到一定高度。叉车用力托起货物，使货物在这个力的方向上发生了位置的移动，我们看到了叉车工作的成效。[①]

其次，如果从教师运用讲解技能的角度考虑，讲解过程中，教师的语速要适当，语音要清晰，语调抑扬顿挫，音量适中，语义准确。

考虑到讲解的效果，一次讲解的时间不宜过长。大段的讲解可以分为几段来处理。在涉及讲解的重点和关键时，要注意节奏的把握，采用提示、停顿等方式加强变化。当然，讲解要想取得实效，也必须与其他教学技能配合使用。

【示例28】这是初中物理"能量的转化和守恒"一节的教学内容[②]。请结合图示，准备一个讲解内容。

### 能量的转化

自然界中的各种现象都是互相联系的。科学家经过长期探索，发现能量转化是非常普遍的现象，在一定条件下，各种形式的能量可以相互转化；摩擦生热，机械能转化为内能；水电站里水轮机带动发电机发电，机械能转化为电能；电动机带动水泵把水送到高处，电能转化为机械能；植物吸收原子光进行光合作用，光能转化为化学能；燃料燃烧时发热，化学能转化为内能……

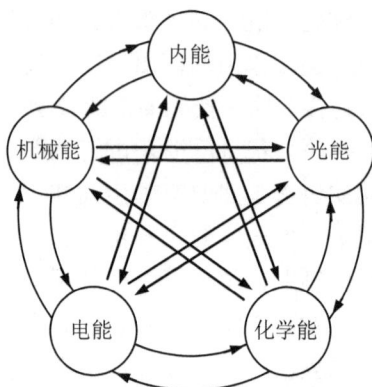

图2-3　不同形式能量之间的转化

（如电能通过加热器转化为内能，电能通过电灯转化为光能，你能做些补充吗？）

G.布朗曾给出一个清晰的讲解应具有的一般结构：

---

① 彭前程.义务教育教科书物理（八年级下册）［M］.北京：人民教育出版社，2012：62.
② 彭前程.义务教育教科书物理（九年级）［M］.北京：人民教育出版社，2013：27.

（1）提供线索：标明内容结构，先后顺序；

eg , I wish to talk about…, Firstly,…

（2）提供骨架：标明一个问题的开始，结尾以及它下面的分题；

eg. so that ends …. Now let us look at …

（3）提供焦点：突出重点；

eg. so the main point is this …

（4）提供联系：使部分之间有所关联，使讲解与听者有所关联。

eg. after discussion, we get the conclusions that …

学校的学科教学中，对知识的分类层次和要求上不同，因而采用多种讲解方式是必要的。"在大多数国家，无论是地方分权的还是中央集权的，人们已倾向于把普通教育的内容分成两部分：一部分是共同的、所有人都须掌握的最低限度内容；另一部分是各种选修课。共同的内容包括社会认为其一切成员都应具备的知识、观念、本领和价值观。选择性内容是一套可根据学生愿望、兴趣、才能以及社会经济和文化环境的需要来确定的专门内容。"[1]不同的教学内容是讲解技能运用和选择的重要参照。有人借助系统方法把组织教育内容和方法分为四种，即从内容入手的、从学习入手的、从关系入手的和从过程入手的。从内容入手的方式是基于一种线性的、演绎的方法；从学习入手的方式是基于分析学习者的特征和确定作为目标的一些具体形式；从关系入手的方式是一种比较新的方法，主要适合成人培训和终身教育的情况；从过程入手的方式侧重于实施条件[2]。

【问题1】下面是初中物理"阿基米德原理"一节的教学内容，在讲解结构的设计中，各部分之间的联系可能会通过一个过渡来实现。阅读下面的一段教学内容，分析和思考如何通过一个过渡的设计，说明物理概念或规律的建立过程中规范用语的形成[3]。

### 阿基米德的灵感

据说两千多年以前，古希腊学者阿基米德为了鉴定王冠是否是用纯金制成的，要测量王冠的体积，冥思苦想了很久都没有结果。一天，当他跨进盛满水的浴缸洗澡时，看见浴缸里的水向外溢，突然想到：物体浸在液体中的体积，不就是物体排开液体的体积吗？随后，他设计了实验，解决了王冠的

---

① S.拉塞克，G.维迪努.从现在到2000年教育内容发展的全球展望［M］.马胜利，等译.北京：教育科学出版社，1996：166.

② S.拉塞克，G.维迪努.从现在到2000年教育内容发展的全球展望［M］.马胜利，等译.北京：教育科学出版社，1996：168.

③ 彭前程.义务教育教科书物理（八年级下册）［M］.北京：人民教育出版社，2012：53.

鉴定问题。

阿基米德的故事，给了我们很大的启示。我们知道，物体浸在液体中的体积越大、液体的密度越大，它受到的浮力就越大。现在我们用"物体排开液体的体积"取代"浸在液体中物体的体积"来陈述这个结论，就是因为"物体排开液体的体积越大、液体的密度越大，它所受的浮力就越大"。

## 三、演示技能

### 1. 什么是演示技能

演示技能是教师在物理教学过程中进行实验操作表演、运用实物及模型以及多媒体技术等提供感性材料，充分调到学生的视觉、听觉，形成表象及联系，并指导学生进行观察、思维和操作的一类教学行为。

### 2. 演示技能的目的

中学物理教学中，教师运用演示技能可以为学生学习基本概念、基本原理等提供丰富的感性材料，联系感性认识和理性认识，帮助学生形成概念，理解和巩固知识。

通过演示实验，可以引导学生从实际出发，分析物理问题，学会客观地认识物理现象及其变化规律，运用归纳、演绎、逻辑推理等方法研究问题，加强培养学生观察和思维能力。

由于演示实验主要是由教师操作和表演的实验，学生可以从中学到正确和规范的实验操作技能和方法，有助于培养学生实验基本技能。

课堂教学中，教师运用演示实验技能，不仅能够吸引学生的注意力，激发学生的好奇心，还可以通过演示实验考查学生的观察、记忆、推理和判断能力，达到培养学生实验技能的目的。

### 3. 演示技能的类型

（1）分析法。从分析实验现象入手，启发运用感知到的材料进行系统分析，导出新概念，获得新结论。

【示例29】通过演示压力的作用效果与哪些因素有关的实验，分析实验现象，最终得出压力的作用效果不仅跟压力的大小有关，还与受压的面积大小有关。

（2）归纳法。通过提出问题，观察若干实验或几组系列实验，归纳总结出概念或规律。

【示例30】通过演示鸡蛋在盐水中浮沉现象，总结出物体的浮沉条件。

（3）质疑法。通过物理演示实验操作，展现物理现象和变化过程，通过提出问题，与学生进行交流，并分析实验现象，认识实验所揭示的本质。

【示例31】高中物理牛顿管演示实验所展现的物体下落过程现象及现象的分析，回答物体的下落快慢与物体自身的重量无关。或通过观察美国宇航员斯科特在月球上所做的演示视频，展现铁锤和羽毛几乎同时下落的现象，说明物体的下落快慢与物体自身的重量无关。

演示实验无论是使用真实的仪器设备还是通过影像资料所传达的信息，都可以在不同程度上激发学生学习物理的积极性，起到引人入胜的效果。我们在物理课堂教学中，之所以提倡用实物演示实验，不仅体现了物理实验应当具有真实性的一面，同时也引导学生更加关注对身边的物理现象和现象变化的观察，真正体现初中物理课程标准中所述的"从生活走向物理，从物理走向社会"的课程基本理念。

### 4. 演示技能的功能

（1）提供丰富直观的感性材料；

（2）提供物理学的研究方法，培养学生的科学态度；

（3）促进学生观察能力和实验探索能力的发展；

（4）为学生实验操作提供示范；

（5）激发学习兴趣。

### 5. 演示技能的构成要素

（1）设计实验。教师在运用演示技能时，首先应当依据教学内容和学生原有的感性经验的特点明确演示的目的，并且设计恰当的演示来实现这一目的。同时，按学生认识过程的规律设计演示在教学过程中的位置和演示本身的特点。

（2）指引观察。根据演示的目的和核心问题，提出演示的总的观察任务，指导学生了解演示所用的仪器、仪表、模型、电教软件的性能、用途，以及如何观察的方法。演示过程中，根据总的观察任务提出每一个演示步骤的观察任务，必要时要引导对某一演示现象反复观察，强化观察印象。

（3）操作控制。演示技能的操作控制包含三方面的内容：首先是教师的演示操作正确、规范，保证演示现象的成功；其次是依据演示的目的和学生的反应有效地控制演示的快慢、次数、方向、位置，以及插入适当的语言启发；第三是对演示操作过程进行某些特殊的控制，使演示现象便于学生分析概括。

（4）启发思维。演示实验教学能够提供丰富的感性材料，但演示的目的不仅限于此，演示教学还必须展开有关的思维活动，培养学生的思维能力。其中，明确演示中的思维方法，提出思维任务，进行必要的指引，巩固观察结果，总结实验方法等均对学生进行思维加工有较大的影响。

### 6. 演示技能的应用原则与要点

中学物理课程标准和教科书中演示实验随处可见。课程标准中规定的"通过实验，认识……"或"通过实验探究，理解……"，虽然没有明确具体的实验形式的要求，但演示实验在中学阶段仍具有其他教学手段不可替代的作用。

教师在物理教学过程中，运用演示技能应从几方面考虑：

（1）加强演示实验设计的针对性和目的性。演示实验不仅可以为学生积累丰富的感性认识，同时也是培养学生分析问题和解决问题的基础。选择的演示实验要有利于突出物理学科的特点，突出教学内容的重点；有利于培养学生的观察和实验能力；有利于学生物理概念和规律的形成。

（2）明确实验仪器的要求和实验现象的鲜明性。演示实验要力求仪器简单、现象清晰、操作方便。由于演示实验的操作要确保成功，就应当从上述几个方面综合考虑。随着我国中学物理实验教学条件的改善，成套的演示实验仪器的运用尤其要注意仪器的尺寸大小，展示的现象要鲜明，要便于学生观察。教师或学生通过自制的低成本演示实验仪器和设备演示实验，不仅可以弥补学生在观察物理现象方面存在的不足，而且可以拉近学生物理学习与日常生活联系的距离，其教育意义远大于演示实验本身，这仍是我们在现阶段提倡的。

（3）规范演示实验的操作。演示实验是教师操作和表演的实验，教师规范的操作无疑会对学生实验能力的培养起到示范作用。比如，实验仪器的正确操作，实验数据的读取，实验误差的解释，等等。

（4）重视演示实验与讲解的结合。演示实验主要是教师的操作和表演，学生则处于被动地位。对物理现象和过程的影响主要掌握在教师手上，实验过程中学生的注意力会因为实验时间的长短而变化，教师应当善于引导学生把各种感性认识上升为理性认识，这其中引发学生的积极思维活动尤为重要。此时，教师适当的讲解，会使学生理解实验的目的，明确观察方法，从而抓住实验的关键和本质。初中学生对于演示实验的认识多处于"看热闹"、疏于分析和思考的阶段，教师适当的讲解和提示，能够帮助学生经历从物理现象的观察到对现象的分析、概括和判断的提升，进而有意识地引导学生理解实验的重要性。

## 四、提问技能

### 1. 什么是提问技能

提问是通过师生之间的相互作用，检查学习、促进思维、巩固知识、运用知识，从而实现教学目标的一类教学行为方式，是师生之间相互交流的重要教学技能。

### 2. 提问的目的

G. 布朗认为，教师在运用提问技能时，首先应当明确：为什么要提问？怎样提问？提问些什么？这些涉及提问的设计问题。显然，学生已有的知识背景是提问的基础。中学物理教学中，教师运用提问技能时首先应当明确提问的设计。

（1）在课堂教学中，教师针对学生的思维特点有计划地提出问题，从而引发学生积极主动地思考，引导学生进行主动探索。

（2）提问的过程就是揭示矛盾和解决矛盾的过程。通过矛盾的解决，使学生逐步认识事物，抓住问题的本质。

（3）物理教学中，问题的设计通常是以旧知识为基础的，通过提问可以督促学生及时复习巩固知识，并将新旧知识联系起来，从而系统地掌握知识。

（4）通过提问可以集中学生学习的注意力，激发学习的兴趣，活跃课堂气氛，并培养学生的语言表达能力。

（5）对教师而言，通过提问能够及时了解学生的学习情况，获得改进教学的反馈信息，进行有针对性的有效教学。对学生而言，提问是鼓励学生积极参与教学活动，强化学生学习的过程。

### 3. 提问的类型

有关提问类型的研究，欧美国家较为深入。我们对提问类型的研究主要集中在将提问划分为两个层次。第一个层次，主要有回忆提问、理解提问、运用提问。第二个层次主要有分析提问、综合提问和评价提问。前者被认为是较低层次水平的认知提问，后者则是较高层次水平的认知提问。这种划分主要是依据所提问题的层次水平，在平时的物理教学中均有所体现。

（1）回忆提问。这类提问只要求回答"是"或"不是"。由于这类问题比较简单，要求学生在教师提问后迅速做出反应。

【示例32】教师：功的国际单位和能量的国际单位是否都是焦耳？

【示例33】教师：重力的方向是竖直向下的吗？

学生回答这类问题时通常不需要进行较深入的思考，只需对教师的提问回答"是"或"不是"，"对"与"不对"。与此相类似，还有只需学生根据教师提出的问题，用物理术语或字、词予以回答。

【示例34】教师：从前面的讨论中，我们已经知道压力的作用效果不仅与压力的大小有关，还与什么因素有关？（学生回答：还与压力的作用面积有关。）

这种提问只需学生对所学的知识或结论予以回忆，回答的结果与教材的表述相一致即可。这种简单的回答在一定程度上限制了学生的独立思考，教师也不能从其回答中发现学生在学习过程中存在的问题，所以一般用于上课开始之时维持正常的课堂教学秩序，或在对讨论教学中的某一问题刚得到结论的初期，使学生回忆所学过的内容，为后续内容的学习提供材料时使用。

（2）理解提问。这类提问又可分为一般理解、深入理解和对比理解。其核心是希望学生对所提问题能够用自己的语言进行组织，描述物理现象及其发生、发展的过程，或说明现象发展的结果，进而对其本质有一定的认识。

【示例35】教师：你能描述一下物体在斜面上的运动情况吗？
【示例36】教师：你能根据实验现象，总结出影响物体在液体中浮沉的条件吗？
【示例37】教师：你能告诉我们，这个实验装置是如何反映物体受力后所产生的微小形变吗？

通常，理解提问多用于对刚刚新学的知识与技能的检查，以了解学生是否真正理解了所学的教学内容，包括对物理概念和规律的认识。另一方面，也可以通过提问和回答，培养学生语言表达能力。

（3）运用提问。这类提问通常是先建立一个简单的物理问题情境，让学生运用刚刚所学的知识和回忆已学过的知识解决新的问题。

【示例38】教师：通过前面的学习，我们已经掌握了电路的基本性质和电阻测量的基本方法，下面请大家思考一个问题：现有一个待测电阻，请你用两个完全相同的电流表、一个精度足够的电阻箱以及电源、导线、开关等设计一个电路，测出该电阻的阻值，并说明如何测量？如果实验中的电流表改为电压表，电路又将如何设计？

【示例39】教师：通过刚才的演示实验，我们已经知道，力是物体之间的相互作用，那么相互作用的物体是否一定要直接接触？请大学思考一下，然后我们再来看一下实验。

由于前面的讨论中所列举的事例都是强调物体之间直接接触，因而在学生有关"力"的概念的学习中，可能仍会存在"一定要直接接触"的错误认识。在此提出这个问题，可以使学生进一步思考，并将自己思考的结论与教师之后的演示现象的分析联系起来，从而达到对"力"的概念更深入的认识和理解。

（4）分析提问。分析提问是要求学生结合教师设置的问题去识别条件与原因，或者找出条件之间、原因与结果之间的关系，然后做出正确回答。这种提问属于高级认知提问，问题的回答显然不能仅依据学生现成的知识和教师提供的素材，需要学生根据所学知识重新组织，对问题进行分析，同时也要借助教师的提示和探询方能顺利回答。

【示例40】教师：一个带电粒子进入匀强磁场中，其运动轨迹受哪些因素的影响？

【示例41】教师：在研究点电荷所产生的电场的性质时，我们引入了试探电荷。请问，为什么要引入试探电荷？就用前面所说的点电荷不能进行研究吗？

考虑到学生实际的思维发展水平，对此类问题的回答多数会不全面、不完整，甚至不科学。教师在学生回答过程中，要提供必要的帮助，其中也包括帮助学生完善回答的词句。在学生做出回答后，教师要及时进行分析和总结，使问题的回答得以深入。当然，对于高级认知提问，教师不应提示过多，也不应随意地代替学生回答，这样会使问题过于平庸，失去促进学生思维发展的功能和作用。

（5）综合提问。这类问题主要是通过对问题的回答，充分激发学生的想象力和创造力，要求学生在头脑中检索与问题有关的知识，并对这些知识进行分析和综合，最终得出结论。

综合提问主要有两种类型，一是分析综合，二是推理想象。前者要求学生对所提问题中的材料进行分析，然后得出结论；后者则要求学生能够根据提问材料中的已有事实进行推理，进而想象出可能的结论。

【示例42】初中学生在学习和认识摩擦力的概念后，教师可以提出这样的问题。

教师：如果现实生活中没有摩擦力的存在，你能想象一下世界会是什么样的？

【示例43】古希腊学者阿基米德曾说过这样一句名言："给我一个支点，我能撬动地球。"谈谈你是如何理解这句话的。

【示例44】教师：在研究原子内部结构时，卢瑟福所做的α粒子散射实验告诉我们，当α粒子打向金箔靶时，多数α粒子可以顺利地穿过金箔，少数α粒子会发生大角度的偏转，个别的α粒子会被金箔反射回来，这些大角度偏转或反射回来的α粒子显然碰到了质量很大的物体。卢瑟福借鉴太阳系结构的特点，总结出原子的核式结构。你认为原子内部的结构大概是什么样的？

综合提问亦属高级认知提问，所涉及的问题对于学生创造性思维的发展有一定的促进作用，比较适合物理课堂讨论和学生课外作业。由于这类问题的设计要充分考虑学生认知水平的发展，因而在要求方面应当遵循循序渐进的原则。

（6）评价提问。同样属于高级认知提问的评价提问，主要涉及对提问回答的评价。中学物理课程标准中有关科学探究能力的培养，明确指出交流和评价是科学探究要素的重要组成部分。不管是低级认知提问还是高级认知提问，不论学生对问题的回答是否正确、全面、具体，在师生和学生之间的交流过程中，对答案进行分析综合，评价其是否具有价值，则是对提问技能运用的较高要求。所以，在进行评价提问前，应先让学生建立正确的价值观，要求学生有正确的评价原则，为评价打下扎实的基础。

从前面所述可以看出，评价提问涉及评价他人和学习小组的观点、判定思想价值、判断方法优劣、欣赏物理学之美等。

【示例45】高中物理力学教学时，教师在讲解例题时，首先运用牛顿运动定律解决问题，然后再运用动能定理解决问题，得出同样的结论。

教师：同学们，从我们对问题的解答可以发现，解题的方法是多种多样的，你能从中分析所用方法的特点吗？你更喜欢哪种方法？为什么？

【问题2】以下是初中物理"误差"部分的知识内容①，若运用提问设计时，你认为应当如何设计？

### 误　差

在测量长度、时间以及其他物理量时，受所用仪器和测量方法的限制，测量值与真实值之间总会有差别，这就是误差。我们不能消除误差，但应尽量减小误差。多次测量求平均值、选用精密的测量工具、改进测量方法，都可以减小误差，但不能消除误差。

误差不是错误。测量错误是由于不遵守仪器的使用规则、读数时粗心造成的，是不该发生、能够避免的。

### 4. 提问技能的功能

在课堂教学中，教师运用提问技能可以使学生明确学习任务，将学生的兴趣和注意力集中在某一特定的专题或概念上，从而产生解决问题的自觉意向。

提问可以使师生双向交流得以进行，为学生的反应提供机会，激励他们积极参与教学活动。同时，帮助学生发展获取、组织和评价信息的认识能力，促进学生情感、品质的发展。

通过提问技能的应用，教师可以更好地了解学生的认识状态，诊断阻碍学生思考的困难所在，以便进行有针对性的教学活动。

### 5. 提问技能的构成要素

提问技能的构成要素主要有结构、措词、焦点化、停顿、分布、探查、反应。实际运用过程中，教师应当简明地表述课题的学习任务，哪些问题是需要解决的，要进行什么活动。

教师应当重视对提问的设计，因为系列化的问题可以为学生提供一个活动的框架，使学生明确教学各个环节需要解决的问题，以及和教学目标的联系，也便于学生主动进行反应。

### 6. 问题的设计

在中学物理教学过程中，教师依据学生思维发展等实际情况，结合物理课题的教学内容，应在学生思维发展的关键点设计问题，进而形成问题串（即由多个相互联系、具有一定结构的问题所构成的系列）。

对于在教学的不同环节进行问题的设计，则主要应当考虑以下几个方面：

---

① 彭前程.义务教育教科书物理（八年级上册）[M].北京：人民教育出版社，2012：14.

（1）对于讲授新课时的提问，一般设计成程序性问题，用讲、议、练的方式引起学生的思维活动，此时的问题设计应注意各个问题的衔接。

（2）在习题教学过程中，则要引导学生抓住问题的关键，学会根据具体的实际问题，找出解决问题的物理规律和方法。

（3）在复习环节进行提问设计时，要着眼于帮助学生建立知识结构，找出知识点之间的联系。

只有能够回答出来的问题才是好问题，这便要求教师在教学的各个环节中，针对学生学习的实际情况，充分运用提问的技巧，在解决问题的教学中，需要教师在学生理解的基础上提供一系列解决问题的方法和程序。以解决问题的方法、步骤、结构，形成系列问题（即问题串），这样做的目的，不仅能够及时暴露学生学习过程中存在的问题，同时也可以训练学生掌握解决问题的策略。

**7. 提问技能的应用原则与要点**

从前面关于教学技能的分类研究中，我们发现提问技能及应用是中外有关教学技能研究中最有差异的一项教学技能。从提问的设计和要求，我们可以大致总结出提问技能应用的原则和要点[①]。

（1）提问的原则。

①要设计适应学生年龄和个人能力特征的多种水平问题，使学生都能参与回答。

②注意明确问题的重点，问题的内容要集中。

③问题的表述要简明易懂，最好用学生的语言提问。

④合理设计问题，包括预想学生的可能回答及处理方法。

⑤依照教学的进展和学生的思维进程提出问题、把握提问。

⑥以与学生一起思考的心情提问，不用强制回答的语气和态度提问。

⑦提问后不要随意地解释和重复，有时用词稍微不同，问题的意思会发生微妙的变化。

⑧当学生不能正确理解问题作答时，教师不要轻易代替学生回答。注意启发和引导学生，培养他们独立思考的意识和解决问题的能力。

⑨教学过程中教师头脑中浮现的问题不要随口而出，要考虑它在教学中的作用和意义。

⑩学生回答后，教师要及时给予分析和确认，使问题有明确的结论，以强化学生的学习。

---

① 孟宪凯.微格教学基本教程［M］.北京：北京师范大学出版社，1992：67－69.

（2）提问的要点。提问的目的是要得到对问题的解释和正确的答案。通过提问，检查学生知识掌握的情况，检查学生能否利用旧知识解决新问题，并在思维发展方面得到提升。为了使提问能达到预期的目的，教师还应当根据实际情况，合理设计问题或问题串以达到提问的目的。

对于提问的目的，教师在课堂教学中，应当注意提问的要求。首先，提问时，教师应当注意问题的表述要清晰和连贯，问题的表述措词要恰当，这在进行高级认知提问时尤为重要，使所有参与教学活动的学生都能明确所提出的问题。

其次，教师除了应当掌握提问的时机，还应注意问题要明确、具体，要让参与回答的学生有足够的时间进行思考，这就要求教师在提问时注意停顿，在重要的和关键的地方注意语速的变化。停顿对于教师和学生都有一定的意义。教师提出问题后停顿一下，可以借机环顾全班，观察学生对提问的反应，这些反应都是以身体语言的形式表现的，而且这种反应转瞬即逝，几乎不能再现。有经验的教师可以充分利用这个停顿，停顿时间稍长，意味着问题有一定的难度，停顿时间短，表示问题没有什么难度。当然，我们也可以想象，如果停顿的时间很长，此时课堂的气氛则会很紧张或为另一个极端——死气沉沉。

第三，教师在运用提问技能时，要注意提问的指导和分配。对于教师所提出的问题，班级里总有同学积极回答，教师要保护同学的参与热情，充分调动全班同学积极参与教学活动。教师要善于观察班级的教学状况，让平常不太愿意参与教学活动的同学也有机会发表自己的观点。对于那些性格比较内向的学生，要积极鼓励他们大胆发言，对于他们回答时的表现，要给予表扬和肯定，这在培养学生良好的个性品质方面意义重大。

第四，如果提问简单化为教师问、学生答，一问一答，则失去了提问的真实目的。为此，教师在进行提问设计时，要注意有价值的问题一定要得到完满的解决。那些能够引发学生思考，引起思维冲突的问题，在教育方面有较大的价值。它不仅能够揭示出学生学习中存在的问题，也使得教师有机会将问题的逻辑结构与学生的认知结构产生联系，进而内化为学生自己的认知结构。所以，教师应当注意引导学生完成问题的回答，多采用提示与探询的方式，使得问题能够得到解决。

最后，我们应当指出，教师运用提问技能仍有信息单向传递的意味，有人对此的解释是，正因为教学过程中教师起着引导和指导的作用，因而教师发问的情况居多，学生仍处于被动的地位。如果在课堂教学中学生对教师发问，一则说明学生没有理会教师讲授和提问的内容，二则表现为学生对教师讲解或解释的不满。对此，教师应该做何解释？你若能够回答上来，学生认为是理所当然的；你若回答不上，学生可能从此就不会再向教师发问了。

## 五、板书技能

### 1.什么是板书技能

所谓板书是指教师将辅助课堂教学口语的表达写在黑板上或利用多媒体技术投影的文字、符号、公式、图表等。板书技能是指教师依据教学过程的需要，结合教学内容、教学口语和学生实际等，有计划地形象展现教学内容的一类教学行为。

教师的板书是教师对教学内容高度概括的体现，反映了教学内容的逻辑顺序，折射出教师对教学内容的组织安排，提供了教师课堂教学的主要线索，这种表现形式不仅可以帮助学生认识和了解讲课的内容，也有助于学生理清主题，把握教师的教学思路。纵观优秀教师的课堂教学，良好的板书设计、工整的文字、规范的格式、流畅的书写、恰当的点睛、图表的运用都具有共同性。

板书设计在很大程度上体现了教师教学的基本功。有人将教师写在黑板上的板书从内容和结构方面分为主板书和副板书，前者主要涉及教材的章节标题和主要内容，后者主要涉及帮助学生理解的补充内容。

### 2.板书设计的目的

（1）揭示教学内容，体现教学程序。板书作为课堂教学口语的主要辅助工具，其重要目的就是揭示教学内容，体现教材结构。中学物理教科书中教学内容的呈现方式多以栏目形式出现，教师在设计板书时要充分考虑这个特点，新课教学时多以小标题形式展现教学内容，这样做不仅可以理清物理知识的逻辑关系，同时也有助于学生记笔记，构建自己的知识结构。

（2）激发学习兴趣，启发学生思考。好的板书常常引起学生一系列积极的心理活动[①]。教师徒手绘制的卡通形象小人所做的推、拉、提等图示，通电导线中电流的方向，物体在斜面上的运动等，均能在一定程度上促进学生积极地思考。

由于板书能够揭示认识物理世界的过程，展现教师严谨的推理过程，反映物理现象的变化过程，因此，教师应当重视板书技能的运用。如初中物理光学中反射现象的描述，借助板书的形式，可以形象地反映物理现象实际发生的过程，当然，教师更应注意反射光线和折射光线作图的次序。

---

① 孟宪凯.微格教学基本教程［M］.北京：北京师范大学出版社，1992：114.

（3）强化意义记忆，减轻学习负担。具有良好结构的板书设计不仅为学生的学习提供线索，而且有助于学生在理解的基础上加强记忆。教师精心设计的板书和板画将物理现象和变化过程直观地展现在学生面前，也有助于学生加强知识间的联系，提高学习效率。

**3. 板书的类型**

板书的呈现方式多样，平时物理课堂教学中教师的板书设计多以综合形式出现，大体可以将其分为条目式、表格式、图示式、方程式、计算式和综合式。

（1）条目式。条目式板书是按照物理教材中某一章某一节的教学内容以逻辑顺序的形式，提炼出教材内容的重点，将主要的学习内容提纲挈领地表示出来。

【示例46】下面是初中物理"怎样描述力"的一节教学内容的条目式板书设计。

**第二节 怎样描述力**

一、力的三要素：大小、方向、作用点

二、力的单位：牛（N）

三、力的示意图

1. 请作出手指对图钉8牛的作用力的示意图。

2. 请作出绳子对木箱5牛的作用力的示意图。

（注：选自2014年安徽省芜湖市初中物理优质课评比一等奖，教学课题《怎样描述力》，作者系芜湖市第27中盛东。）

【示例47】下面是初中物理"科学探究：欧姆定律"一节教学内容的条目式板书设计。

**第二节 科学探究：欧姆定律**

一、影响电流大小的因素

①电压 ②电阻

二、实验探究

1. 电阻一定时，通过导体的电流与电压成正比；

2. 电压一定时，通过导体的电流与电阻成反比。

三、欧姆定律

1. 内容：一段导体中的电流，与加在这段导体两端的电压成正比，与这段导体的电阻成反比。

2.表达式：$I = U/R$

（注：选自九年级《科学探究：欧姆定律教学设计》，作者系安徽省南陵县方义君。）

（2）表格式。用表格形式将物理学习的概念、规律、物理现象的变化等内容进行分类、对比，以直观方式引导学生认识所学内容之间的联系和区别。

【示例48】下面是物理教学内容中表格式板书设计。

**凸透镜成像规律及应用**

| 物距（u） | 像的性质 | | | | 应用 |
|---|---|---|---|---|---|
| | 正立/倒立 | 大/小 | 实/虚 | 像距（v） | |
| $u > 2f$ | 倒立 | 缩小 | 实像 | $f < v < 2f$ | 眼睛、照相机 |
| $u = 2f$ | 倒立 | 等大 | 实像 | $v = 2f$ | 测量焦距 |
| $f < u < 2f$ | 倒立 | 放大 | 实像 | $v > 2f$ | 投影仪 |
| $u = f$ | 不成像，得到一束平行光 | | | | 聚光手电筒 |
| $u < f$ | 正立 | 放大 | 虚像 | | 放大镜 |

（注：板书设计部分选自《"透镜及应用"中考复习微课及教学设计》，作者系芜湖市第27中盛东。）

这种表格式形式能够清晰地展现物理现象及变化过程的特点，从物距（u）、像距（v）和焦距（f）的变化关系为后续课程内容的学习（成像公式）打下基础。

（3）图示式。用文字、数字、线条（带箭头）、关系框图等将教学内容展现出来。这种板书设计能够较好地将原先分散的知识点联系起来，使相关知识系统化，适用于对知识的归纳和联系类型的复习课和习题课中。

【示例49】下面是日本高中理科Ⅰ教学内容中图示式板书设计，用于复习课中概括章节教学内容及其关系。

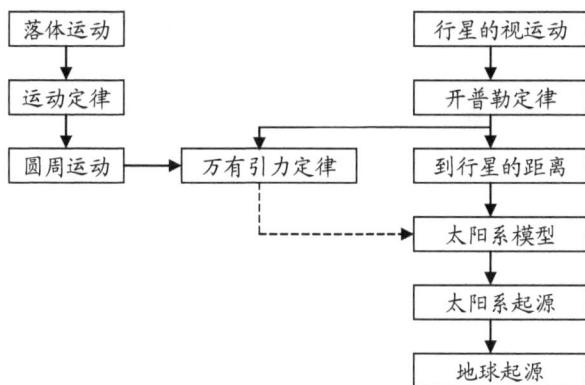

图2-4　以万有引力为例的理科

（4）方程式。以数学运算来表述物理学习内容，具有逻辑性强、计算量大的特点，较多地应用于高中物理理论课的学习中。物理学中的方程是物理概念之间联系的核心内容，通过板书设计能够展现物理规律的有机联系，引导学生加深对物理规律的认识。

【示例50】下面是物理教学中方程式板书设计。

### 四、动　能

外力 $F$ 对物体所做的功：$W=Fs$。物体的动能 $E_k$，

$\because E_k=Fs$，则由牛顿第二定律 $F=ma$ 和运动学的公式 $v^2=2as$，可得

$E_k=Fs$

$=ma\times\dfrac{v^2}{2a}$

$=\dfrac{1}{2}mv^2$

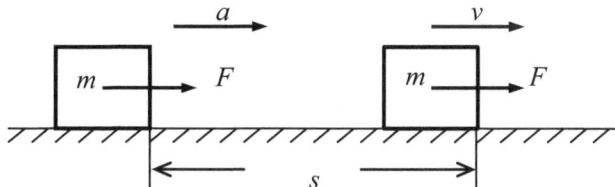

图2-5

（5）计算式。与方程式相似，计算式板书设计主要应用于物理习题教学。通过计算式板书设计可以为学生运用数学知识解决问题提供示范，引导学生重视物理与数学之间的联系，培养学生物理计算能力。

【示例51】下面是物理教学中计算式板书设计。此类板书设计可以用于习题教学中指导学生规范解题。

如图2-6所示，质量为 $M$ 的导体棒 $ab$，垂直放在相距为 $l$ 的平行光滑金属导轨上，导轨平面与水平面的夹角为 $\theta$，并处于磁感应强度大小为 $B$ 方向

垂直于导轨平面向上的匀强磁场中，左侧是水平放置间距为 $d$ 的平行金属板，$R$ 和 $R_x$ 分别表示定值电阻和滑动变阻器的阻值，不计其他电阻。调节 $R_x = R$，释放导体棒，当棒沿导轨匀速下滑时，求通过棒的电流 $I$ 及棒的速率 $v_0$。

解答（板书设计）：

导体棒匀速下滑时，

$Mg\sin\theta = BIl$

$$I = \frac{Mg\sin\theta}{Bl}$$

设导体棒产生的感应电动势为 $E_0$

$E_0 = Blv$

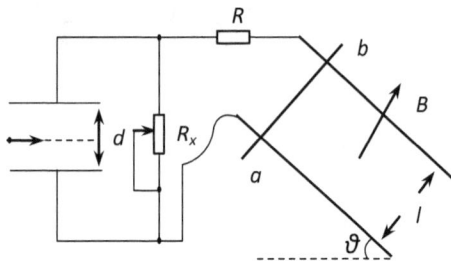

图 2-6

由闭合电路欧姆定律得：

$$I = \frac{E_0}{R + R_x}$$

联立上式，得

$$v = \frac{2MgR\sin\theta}{B^2 l^2}$$

（6）综合式。综合式板书设计是中学物理课堂教学中常见的一种形式。一方面，它可以较好地将前面几种板书设计综合起来，充分发挥各种板书的特点和长处；另一方面，各种板书设计的联系则是教师需要考虑的内容。只有认识到以上两点，才能结合具体的教材内容合理设计板书，引导学生将孤立、分散的物理知识形成系统化的网络结构。

【示例52】下面是物理教学中计算式板书设计。

$\because I = \dfrac{E}{R + r}$

当外电路电阻 $R \uparrow$，电路中的电流 $I \downarrow$。

外电路电压 $U$ 如何变化？

$U = I \cdot R$ ？

应用公式：$U = E - I \cdot r$ 讨论

显然，$U \uparrow$

上述板书设计中，有电路图，有公式及简单的符号表示，结合必要的讲解，对于学生理解相关的概念会有一定的帮助。

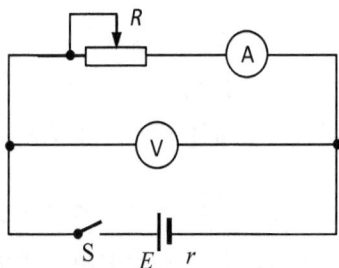

图 2-7

【问题3】下面是初中物理"分子热运动"一节的教学内容，试用前面所述观点讨论板书设计问题。这是初中物理"分子热运动"课题[①]，属于"内能"一章的一节，其余二节分别是"内能"和"比热容"。这一节的教材结构如下：

### 第1节　分子热运动

物质的构成

分子热运动

　演示1

　演示2

分子间的作用力

　演示3

　……

　　分子之间既有引力又有斥力。当固体被压缩时，分子间的距离变小，作用力表现为斥力；当固体被拉伸时，分子间的距离变大，作用力表现为引力。固体分子间的距离小，不容易被压缩和拉伸，具有一定的体积和形状。

　　如果分子相距很远，作用力就变得十分微弱，可以忽略。气体分子之间的距离就很远，彼此之间几乎没有作用力，因此，气体具有流动性，容易被压缩。

　　通常液体分子之间的距离比气体的小，比固体的大；液体分子之间的作用力比固体的小，分子没有固定的位置，运动比较自由。这样的结构使得液体较难被压缩，没有确定的形状，具有流动性。

　　常见的物质是由大量的分子、原子构成的；物质内的分子在不停地做热运动；分子之间存在引力和斥力。这就是人们用来解释热现象的分子动理论的初步知识。

【问题4】你认为上述教材内容在设计板书时应当注意些什么？如何设计板书？

　　下面是初中物理"运动的快慢"一节的教学内容[②]，请你完成一个板书设计。

---

① 彭前程.义务教育教科书物理（九年级）[M].北京：人民教育出版社，2013：5.
② 彭前程.义务教育教科书物理（八年级上册）[M].北京：人民教育出版社，2012：19.

## 速　度

运动的物体，有的运动得快，有的运动得慢。

比较物体运动的快慢有两种方法：一种是在相同的时间内，比较物体经过的路程，经过路程长的物体运动得快；另一种是在物体运动相同路程的情况下，比较它们所花的时间，所花时间短的物体运动得快。

观察赛跑的某一瞬间，此时运动员所用的时间相同，如果比较谁跑得快，就要看谁跑过的路程长，也就是谁跑在前面。运动员到达终点时，他们都跑过了相同的路程，那么所用时间最短的运动员跑得最快。可见，表示运动快慢必须考虑路程和时间两个因素。

在物理学中，为了比较物体运动的快慢，采用"相同时间比较路程"的方法，也就是将物体运动的路程除以所用时间。这样，在比较不同运动物体的快慢时，可以保证时间相同。在物理学中，把路程与时间之比叫作速度。

通常用字母 $v$ 表示速度，$s$ 表示路程，$t$ 表示时间，那么有

$$v = \frac{s}{t}$$

速度是表示物体运动快慢的物理量，在数值上等于物体在单位时间内通过的路程，这个数值越大，表明物体运动得越快。

速度的单位由长度单位和时间单位组合而成。在国际单位制中，速度的基本单位是米每秒，符号是 m/s 或 m·s$^{-1}$，这种单位叫作组合单位。在交通运输中速度的单位也常用千米每小时，符号是 km/h 或 km·h$^{-1}$。这两个单位的关系是

1 m/s= 3.6 km/h

### 4. 板书技能应用原则与要点

关于板书技能应用原则与要点，不同的学者有着大致相同的观点，不同学科的教学实践也有较为一致的看法。

（1）教材是板书设计的本源。教材是板书设计的依据。它影响着板书设计的主题和基调，决定着课堂教学目标的实现。教师应从教材的结构和体系入手，将需要完成的教学任务细化，以合适的板书表现形式构成板书的主体。"虽然书籍不再是唯一的教学工具，但它在教学中仍保留着中心地位：它解释教师讲的课，同时又能使学生复习所学的知识和获得独立自主能力。它仍是最便于使用和最实惠的载体。"[1]

---

① 联合国教科文组织总部中文科译.教育——财富蕴藏其中［M］.北京：教育科学出版社，1996：171 - 172.

（2）板书要有计划性。教师在备课和做教学设计时，要根据教学要求，从教学内容和学生实际出发，进行细致的计划和设计，确定好板书的内容，规划板书的形式，预定好板书的位置和所需时间，这样才能在教学过程中有条不紊地按计划进行，准确而灵活地板书。考虑到板书书写需要时间保证，课堂教学中如果需要用到例题，教师可以在课前事先书写在小黑板上，以便备用。

（3）板书要注意启发性、条理性、简洁性。板书所展示的应是具有教学性质的学习内容的再现，它在很大程度上反映教师对学科课程标准和教科书的认识和理解，同时也折射出教师对通过教学促进学生认知能力和水平发展的基本理念的重视程度。教师无论采用何种形式的板书，都必须做到书写的内容言简意赅，条理清晰，逻辑性强，重点突出，主次分明。

（4）板书设计要重视语言文字的示范性。通常教师在课堂教学中一般采用边讲边书写板书，板书的内容要正确无误，词语通顺。为了使讲解连贯，板书技能的运用一定要与讲解有机结合起来。中学物理教学的板书设计中语言文字不应出现错别字，图表、公式、物理符号、线条、几何空间关系、矢量（带有箭头的线段）、字体等都有明确的规定，物理教师应当从细节入手，包括画线时方向的表示都应该起到示范作用。

# 第三节　中学物理科学探究技能

## 一、中学物理科学探究

### （一）初中物理课程标准中有关科学探究

"物理学是人类科学文化的重要组成部分，是研究物质、相互作用和运动规律的自然科学。它一直引领着人类探索大自然的奥秘，深化着人类对自然界的认识，是技术进步的重要基础。"[①]

《义务教育物理课程标准（2011年版）》在初中物理课程性质中明确指出，"义务教育物理课程应综合反映人类在探索物质、相互作用和运动规律等过程中的成果。物理学不仅含有探索大自然的知识成果，而且含有探索者的科学思想、科学方法、科学态度和科学精神等。

"义务教育物理课程作为科学教育的组成部分，是以提高全体学生科学素

---

① 中华人民共和国教育部.义务教育物理课程标准（2011年版）［S］.北京：北京师范大学出版社，2011：1.

养为目标的自然科学基础课程。此阶段的物理课程不仅应注重科学知识的传授和技能的训练，而且应注重对学生学习兴趣、探究能力和创新意识以及科学态度、科学精神方面的培养。

"义务教育物理课程是一门注重实验的自然科学基础课程。此阶段的物理课程应注意让学生经历实验探究过程，学习科学知识和科学探究方法，提高分析问题和解决问题的能力。

"义务教育物理课程应注重与生产、生活实际及时代发展的联系。此阶段的物理课程应关注学生的认知特点，加强课程内容与学生生活、现代社会和科技发展的联系，关注技术应用带来的社会进步和问题，培养学生的社会责任感和正确的世界观。"[1]

《义务教育物理课程标准（2011年版）》在"课程目标"中则明确指出，让学生"经历科学探究过程，具有初步的科学探究能力"[2]，在"课程内容"规定了义务教育物理课程的基本学习内容和应达到的基本要求。课程标准指出初中物理的课程内容由科学探究和科学内容两部分组成。

科学探究既是学生的学习目标，又是重要的教学方式。将科学探究列入课程内容，旨在让学生经历与科学工作者进行的相似的探究过程，主动获取物理知识，领悟科学探究方法，发展科学探究能力，体验科学探究的乐趣，养成实事求是的科学态度和勇于创新的科学精神。

科学探究涉及提出问题、猜想与假设、设计实验与制订计划、进行实验与收集证据、分析与论证、评估、交流与合作等要素。《义务教育物理课程标准（2011年版）》指出，科学探究的形式是多种多样的，在学生的科学探究中，其探究过程可涉及所有的要素，也可只涉及部分要素。科学探究的要素应灵活渗透在教材和教学的各个方面[3]。

《义务教育物理课程标准（2011年版）》指出，在义务教育物理课程的学习中，对学生科学探究能力的基本要求主要体现在以下几个方面[4]。

① 中华人民共和国教育部. 义务教育物理课程标准（2011年版）[S].北京：北京师范大学出版社，2011：1-2.
② 中华人民共和国教育部. 义务教育物理课程标准（2011年版）[S].北京：北京师范大学出版社，2011：5.
③ 中华人民共和国教育部. 义务教育物理课程标准（2011年版）[S].北京：北京师范大学出版社，2011：8-9.
④ 中华人民共和国教育部. 义务教育物理课程标准（2011年版）[S].北京：北京师范大学出版社，2011：9-10.

**表2-5　义务教育物理课程对学生探究能力的基本要求**

| 科学探究要素 | 科学探究能力的基本要求 |
| --- | --- |
| 提出问题 | 能从日常生活、自然现象或实验观察中发现与物理学有关的问题。<br>能书面或口头表述发现的问题。<br>了解发现问题和提出问题在科学探究中的意义。 |
| 猜想与假设 | 尝试根据经验和已有知识对问题的可能答案提出猜想。<br>能对探究的方向和可能出现的探究结果进行推测与假设。<br>了解猜想与假设在科学探究中的意义。 |
| 设计实验与<br>制订计划 | 经历设计实验与制订计划的过程。<br>明确探究目的和已有条件。<br>尝试考虑影响问题的主要因素，有控制变量的意识。<br>尝试选择科学探究方法及所需要的器材。<br>了解设计实验与制订计划在科学探究中的意义。 |
| 进行实验与<br>收集证据 | 能通过观察、实验和公共信息资源收集证据。<br>会阅读简单仪器的说明书，能按要求进行操作。<br>会使用简单仪器进行实验，会正确记录实验数据。<br>具有安全操作的意识。<br>了解进行实验与收集证据在科学探究中的意义。 |
| 分析与论证 | 经历从物理现象和实验中归纳科学规律的过程。<br>能对收集的信息进行简单归类及比较。<br>能进行简单的因果推理。<br>尝试对探究结果进行描述和解释。<br>了解分析与论证在科学探究中的意义。 |
| 评估 | 有评估探究过程和探究结果的意识。<br>能关注探究活动中出现的新问题。<br>有从评估中吸取经验教训的意识。<br>尝试改进探究方案。<br>了解评估在科学探究中的意义。 |
| 交流与合作 | 有准确表达自己观点的意识。<br>能表述探究的问题、过程和结果。<br>能听取别人的意见，调整自己的方案。<br>能坚持原则又尊重他人，有团队意识。<br>了解交流与合作在科学探究中的意义。 |

　　《义务教育物理课程标准（2011年版）》中对科学探究要素的认识和解释，以及对教学过程中对科学探究能力的基本要求，不仅是教材编写时参考的重要方向，也为中学物理课堂教学中教学活动安排和教学组织形式提供参考。

　　这里，之所以指出科学探究能力的基本要求，也是我们基于这种要求引导教师在教学活动中运用科学探究教学技能。

《义务教育物理课程标准（2011年版）》在"实施建议"就"重视科学探究式教学"做了明确的解释。

（1）正确认识科学探究式教学。在义务教育物理课程中，实施科学探究式教学对提高学生的科学素养具有重要的作用。因此，在科学探究中，教师不仅应关注让学生通过探究发现某些规律，而且应注重在探究过程中发展学生的探究能力，提高探索兴趣，增进对探究本质的理解，培养科学态度和科学精神。由于探究的问题常常涉及某一物理知识，这就容易造成教师把注意力仅放在知识目标上，而忽视"过程与方法"和"情感·态度·价值观"目标的达成，这是实施探究式教学时教师应特别注意的。

《义务教育物理课程标准（2011年版）》把发展科学探究能力作为义务教育物理课程的一项重要目标，在"课程目标"中，对学生的科学探究能力提出了总体要求，又在"科学探究能力目标"中，分别对提出问题、猜想与假设、设计实验与制订计划、进行实验与收集证据、分析与论证、评估、交流与合作七个要素对应的科学探究能力提出了具体要求。教学中应把科学探究能力目标进一步分解细化，并根据自己的教学实践，转化为具体的教学目标和教学设计。

（2）合理设计科学探究活动。在探究式教学设计中，应首先依据课程目标和教学内容确定教学目标，如考虑通过探究活动，学生在科学内容的学习上应达到什么目标，在能力培养上应突出哪些方面，应注意哪些"情感·态度·价值观"方面的目标渗透等。另外，还应根据教学内容、学生情况及实验条件等预设探究活动的大致过程，并且清楚探究活动中的难点、重点与兴趣点等。在进行科学探究活动过程中，常常会出现"节外生枝"的情形，因此在教学设计中应预设哪些地方可能出现问题，解决这些问题的方式可能有哪些等。

探究式教学的设计，要循序渐进，既要整体考虑学生科学探究能力目标的逐步达成，又要分别考虑每次探究活动的侧重点。由于课时所限，不可能在每次探究活动中各个要素都面面俱到。一次科学探究活动可以侧重某些探究要素，通过一系列的探究活动，使所有要素对应的探究能力都得到培养，这不仅有利于在有限的课堂时间内完成科学探究任务，而且能使所侧重的探究过程更加深入、具体，这有利于提高学生的科学探究能力。

另外，教师还可结合当地条件和学生情况等设计一些课题，或让学生自己提出课题进行探究。这些自主设计的课题为实现本标准中所要求的科学探究能力目标提供了更多的课程资源。教师可引导学生利用课余时间对这些课题进行探究，这样使探究环境更加开放，时间也比较机动，为培养学生科学探究能力提供了更有利的条件。

（3）有效实施探究式教学。在进行探究式教学时，教师应创设一定的探究情境，激发学生的探究欲望。例如，通过引入生活实例或进行小实验等，设计认知冲突，使学生带着疑问、充满好奇地开始进行科学探究活动。

《义务教育物理课程标准（2011年版）》指出，不同年级水平的科学探究各有特点，教师应当在如何示范、给学生提供哪些器材、怎样引导学生收集数据、如何指导学生学会控制变量和实验、怎样引导学生解释数据和表达结果等方面有效实施探究式教学。但是，课程标准也指出，科学探究固然重要，但不能误认为在科学教学中只采用科学探究的方式作为唯一的形式，教师要运用其他不同的策略，来促进学生掌握必需的知识和技能。换句话说，在科学探究过程中，教师必须处理好教学内容、教学方法和教学手段三者之间的关系。

学生学习物理的认知活动过程，与科学家研究物理问题的实践活动相比较有很多相似之处。物理概念和规律的学习，不仅要借鉴前人研究物理时的发现过程，而且要注意物理学家研究物理问题的方法。美国学者施瓦布（J.J. Schwab）等人从信息处理过程出发，认为教学与其着眼于知识的掌握，更应注意教学信息处理过程本身。他在"科学的本质是不断变化的"前提下，提出"作为探究的科学教学"（teaching science as enquiry）实际上有两个相互联系的组成部分，即"作为探究的科学"（sicence as enquiry）和"通过探究的教学"（teaching by enquiry）。因为，教学作为科学教育的基本途径，也应是一种探究过程。探究过程蕴含着教育的本质。学生唯有借此才能真正了解科学知识的本质，掌握科学方法，形成科学态度与精神[①]。这正是施瓦布提倡像科学家搞研究那样学习科学，即开展探究学习的两个主要理由。施瓦布积极倡导科学探究的教学和学习方式，确立探究式教学在科学教育方法中占主导地位，并将科学探究分为"稳态探究"（stable enquiry）和"流态探究"（fluid enquiry）两种基本类型。"稳态探究"是指在一定的科学原理指导下，利用某种常规的研究方法，发现并积累关于某个问题或现象的科学知识的过程，其目的在于弥补当前科学知识不断增长的空白。"流态探究"没有现成的科学原理或方法作为探究的依据或效仿的先例，它通常出现在稳态探究遇到问题的时候，即当稳态探究利用现有理论或方法不能解决实际问题时，其

---

① 徐学福，宋乃庆.20世纪探究教学理论的发展及启示［J］.西南师范大学学报（人文社会科学版），2001，27（4）：92－97.

结果是引发科学革命①。当然，两者并非没有联系，实际则是相辅相成的。

由此，施瓦布提出，通过探究的方式将科学呈现给学生和学习者通过科学的探究活动来学习科学知识就要涉及两个方面。一是通过探究开展教学，二是把科学作为一个探究过程。他进一步提出了三种实验方式：一是学习者根据实验手册或课本教材中提出的问题及研究方案进行实验，以发现其求知的联系；二是教材只提出问题，研究方案或问题的答案留给学习者自行提出；三是学习者直接面对现象提出问题，搜集证据，并根据自己的研究提出科学的解释。

施瓦布强调，只有以科学知识为基础，在探究过程中掌握科学知识，通过探究过程学习科学方式，把科学知识、科学方式与探究过程结合起来，才是探究教学的正确方法。如此，在中学物理教学中，应在以下五个方面发展科学探究的能力或技能：确定和界定问题、建立假说、设计实验、收集和分析数据、解释数据及做出有意义的结论。我们认为，与前面所述相对应的则是在物理教学中应采用以下的模式进行探究式教学：

图2-8 物理概念和规律教学模式

从科学方法论的角度，通过将前者采用的方法界定为科学归纳法，即在大量实验事实的基础上，经由特殊到一般的过程，总结、概括出一般的物理规律。后者则采用的是科学演绎法，从基本原理出发，经由一般到特殊的过程，经过演绎推理，导出相应的规律和结论。

应当清醒地看到，物理教学中的科学探究与科学家所从事的科学探究有本质上的不同。那种要求小学生像科学家搞研究一样学习科学可能会导致新的僵化，而在物理课堂教学中离开科学内容去学习科学方法或进行所谓的探究活动，不仅无助于科学知识的掌握，更达不到理解科学本质的目的，对于在学校教育中培养学生的科学素养没有什么帮助。

我国物理学科的课程标准也一再强调，应当以科学知识为基础，在教学过程中实施科学探究应将科学知识与探究过程结合起来。正如施瓦布所说，科学的本质是探究，而作为探究的科学只有通过探究活动过程才能真正理解，即便是针对科学知识而言。"知识需要发奋努力、刻苦认真、严格要求、

---

① 李艳梅.科学哲学视域下反映真实科学的理科教学策略研究［D］.长春：东北师范大学，2008：26.

意志坚强才能获得。"①

1996年，美国颁发了《国家科学教育标准》（National Science Education Standards），明确了科学探究是科学与科学学习的核心。它认为，学生要获得有关科学与自然界的丰富知识，就必须熟悉科学探究的手段、使用证据的规则、形成问题的方式和提出解释的方法等。探究是一种活动，需要观察、提出问题、查阅资料，需要设计方案、搜集数据和证据、分析数据，需要运用判断思维和逻辑思维，明确假设，得出可能的解释等。

2011年，我国陆续颁布了新修订的义务教育阶段各学科课程标准，其中理科课程标准中初中科学②、化学③和生物学④课程标准对科学探究要素或科学探究能力培养的要求如表2-6所示。

表2-6　我国义务教育理科课程标准对科学探究要素/能力的规定

| 要素 | 初中科学 | 物理 | 化学 | 生物 |
|---|---|---|---|---|
| 1 | 提出问题 | 提出问题 | 提出问题 | 提出问题 |
| 2 | 提出猜想和假设 | 猜想与假设 | 猜想与假设 | 提出假设 |
| 3 | 制订探究方案 | 设计实验与制订计划 | 制订计划 | 制订计划 |
| 4 | 获取事实与证据 | 进行实验与收集证据 | 进行实验 | 实验计划 |
| 5 | 解释、检验与评价 | 分析与论证 | 收集证据 | 得出结论 |
| 6 | 表达与交流 | 评估 | 解释与结论 | 表达、交流 |
| 7 | — | 交流与合作 | 反思与评价 | — |
| 8 | — | — | 表达与交流 | — |

初中科学课程对学生认知特点的范围内应达到的要求如表2-7所示。

---

① 联合国教科文组织总部.教育——财富蕴藏其中［M］.联合国教科文组织总部中文科，译.北京：教育科学出版社，1996：15.

② 中华人民共和国教育部.义务教育初中科学课程标准［S］.北京：北京师范大学出版社，2011：13-14.

③ 中华人民共和国教育部.义务教育化学课程标准［S］.北京：北京师范大学出版社，2011：10-11.

④ 中华人民共和国教育部.义务教育生物学课程标准［S］.北京：北京师范大学出版社，2011：9.

表2-7　初中科学课程中学生认知特点的范围内应达到的要求

| 要素 | 达成目标 |
| --- | --- |
| 提出问题 | 能从已有知识和经验出发提出问题，并用自己的语言描述所提出的问题；<br>能对提出的问题进行简单分析，初步判断是否适合探究；<br>知道科学探究始于问题 |
| 提出猜想和假设 | 能提出猜想和简单的假设，并陈述理由；<br>了解猜想和假设在科学探究中的重要作用 |
| 制订探究方案 | 能针对探究目的和条件，设计探究的思路，选择合适的方法（观察、实验、调查、访问、资料查询等），制订探究方案 |
| 获取事实与证据 | 能从多种信息源中选择有关信息；<br>能进行一系列观察、比较和测量；<br>能对获得的事实、数据进行分析和处理，能注意错误和误差；<br>了解科学探究需要事实与证据 |
| 解释、检验与评价 | 能将事实与科学知识建立联系，能注意与预想结果不一致的现象，尝试做出合理的解释；<br>评价数据的可靠性，知道实验中的误差是不可避免的，并注意减少实验误差；<br>能从多种渠道获得信息资料，并与自己的探究进行比较，能提出改进探究方法的具体建议；<br>认识科学解释需要基于经验事实、运用科学知识和科学推理 |
| 表达与交流 | 能用语言、文字、图表等方式表述探究的过程和结果，会书写简单的探究报告；<br>善于与同伴合作，能倾听和尊重他人提出的不同观点和评议，并交换意见 |

在理科课程的教学中，相关的课程标准一再强调，科学探究不仅是基本的教学内容，也是重要的教学方式。理科教育有其特点也有其共同点，比如观察、实验、提出问题和假说、分析论证等。

在科学探究过程中，教师要善于激发学生学习的主观能动性，引导学生积极分析和思考，以便他们能够积极主动地从探究的一个阶段过渡到另一个阶段。随着科学探究教学过程的深入，鉴于教师不能够直接告诉学生与教学目标有关的知识与认知策略，而是通过创设物理问题情境，让学生经历探究过程去亲自发现和领悟，这样的教学过程显然有别于传统的教学策略和方式，把教学的重点或难点放在重要的环节，并由此引发学生的探究热情。这没有丝毫贬低教师的指导作用，而是基于这样的认识——学生的探究能力的形成和发展需要一个过程，在学生对科学探究尚不能完全理解和掌握时，指望学生能够自己通过探究活动进行科学探究学习是不现实的，仍需要教师的指导。

"对于几乎全部学生，尤其是尚未掌握思考和学习方法的学生而言，教师仍是无法取代的。如果说个人发展的继续必须以独立的学习和研究能力为前提，那么这种能力只有在向一位或数位教师求学一段时间后才能获得。对善于教人思考，让人产生更努力深入某个问题的强烈愿望的教师，有谁不怀念他呢？在生活过程中需做出某些重大决定时，又有谁未曾从教师处学知识，哪怕是部分知识中得到启迪呢？"[1]

下面是初中物理"磁场对通电导线的作用"部分的教学内容[2]。现将教科书主要内容摘录如下：

## 磁场对通电导线的作用

我们知道，磁体在磁场中会受到力的作用。磁体间通过磁场相互作用，通电导线周围有磁场。那么通电导线是不是也会受到磁场的作用力呢？

### 演 示

如图2-9所示，把导线 ab 放在磁场里，接通电源，让电流通过导线，观察它的运动。

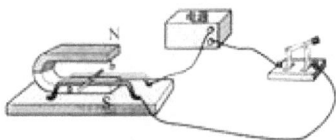

图2-9

把电源的正负板对调后接入电路，使通过导线 ab 的电流方向与原来相反，观察导线 ab 的运动方向。

保持导线 ab 中的电流方向不变，但把蹄形磁体上下磁极对调一下，使磁场方向与原来相反，观察导线 ab 的运动方向。

实验表明，通电导线在磁场中要受到力的作用，力的方向跟电流的方向、磁感线的方向都有关系，当电流的方向或者磁感线的方向变得相反时，通电导线受力的方向也变得相反。（旁批：如果电流的方向和磁感线的方向都变得相反，通电导线受力的方向会怎样？）

初中阶段此部分内容的教学要求，只是要求学生知道改变导线中电流方向，观察其运动方向；保持电流方向不变，改变磁场方向，观察导线的运动方向。可以得出"通电导线在磁场中受到力的作用，力的方向跟电流方向、磁感线的方向都有关系"的结论。

教师通过演示实验，与学生一起探究，得到上述结论。这种在教师的指导下，经历科学探究的过程，让学生从中学习科学的方法，接受科学精神、科学态度的熏陶，形成良好的情感、态度与价值观。学生也只有经历科学探究过程，才能有所体验和感受。

高中物理3-1（选修）中相关内容学习便是在初中物理的基础上，对

①联合国教科文组织总部.教育——财富蕴藏其中［M］.联合国教科文组织总部中文科，译.北京：教育科学出版社，1996：138.

②人民教育出版社，等.义务教育教科书·物理（九年级）［M］.北京：人民教育出版社，2013：133.

"通电导线在磁场中受到的力的方向、电流方向和磁感线的方向都有关系"进行进一步的学习和探究，明确这三个方向的关系，即学习"左手定则"，从而对物理规律的学习经历从定性描述到定量研究的发展阶段。

有人对此问题进行了研究，认为在高中阶段相关概念和规律的学习首先应建立在初中物理学习的基础上，即首先应让学生回忆初中阶段就已经掌握的通电导体受力方向与哪些因素有关系的内容，视学生对这个知识掌握的情况，必要时增加前面图示实验。在学生回答的基础上，引导学生提出这三个方向是否有固定的关系（规律）？如果有，应是什么样的关系呢？①

问题提出后，师生共同合作，开始设计实验以探求规律。实验过程中，研究三个方向之间的关系，开始可以沿用学生已有的探究方法（如控制变量法）进而加大探究的难度，让学生经历科学探究的过程。

其次，让学生经历分析和论证探究规律的过程。学生亲历这个过程，可以从中学习科学的思维方法和实验方法，培养他们的观察能力和思维能力。同时使学生明确任何规律都是在对一定的实验数据或实验现象分析的基础上得出的。

最后，应当让学生经历描述和总结规律的过程。在此基础上，老师再进行引导：既然三个方向是有规律的，那么如何来描述和记忆这种规律呢？在教师的引导下，通过对上述实验现象的分析归纳，可以得到：上述任意一个方向都垂直于另外两个方向构成的平面。让学生用两只手尝试表示它们之间的关系，最终得到左手定则。

作为通过探究得出的物理规律，没有应用显然是不完整的。应用可以使物理规律得以提升。这里的应用主要分为两个层次。第一层次是指导学生用刚刚总结出的规律再回到原先的探究过程，让学生自己体会探究物理规律的意义；第二层次是指导学生进一步研究新的情况，在新的物理问题情境中应用物理规律。在这个过程中，需要让学生去发现和总结规律，并尝试把这种关系描述出来。教师的作用只是一个引导者和合作者，切不可将结论直接告诉学生，这样做不仅加大了学生物理学习的负担，更重要的是失去了一次培养学生独立发现问题、思考问题、探索规律的机会，从而影响学生逻辑思维能力的培养，对提高学生抽象思维的能力、形成良好的思维品质是十分不利的。

上述探究事例从另一侧面告诉我们，对学生科学探究能力的培养是有阶段性和连续性的。对"磁场对通电导线的作用"的学习，学生对科学探究的

① 任康叔.科学探究贵在经历——谈"左手定则"的教学［J］.物理教学探讨，2009，27（12S）：27－28.

认识和理解同样需要经历一个由量变到质变的过程。这个事例也能够说明所谓的初中物理知识教学与高中物理的重复和衔接问题，但是，作为教师如果能够把握不同阶段学生的思维特点和规律，就不会出现"知识下放"的问题，对学生科学探究能力的培养和指导也会逐渐摸索出规律，从而指导物理教学实践。关于对高中学生科学探究能力的培养将在后面予以详细介绍。

在科学探究活动中，应鼓励学生积极、大胆地参与，避免包办代替、简单否定等。例如，当学生所提的问题意义不大、针对性不强时，教师应给予鼓励和帮助，尽可能指出其合理之处，使学生看到自己的成绩，有继续参与的勇气，同时引导学生提出更好的问题。其实，在探究活动中，学生出现问题（如探究方案不够科学严谨、操作过程有误，或收集数据存在问题等）是正常现象，对此，教师应仔细观察，分析学生出现问题的原因，尽可能将学生的问题转化为课程资源，并将这些资源作为案例帮助学生纠正错误，引导其进行科学探究。

要正确理解科学探究，在探究教学中不仅要注重探究的结果，而且要注重探究的过程，落实本标准中对学生科学探究能力提出的基本要求。在本标准中，有"通过实验……""经历……"等行为动词，这表明探究过程既是学习过程，也是课程目标的要求。要让学生真正经历探究过程，不要为了赶进度而在学生还没有进行足够思考时草率得出结论。

在科学探究课结束前，教师应对学生的探究活动进行总结和评价，如分析哪些操作是正确的，哪些操作是错误的，并且说明为什么。在这样的反馈过程中，学生对自己的探究行为便有了反思，他们便知道如何修正错误，做得更好。这将提高科学探究课的效率，有利于学生探究能力的发展。

科学探究无处不在。没有探究就没有科学！中学物理课堂教学中，教师对处于不同思维发展阶段的学生科学探究能力的培养和指导没有本质上的差别，有的只是层次或侧重点的不同。"一个有创造性的教师应能帮助学生在自学的道路上迅速前进。教会学生怎样对付大量的信息，他更多的是一名向导和顾问，而不是机械传递知识的简单工具。"[①]在中学物理学科教学中的科学探究主要是指学生在科学探究活动中，经历与科学工作者进行科学研究时的相似过程，学习物理知识与技能，学习科学探究方法，培养科学思维和科学精神。因此，学生的科学探究学习在本质上和科学家的科学研究还是有很多相似之处。

---

①S.拉塞克，G.维迪努.从现在到2000年教育内容发展的全球展望 [M].马胜利，等译.北京：教育科学出版社，2001：106.

## （二）高中物理课程标准中的相关解释

### 1. 高中物理科学探究的要求

《普通高中物理课程标准（实验）》（2003年）指出，在高中物理课程各个模块中都安排了一些典型的科学探究或物理实验。高中学生应该在科学探究和物理实验中达到以下要求①，详见表2-8。

表2-8　普通高中物理课程对学生科学探究及物理实验能力的基本要求

| 科学探究要素 | 对科学探究及物理实验能力的基本要求 |
| --- | --- |
| 提出问题 | 能发现与物理学有关的问题；<br>从物理学的角度较明确地表述这些问题；<br>认识发现问题和提出问题的意义 |
| 猜想与假设 | 对解决问题的方式和问题的答案提出假设；<br>对物理实验结果进行预测；<br>认识猜想与假设的重要性 |
| 制订计划与设计实验 | 知道实验目的和已有条件，制订实验方案；<br>尝试选择实验方法及所需要的装置与器材；<br>考虑实验的变量及其控制方法；<br>认识制订计划的作用 |
| 进行实验与收集证据 | 用多种方式收集数据；<br>按说明书进行实验操作，会使用基本的实验仪器；<br>如实记录实验数据，知道重复收集实验数据的意义；<br>具有安全操作的意识；<br>认识科学收集实验数据的重要性 |
| 分析与论证 | 对实验数据进行分析处理；<br>尝试根据实验现象和数据得出结论；<br>对实验结果进行解释和描述；<br>认识在实验中进行分析论证是很重要的 |
| 评估 | 尝试分析假设与实验结果间的差异；<br>注意探究活动中未解决的矛盾，发现新的问题；<br>吸取经验教训，改进探究方案；<br>认识评估的意义 |
| 交流与合作 | 能写出实验探究报告；<br>在合作中注意既坚持原则又尊重他人；<br>有合作精神；<br>认识交流与合作的重要性 |

---

① 中华人民共和国教育部.普通高中物理课程标准（实验）［S］.北京：人民教育出版社，2003：10-11.

　　《普通高中物理课程标准（实验）》（2003年）在"实施建议"中指出，在设计教学时，需要从知识与技能，过程与方法，情感、态度与价值观三个维度来构思教学内容和教学活动的安排。如在匀变速直线运动的教学中，教师可以让学生提出自己的实验方案来验证对自由落体运动快慢的猜想，提高他们制订科学探究计划的能力；可以用打点计时器研究自由落体运动，在获得知识的同时提高对实验数据的处理能力；可以讨论伽利略对自由落体运动的研究方法，体会科学研究方法对科学发展的意义[①]。

　　科学探究活动从整体上无论是对于教师还是对于学生都是一项不熟悉的活动。本着先易后难、先局部后整体的思路，逐步深入和规范科学探究活动。《普通高中物理课程标准（实验）》（2003年）指出，通过初中物理课程的学习，学生对科学探究的过程已有了一定的体验，初步形成了科学探究的能力。高中阶段物理课应该在此基础上更加关注学生在科学探究过程中的学习质量，进一步加深对科学探究的理解，提高科学探究的能力。

　　高中物理的教学内容及安排应与科学探究的课题保持一致。实际教学中，对科学探究问题，学生总是认为是教材中提出的要求，或是教师提出的，对此，教师要加强引导，通过创设物理问题情境，让学生在观察和体验后有所发现、有所联想，从而萌发科学问题，并引导学生在完成教师创设的任务中运用科学思维，自己提炼出应探究的科学问题。

　　《普通高中物理课程标准（实验）》（2003年）指出，要提高学生制订探究计划的能力。对于科学探究课题可以结合学生和学校实际进行化解，思考解决不同问题的方法，根据现有条件选择、优化有关方法，从而形成探究的方案。从使用的物理仪器和设备、操作程序及数据收集方法和处理方法等不同方面构思探究的整个计划，学会在制订探究计划时查阅资料，在相互交流中完善探究计划，为此，教师应该提供必要的帮助和机会。

　　关于科学探究的交流和表达，在教学中应该让学生通过交流内容的组织和陈述的形式上，学会根据内容选择恰当的形式进行交流，教师提供机会，但也要提出明确的要求，如精心准备的讲稿，有条理的交流内容，合乎逻辑的表达。

　　针对科学探究能力的培养，教师除了要加强对科学探究整体的认识，同时也应针对不同探究课题的要求和侧重，了解学生在探究经历中的薄弱环节，并及时予以改进。在科学探究课题的选择方面，教师应当鼓励学生开动脑筋，认识物理与社会、科技发展的关系，尝试进行跨学科研究，增强将科

---

①中华人民共和国教育部.普通高中物理课程标准（实验）[S].北京：人民教育出版社，2003：48.

学服务于人类的社会责任感和使命感。

### 2. 教材中科学探究的安排

教科书中科学探究事例比课程标准的要求更具体，更充实，更生动，更便于教学的实施。对于物理学科而言，没有探究就没有科学，高中阶段尤其要注重科学探究的质量。高中阶段的物理课程要给学生提供必要的科学探究机会，让学生通过自己的思维、动手实验、查阅文献等，体验探究过程的曲折和乐趣，发展科学探究的能力，增强对科学探究的理解。教师应当依据课程标准的要求，结合教科书内容选择、呈现方式为科学探究活动的实施创造机会和条件。

课程标准强调教学方式的多样化，提倡探究式学习、主动学习、合作学习等新的教学方式。这些对于教师和学生都是一件新事物，教科书应该给予指导和帮助。教学内容在教科书中出现的顺序与方式，每项内容所用的篇幅等，都体现一定的教育思想和教学理念。例如，可以把简单的、局部的探究活动安排在前面，对于比较复杂的探究活动，教科书可以给出详细的指导，并且随着教学活动的深入、学生探究和研究能力的增强，学生自行设计和选择的内容可以逐渐增多，完整的科学探究活动比例可以逐渐加强。

考虑到初中阶段物理规律多是由观察和实验直接得出的，科学探究活动的要求不高。相比初中物理的科学探究内容和活动安排，高中阶段物理规律有些要经过推理得出，处理问题也较多地运用推理和判断，因而高中物理应注重把探究活动的方式引向多样化，如文献探究、网络查询等方法均可适当地引入高中物理教学。同时，加大研究性学习的力度，为开展较深入的科学探究奠定基础。

物理课程各个模块的性质和任务有所不同，课程内容的设置各有特点，科学探究活动的具体内容、方式和要求也不尽相同。大部分模块中所涉及的科学探究以科学规律为主，偏重于科学原理领域的模块更是以理论性探究活动为主，但科学探究的基本方法仍有共同之处，教师仍应注意引导学生观察实验、发展抽象思维以及数学方法相结合。

对于物理教科书，物理学科课程标准指出，科学始于观察，思维源于问题。教科书在讲解物理概念、原理和规律时，应从观察和问题出发，引导学生展开想像的翅膀，提出各种可供检验的猜想和假说，再经过分析和验证解决问题。教师要认真对待教科书中科学探究内容的示例，教科书本身就是一个如何提出问题、分析问题和解决问题的范例。对于通过科学探究揭示物理概念、原理和规律的实质及蕴含的物理思想，应该做到"复杂问题简单化，简单问题理性化，理性问题具体化"[①]。

中学物理课堂教学中，应当尽量采用探究性叙述来代替定论性解释，从简单问题入手，为学生提供能够反映探究过程的典型事例，更应为学生提供动手动脑的机会，尤其是实验探究的机会。教师对课题要做到精心设计，合理指导学生进行分工和合作，从观察、实验入手，经过分析和讨论，最终得出结论。

建构主义学习理论认为，学生的学习受学习者自身的认知方式、学习动机、情感和价值观的影响，每一种理论与法则的建立都无一例外包含着科学家的探索精神和科学方法的应用。物理学是研究物质运动最普遍、最基本运动形式及规律的科学，它是一门以实验为基础、思维为主导、应用为目的的自然科学课程，物理概念和规律是通过观察、实验、抽象、假说等研究方法，并经实践检验而建立起来的。由此所奠定的物理教学的基础，便是以观察和实验为基础，以形成物理概念和掌握知识结构为中心，以物理教学紧密联系实际为原则。正因为如此，我们对中学物理课堂教学中进行的科学探究要有清晰的认识，科学探究决不是"伪探究"，即物理教学中的科学探究并非要让学生去发现什么"真理"或"定律""规律"，而是让学生体会我们所学的知识是科学家怎样发现和创立的，让他们形成正确的科学观，而不只是记住一些现成的结论。其次，则是培养学生正确的思维品质，让学生能积极主动地获得知识，敢于提出问题，发表自己的见解，主动寻求和建立知识间的联系。从中我们不难发现，物理教师自身的科学探究能力包括指导学生发现和界定问题，有计划地进行实验设计和深入研究，引导同学进行交流和合作，这对学生物理探究能力的培养起着至关重要的影响。

科学探究教学的基本原则可以从以下几个方面理解。第一，主体性原则，即科学探究教学是以发展学生自主思考、自主创新的能力为目的。充分发挥学生的自主性是科学探究活动得以进行的基本前提。第二，任务驱动性原则。"任务驱动"是一种学习方法，可以帮助学生明确学习目标，对教师而言，则是建构在建构主义学习理论基础上的教学方法。第三，多样性原则。一是完整的科学探究和不完整的科学探究。所谓完整的科学探究，是指学生亲历了包含科学探究各个要素的探究；不完整的科学探究，是指对课题的部分进行探究学习，是完整的科学探究的基础。在不同阶段，学生的科学探究均应在教师指导下进行，所以也有人将其理解为与科学家进行的科学探究最本质的区别。第四，适应性原则。科学探究的难度、方式等必须适应学生心

① 中华人民共和国教育部.普通高中物理课程标准（实验）［S］.北京：人民教育出版社，2003：59－60.

理发展水平，一个既有难度又有希望解决的探究性问题，不仅能激发学生的探究兴趣，还能促进科学探究的进行。

## 二、中学物理科学探究教学技能

进入21世纪，世界各国在中学理科课程和教学改革中均将科学探究列入理科教学的重要内容。1996年，美国颁发《国家科学教育标准》，引发人们通过课堂教学开展对科学探究的进一步深入研究。科学教育中如何培养学生的科学素养问题不仅涉及对科学素养内涵的讨论，也着重关注科学素养培养的途径和方法。在科学本质的认识方面，世界各国进一步明确要重视科学知识获取的过程，发展学生对自然的好奇心、求知欲，通过探究过程体验科学探究的喜悦和艰难，掌握科学的思维方式和方法，培养学生崇尚科学精神，充分认识科学、技术和社会三者之间的关系。

客观上，科学探究理论研究方面虽有一些争论，甚至是矛盾冲突，但学者和教师在科学探究重视过程方面已经基本达成一致。接下来的问题就是如何在教学特别是课堂教学中实施，主要集中在以下几个问题的认识：如何结合学科特点开展有针对性的科学探究活动，如何结合学生学习实际开展有成效的科学探究活动，如何处理科学探究的形式和内容的关系。本书所探讨的主要是中学物理课堂教学中教师和学生针对教材中的科学探究实例如何有效地开展科学探究活动，侧重于教师如何有效地指导学生进行科学探究，即教师科学探究技能的培养。

### （一）理解科学探究的实质

前面所述的中学物理科学探究的意义中，有一点应当引起我们注意。当前，我们的中学物理教学中，中学物理知识的学习仍多局限于物理知识的掌握，而忽视物理学习中诸多重要内容的学习和理解。比如物理概念和规律的建立过程、对科学过程本质的认识，等等。学生可以背诵中学物理科学探究的七个要素，知道在研究物理问题时要运用控制变量法，也知道要通过实验研究物理现象及其变化过程，但是，"由于探究的问题常常涉及某一物理知识，这就容易造成教师把注意力放在知识目标上，而忽视'过程与方法'和'情感·态度·价值观'目标的达成"①。实际的教学活动给人的感觉似乎仍是浮在表面的东西多，实质内容少。这显然与教师平日的课堂教学活动有关。究其原因，教师应在以下几方面进行思考。

---

① 中华人民共和国教育部.义务教育物理课程标准（2011年版）[S].北京：北京师范大学出版社，2011：25.

### 1. 科学探究式教学的主体是学生

科学探究式教学借鉴科学家研究未知世界的思想和方法，具备科学家探究的一些主要特征，在教师的指导下引导学生探求和学习人类已有的"未知"世界。本着学生（儿童）是天生的探索者的假设①，在这种学习过程中，学生是一个积极的探索者、发现者，因而必须充分发挥学生的学习主动性、能动性、自主性和创造性。

发展学生独立探索和积极主动的学习态度，培养学生在学习活动中充分地应用原有知识经验去认识新信息，建构新的知识结构和重组原有知识结构的能力，引导学生在自主学习活动中，对已有知识和经验进行调控和反思的意识和能力，发展学生解决具有丰富背景的真实性问题的能力，发展实践能力，通过确立目标、制订计划、获取信息、评价信息、提出假设和验证假设、调整解决方案的研究过程等专家解决问题的方式去解决问题，发展探索能力和实践能力。在探究过程中，发展相互交流、合作学习的能力。

### 2. 科学探究式学习的目标

这种学习远不只获取知识，培养学生获得知识的能力，还应着眼于发展和培养学生对自然现象的好奇心和求知欲，引导学生发现和提出问题的意识，收集信息和证据的意识，理解科学探究的本质。我国中学物理科学探究之所以提出其结构和要素，解释科学探究各要素的基本要求和内容，抑或是规范科学探究的认识，都是希望能够指导科学探究实践。

### 3. 科学探究是在教师指导下的实践活动

中学物理课堂教学中贯彻科学探究的基本思想和理念，对教师提出了更高的要求。教师应当合理地设计科学探究活动，要为学生的学习创设一定的学习情境，激发学生的探究欲望，通过提供必要的探究资源，引导学生解决探究中遇到的问题，从而达成探究学习的最终目的。当然，这里需要解释的是，这种实践活动也会因学生知识和能力的准备情况和达成的目标分为理论和实践两个方面的探究活动。在教学过程中，教师是学生学习的促进者、引导者、合作者，应当充分发挥教师的组织和示范作用，为学生的自主学习和探究提供必要的帮助，为学生顺利实现认知任务，提供脚手架的设计与实施，对学生学习过程进行分析和评价。

科学探究活动的组织和实施应当以促进学生思维发展为主线。由于中学生处于思维发展的关键时期，包括高中学生在内的多数学生仍处于由具体形象思维到抽象逻辑思维发展的过渡阶段，尽快完成这个过渡，会在很大程度

---

① National Research Council. A Framework for K-12 Science Education: Practices, Crosscutting Concepts, and Core Ideas [M]. The National Academics Press, Washington, D.C., 2012: 33 - 34.

上消除学生学习的心理负担，为其后续学习奠定基础。因此，科学探究式教学的设计要循序渐进，既要从整体上考虑学生科学探究能力目标的逐步达成，要分别考虑每次探究活动的侧重点，探究过程要深入、具体，从而提高学生的科学探究能力。

教师应从科学探究活动中发现问题，指导学生正确进行分析、推理、判断等逻辑思维活动，将逻辑思维中的原理和假设与事物原有的表象结合起来，从科学探究的过程和内容的结合上寻找突破口，而不应局限于科学探究活动的形式。

**4. 正确认识科学探究活动中的问题情境**

探究始于问题。问题情境中的一连串问题是开展科学探究的基础。现代教育教学理论认为，在具有真实性的问题情境中学习不仅有利于学生实践能力的发展，而且能够激发学生的学习兴趣，学生会全身心地投入学习，进而形成有意义的学习。

问题情境通常是由若干问题串构成，师生在共同进行科学探究式教学时，所设计的问题情境应当具有一定的复杂性、连贯性和启发性，从而保证科学探究活动的内容和形式均具有一定的价值。教师在设计问题情境时，应尽可能考虑学生日常生活经验的实际情况，有针对性地通过问题的设计，揭示思维上的冲突和矛盾。鉴于学生现有的智力发展水平，考虑到已有的探究能力的限制，学生在进行科学探究活动时对探究任务的认识和理解仍会影响探究目标的达成，这便要求问题情境的设计要细致周到，构建一个连接学生现有发展水平和最近发展区的桥梁和纽带，促进学生的智力和能力的发展。

学生应在教师的指导下，逐渐学会由教师启发发现问题和提出问题，转为自己发现问题和提出问题，进而去研究问题和解决问题，这一点在目前"翻转课堂"教学实践中有所体现。教学过程中，教师和学生在解决问题的过程中还可能会产生新的问题，学科教学研究中称之为生成的问题，而要证实自己对问题的猜想，就需要事实和证据来证实自己的观点，对已有的事实和现象进行分析和处理需要运用相关的理论，而能否从中提炼出对问题的解释，需要反复观察和实验，与同学、小组成员和教师进行交流，进一步对结论进行评价，对学生而言，这是增进对知识理解的重要途径。

## （二）科学探究式教学设计

### 1. 基本原则

科学探究式教学在设计方面应当符合学生的认知发展特点，通过源自学生熟悉的日常生活现象，激发学生学习物理的兴趣和动机，调动学生自主探究的积极性和主动性，力争探究学习的多样化，通过实验活动将学生动手、动脑结合起来，促进学生思维发展。实践活动中，认识实践对物理理论学习的促进作用，关注学生之间、师生之间的交流与合作，并根据学生个性特点，加强教师的指导作用，采取灵活多样的探究形式，体现科学探究的思想和基本特征。

### 2. 行动策略

科学探究式教学的设计应为学生创设一种新的学习情境，教师在探究活动设计方面，特别是问题情境的设计方面应当尽力设计与真实问题情境相近的物理问题情境，充分考虑学生物理学习的心理特点和认识规律，努力营造一种发现问题、提出问题、研究问题、解决问题的探究氛围，从学科之间的联系、跨学科的关系以及科学、技术与社会的联系为背景，有效激发学生物理学习的兴趣和学习物理的良好动机，促进学生在知识与技能，过程与方法，情感、态度和价值观领域的发展。

教师应当正视现代科学技术进步给学校教育教学带来的影响，综合利用各种课程资源，利用现代教育技术手段，为学生提供反映真实的、丰富的、多样的物理问题情境，提高计算机和网络教学资源的利用率。

### 3. 科学探究式教学设计

科学探究极富个人特性，科学探究式教学是富有创造性的、个性化的教学形式。这其中的个性化部分源自教师的聪明才智和执教理念，体现了教师对适应现代社会发展要求的教学观和学生观的思考，反映出教师本人对物理学科特点和科学探究本质的认识。部分源自极具挑战性的物理课题的教学活动，从另一个侧面反映出科学探究思想和方法的共性和普遍性，这当然是我们进行中学物理课堂教学的基础。

教师应在课堂教学过程中，力争从形式和内容上保证科学探究教学的实效，对教材栏目的设计如"实验探究""实验活动""科学探究""实验""小实验""想想做做""实践活动""读读与议议"等合适的课程按照科学探究的思路组织教学，将探究活动的思想融入物理概念和规律的教学中，运用于物理原理和知识的应用中。

下面是初中物理"力的三要素"的教学内容。

【教材内容1】力的三要素《物理（八年级下册）》，人民教育出版社2012年第1版，第4页

用力越大，弹簧被拉得越长（或压得越短）；打台球时，击球用力的大小和方向都会影响到球能否入袋。更多的事实告诉我们：力的大小、力的方向不

同，作用的效果就不同。除了大小和方向以外，还有什么会影响力的作用效果。

🔧 **想想做做**

如图7.1-3，分别在A、B、C处用同样大小的力推门，感受手推门的难易程度有什么不同。

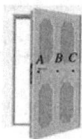

图7.1-3 力作用的位置不同，其作用效果一样吗？

越靠近门轴，越费力。可见，不仅力的大小、方向会影响力的作用效果，力的作用点也会影响力的作用效果。我们把力的大小、方向、作用点叫作力的三要素。

在研究力的问题中怎样简单、方便地表示力？物理学中通常用一条带箭头的线段表示力。

要打开这扇门，应向哪个方向用力？拉哪个位置比较省力？要用多大的力？

【教材内容2】力的三要素（《物理（八年级下册）》，北京师范大学出版社2011年第4版，第25页）

以打开房门为例，设想一下，要想打开房门，人手对房门的作用力应是怎样的，需要满足什么条件。

我们将力的大小、方向和作用点叫作力的三要素。

我们可以用图示的方法形象地描述一个力。即用一根带箭头的线段表示力，其中线段的长度表示力的大小；箭头的方向表示力的方向；线段的起点表示力的作用点。

【教材内容3】力的示意图（《物理（八年级下册）》，江苏教育出版社2012年第3版，第50页）

通常，我们可以用画图的方法来表示物体所受的重力。……物理学中，通常把力的大小、方向和作用点称为力的三要素。

各版本教材在"力的三要素"内容的安排基本一致，我们现在以人教版为例，对此课题进行适当地改造，用科学探究式教学来设计。

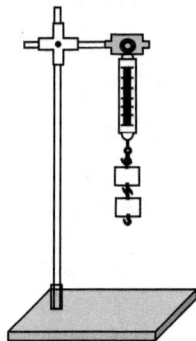

图2－10

　　首先，力的大小不同，力的作用效果不同。其次，力的方向不同，力的作用效果也不同。力的作用点不同，力的作用效果不同。由此推出，描述力的作用效果需要综合考虑以上三个要求，我们把力的大小、方向和作用点称为力的三要素。

　　我们试着将其改造为一个科学探究的课题。教师可以这样设计：

　　前面我们学习了力的概念，知道力是物体之间的相互作用。下面我们研究力的作用效果与哪些因素有关？我们先来介绍力的作用效果。（教师展示实验仪器，如图2-10所示）在弹簧秤下面挂一个钩码，弹簧被拉长，弹簧秤会有一个读数。如果再挂一个钩码，弹簧会被拉得更长。弹簧被拉长这种效果，是由于它受到力的作用。那么是否可以说，力的大小是力的作用效果的影响因素呢？（与同学一起总结：力的大小是力的作用效果的一个影响因素）

　　下面我们再来看另外一个二端由木板和一个弹簧组成的装置，如果用力拉的话，又会怎样？如果用力压缩弹簧，又会如何？用力越大，弹簧压缩得越厉害。对弹簧来说，拉和压的作用效果显然不同，这是因为力的作用方向不同，我们说这是力的作用效果不同。（与同学一起总结：力的方向是力的作用效果的一个影响因素）

图2-11

　　我们再来看开门和关门的情况。用手去推门把手，门会轻轻被推开。用手去推门的中间部位，要相想达到同样的开门效果，感觉费力一些。如果用手去推门轴呢？能推动吗？下面我们再来看，这是一把扳手和螺丝、螺母。怎样才能将拧紧的螺母松下来，或将螺母拧在螺丝上？请同学操作一下。

　　提出问题：看了大家的操作，发现大家都是拿着扳手的末端，你们为什么这样做？

　　学生可能会回答，因为这样省劲！

　　对于用扳手将拧紧的螺母松下来，其实是在用力。显然，拧紧螺母和松开螺母是两个不同的方向，用力的方向肯定不同，用力的方向不同最后的结论肯定是不同的。这正是我们前面讨论的力的方向问题。而握住扳手的末端则是力的作用点距螺丝远一点，所以省劲。物理中我们说省力，用不大的力就可以干大事。所以，力的作用点也是力的作用效果的一个影响因素。

　　力的大小、方向和作用点是力的三要素。现在，请大家思考，讨论力的作用效果只有这三个影响因素吗？下面有一个物块放在水平桌面上，从右边拉此物块，可以使物块移动，如果从左边推物块，也可以使物块移动。那么，推或拉是不是影响力的作用效果的因素？显然，推和拉对物块的移动所产生的效果是一样的，所以推或拉不是影响力的作用效果的因素。

上述教学设计主要是考虑到八年级学生对科学探究还不是很熟悉，因而主要是由教师演示并提出问题展开讨论，其中也有学生自己动手操作，但始终贯彻的是在教师指导下的探究活动。问题情境的设计也是基于学生熟悉的场景，并由此展开课题，最终得到结论。

这个教学设计有一定的难度，主要集中在如何处理教材中的示例，教师不宜直接告诉学生力的三要素，而是通过后面的学习逐渐明了研究的过程，或是自己主动思考的过程。

【问题5】下面是一则综合实践活动①，如果用科学探究的思想进行教学设计，你认为应当如何进行设计？

### 综合实践活动——用电冰箱研究物态变化现象

家用电冰箱工作时，其内部是一个低温的小环境，主要用来冷藏或冷冻食品。我们也可以将它作为一个制冷工具，用来开展一些有趣的实验研究。

1. 研究电冰箱的温度分布情况。将几支温度计分别放在冷藏室的上部、中部、下部以及冷冻室中，几分钟后，记录各测量点的温度；然后在冷藏室的某一层，距离电冰箱门远近不同的位置放置温度计，几分钟后，记录各测量点的温度。比较这些温度值，看一看，电冰箱内的温度分布有什么特点？

2. 制作"冻豆腐"。将一块豆腐放入冷冻室内，一两天后普通的豆腐就变成"冻豆腐"了。与普通豆腐相比，"冻豆腐"的形状发生了什么变化？解冻后切开，观察"冻豆腐"内部有什么变化。试解释你看到的现象。

3. 自制冰淇淋。取蛋黄两个、砂糖25g、鲜奶200g，放在奶锅内充分搅拌，再用小火加热并不断搅拌，直至蛋奶变得浓稠。用过滤网将蛋奶过滤到较小的食品盒内，自然冷却后，加入200g奶油并搅拌均匀。盖上盒盖，将食品盒放到电冰箱中冷冻。每隔30min取出搅拌一次，共进行四次。这样，冰淇淋就制成了。

4. 研究不同液体的冷冻情况。在四个透明的杯子（或小瓶）中分别装入等量（约100mL）的水、牛奶、糖水、食盐水，然后将它们放入冷冻室内。每隔一定时间打开电冰箱观察液体的状态。它们的凝固点是否相同？再用不

① 刘炳升，李容.义务教育教科书物理（八年级上册）[M].3版.南京：江苏科学技术出版社，2012：48.

同浓度的食盐水进行实验，看一看，食盐水的凝固点与其浓度有什么关系？

交流与小结：记录你在实验中观察到的现象，得到的相关结论或者体会，然后与同学交流。

### （三）科学探究教学技能

通过对科学探究本质的认识，以及对中学物理科学探究教学设计的理解，下面我们从一个实例来解释如何在课堂教学中进行科学探究教学，其中作为教师应当从教学技能的角度加深理解科学探究的内涵。

初中物理"压强"概念教学中，在引入压力的作用效果与哪些因素有关时，义务教育课程标准教科书《物理》（八年级）（人民教育出版社 2006 年版，第 110 页）的安排是从演示实验开始，经过对比分析初步得出实验结论，进而引出用一个物理概念（物理量）反映压力作用的效果。教科书在此处的描述大致是：

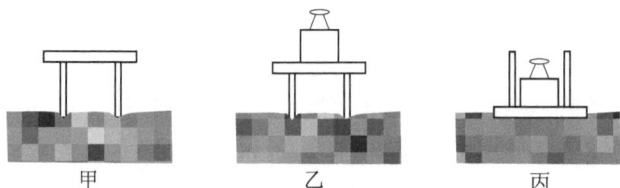

甲　　　　　　　　乙　　　　　　　　丙

图 2-12　实验现象分析

压力的作用效果不仅跟压力的大小有关，而且跟压力的作用面积有关。如图所示的实验中，如果小桌对泡沫塑料的压力是 30N，在受力面积分别为 $3cm^2$（桌腿）和 $30cm^2$（桌面）时，每平方厘米面积所受的压力大小不同，这是造成小桌对泡沫塑料压痕深浅不同的原因。物理学中，把物体单位面积上受到的压力叫作压强。

这部分教学内容的结构大致如下：

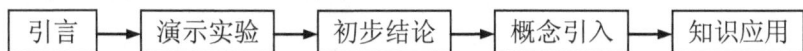

引言　→　演示实验　→　初步结论　→　概念引入　→　知识应用

这里要讨论的是由"初步结论"到"概念引入"的关键环节。教师应当明确这个环节包含科学探究中的三个因素：设计实验与收集证据、制订计划与进行实验、分析与论证。如在初步结论得出时，学生将会涉及"尝试考虑影响问题的主要因素，有控制变量的意识""能通过观察、实验和公共信息资源收集证据""能进行简单的因果推理""尝试对探究结果进行描述和解释""经历从物理现象和实验中归纳科学规律的过程"的探究思想。

作为教师，如何将此课题中蕴含科学探究思想和物理概念的建立过程联系起来？教师的科学探究教学技能又应该考虑些什么内容？

### 1. 指导学生将实验观察与思维分析相结合

在得到初步的结论"压力的作用效果与压力的大小和受力面积的大小有关"之后，考虑如何"综合"反映"小桌"陷入海绵的深度这一压力作用效果，从而引出压强的概念呢？针对上述图示甲、丙呈现的实验现象进行分析比较，是建立压强概念的重要过渡，即要回答在压力的大小和受力面积的大小都不相同的情况下，如何描述压力作用效果的问题。显然，依据先前分析影响压力作用效果的因素时所采用的控制变量法是无法直接得出结果的。而教师和学生如果能够在抽象逻辑思维层次上，考虑将受力面积大小不同的情况转换为相等的情况，即将这种直接比较转换为间接比较，再过渡到单位面积的比较，则能够很好地完成建立物理概念的这个过渡。

中学物理教材的结构和体系应当有助于学生通过阅读完成物理概念的建立过程。《义务教育物理课程标准（2011年版）》中明确指出，"要做好物理概念和规律的教学设计，不仅应重视物理概念和规律的具体内容、意义、适用条件等，而且还应重视学生建立物理概念、学习物理规律的过程。"[1]前面所述的包括人教版教材在内的大纲教材和课程标准教材，从体例设计和安排上没有什么遗漏或不足，倒是应当注意设计好从分析实验现象到得出实验初步结论，再由实验结论过渡到物理概念的得出，这是物理概念建立过程中的一个重要环节。

### 2. 充分发挥演示实验的作用

中学物理概念教学要充分发挥演示实验的作用。演示实验不仅可以为学生提供教师精心设计的物理学习情境，为学生提供生动、形象的物理现象，同时也会为学生提供充满物理味道的表象，而这些可以成为思维加工的原材料。正是基于此，引导学生进行思维加工、促进思维发展便有扎实的基础。在初中阶段通过学科教学，促进学生思维尽快由具体形象思维向抽象逻辑思维发展不仅是课堂教学的基本要求，同时也是教材编写时应当思考的问题。

中学物理演示实验是教师进行示范和表演、学生观察思考的教学实验，它可以充分发挥教师的主导作用，但是往往难以体现学生在教学过程中的主体地位，影响学生主动性的发挥。物理课程标准把科学探究作为学习目标与重要的教学方式，给传统的演示实验以新的活力。教师应当根据教学需要，适当拓展演示实验的功能，使学生积极主动地获取知识。在日常的课堂教学

---

① 中华人民共和国教育部. 义务教育物理课程标准（2011年版）[S]. 北京：北京师范大学出版社，2011：29-30.

中，演示实验多为导入新课而设计的演示、为构建知识而设计的演示和为运用巩固深化知识而设计的演示。在演示实验中突出科学探究，体现以学生为主体的教育理论，就要在各类不同的演示实验中充分体现科学探究的基本要素，以科学探究优化设计演示实验的整个过程。

（1）为导入新课设计演示，感受科学探究。教师通过精选一些生动、有趣、新奇和学生感到意外的演示引入新课，能够有效地激发学生的兴趣和求知欲。而接下来的则更为重要，即通过演示实验使学生通过观察和思考，再有所发现、有所联想，萌发或提炼出科学问题，体现"提出问题"和"猜想与假设"等科学探究的要素，以利于新知识的构建。

（2）为形成概念探索规律设计演示，体验科学探究。演示实验可以展示物理现象和物理变化的过程，为形成概念和认识规律提供丰富的感性材料，为知识的构建奠定必要的基础。由于演示实验不仅为构建知识提供感性认识，而且需要学生在演示实验中以科学的态度和兴趣经历科学探究的过程，学会发现问题、思考问题、探讨问题，在获取知识的同时，实现培养科学素养的目标。

（3）为巩固深化，重新经历科学探究。众所周知，由于演示实验具有较强的可控制性，使得教师能够有意识地选择和设计实验内容和程序，展现物理现象和过程，在运用知识的过程中发挥重要作用，可以充分体现学生的主体地位，学生通过一系列科学探究过程，相互交流、合作，切身体会到学习科学知识的实际价值和运用科学知识解决实际问题的乐趣，发展科学思维能力，培养科学探究品质，巩固、深化所学知识。如何在演示实验中充分体现学生的主体作用，把科学探究过程纳入演示实验是关键，教学过程中通过师生、生生多方互动，不仅可以使演示实验在获取知识方面发挥重要作用，而且在培养学生科学素养方面也会产生重大影响。

可以设想，如果初中物理教材中实验探究的设计能够更多地考虑学科教学的特点，为学生思维发展提供支撑，那么物理课程标准中所说的"从生活走向物理，从物理走向社会"的课程基本理念就不会是一句空话。如果初中物理教师在进行实验时，能够更好地发挥实验的作用，引导学生通过对实验现象进行全面、具体的分析，帮助学生顺利完成形成和掌握物理概念的过渡，则必定会促进学生物理学习兴趣的升华。

### 3. 重视物理概念建立方法的指导

笔者曾就上述问题与多位初中物理教师进行交流，当问到实际教学中有没有考虑到这个过渡问题时，得到的回答大致有以下几种：第一，连最基本的实验演示都没做，只是用语言和图示描述实验现象，然后将"压强"概念告诉学生，"压强公式这个结论不复杂，学生是可以背下来的"。第二，从未想过这样处理教材，"教材上怎么写，我就怎么上"。第三，自己在做教学设计时，曾想过此问题，但"考虑到自己所在学校学生的实际情况，担心学生听不懂，就没有在课堂教学中去做"。前两种情况应该是当前中学物理教师进行教学的一种常态，尤其是年轻教师在钻研教材时的一种常见现象，这也在一定程度上反映了前些年讨论的教师教科书素养问题。

针对第三个回答，笔者曾进一步探寻，"你没有去尝试，没有很好地研究学生学习物理概念的具体情况，你如何事先就知道学生不知道？""哪怕是在课堂教学时，作为教师应当有意地进行提问设计或引导同学思考，而如果有同学在教师的引导下，能够思考并回答：'老师，我认为甲、丙两图还是可以比较的，因为我们在速度概念学习时，曾遇到如果在两个小汽车运动的时间和距离都不相同时比较它们运动的快慢（描述其运动状态），即可以用单位时间内所通过的距离来描述汽车运动的快慢'，那么你所设计的教学目的不仅能够实现，而且学生对问题的思考也反映了其思维能力和水平是有一定的层次和高度的。"这才是物理概念教学的真正意义所在！

这也是我们一再强调的要重视和加强物理概念的建立过程和建立方法的指导意义所在，中学物理教学过程中，科学探究无处不在。教师在教学过程中适时、适当的指导应当与学生的思维发展的层次和水平一致。课堂教学应当更多地关注学生认知特点，贴近学生生活，并通过对实验现象的分析，再加上教师精心设计的引导，学生会逐渐理会教师教学设计的意图。如果教材在设计时关注这些问题，无疑会更大限度地挖掘师生共同参与教学活动的潜能，从而顺利完成物理概念的建立。

由此，在中学物理科学探究教学技能的理论和实践研究方面，作为教师首先应当真正理解科学探究的基本思想和理念，结合物理学科的特点，充分考虑某一阶段学生学习物理的心理特征和规律，引导学生积极主动地投入学习。在实施科学探究课题教学时，根据学生认知发展的规律，努力促进学生思维水平的提高和发展。

鉴于科学探究教学技能的综合性特点，教师（包括师范生）应当考虑科学探究的结构特征和要素构成，不能仅重视科学探究教学的形式或表面的东西，科学探究的内容不能过全、过细，而要抓住关键和核心，力争在某一方面有所突破。

# 第四节　中学物理课堂教学研究技能

这里所指的课堂教学研究技能主要是指中学物理教师通过对物理课堂教学的观摩、听课和评课环节，从课堂教学现象入手，积累物理课堂教学的感性认识，上升到理性认识并运用于实践的一系列教学研究行为。其中，熟悉中学物理课堂教学的研究方法，理解课堂教学过程，通过同行之间的相互学习和交流，研究和掌握中学物理课堂教学的规律和特点，从而驾驭中学物理课堂，促进中学物理教师专业成长是教师进行课堂教学研究的重要基础。我们认为，这些实践活动对师范生的职前培养同样重要，有机会参与当地物理教学活动不仅能够使学科教学论的理论学习与实际相结合，也可以通过课堂教学将中学物理教学技能的理论学习与实践相结合。

前面的中学物理教学技能研究中，我们一再指出，观摩、模仿、学习和创新是年青物理教师成长的必然途径。通过对中学物理课堂教学的研究，师范生应当明确什么样的课是一堂好课？什么样的物理教师是我们应当学习的榜样？物理教师在处理重点知识方面的教学技能和技巧哪些是值得我们学习的？一个给定课题的教学设计又是如何体现物理教师的睿智的？我们通过物理教学实践应该能达到什么样的标准和水平？

## 一、中学物理课堂教学片断观摩

中学物理课堂教学片断通常剪辑于一堂完整的优质课，集中表现任课教师在教学各环节运用教学技能的情况。中学物理教学技能的学习，当然应以物理知识教学为依托，起初是作为师范生观摩和学习的内容，后来也用作进行教学评比的影像资料。由于此教学片断是经过精心筛选的，所以重在引导学生从直观上感受课堂教学的氛围，熟悉物理教学，运用教学技能，为师范生学习、模仿和掌握教学技能提供便利。

随着我国微格教学的研究走向深入，出现了各个教学技能展示的影像资料，师范生通过观察教学片断，能够从正面进行积极的学习和研究。相对于一个完整的物理课堂教学，此教学片断中教师主要就其中的某个知识点或演示实验或提问内容，表现教师运用的教学技能，它具有重点突出和良好的示范性。

教学片断的观摩和学习对于初学者来说，是熟悉教师课堂教学、教学技能运用的重要起步。同时，观摩和学习应对初学者有明确的要求，通常应注意以下几点：第一，教学片断中教师主要运用的教学技能，这是观摩者学习的主要内容；第二，所讲授的物理知识是什么，观摩者应当事先做好准备；第三，观摩者要有详细的记录，其中包括时间安排，这些都应记录清楚；第四，观摩结束后，要有机会与试讲者一起交流、讨论，进而明确教学技能运用的成效，同时也会为之后的试讲者提供经验和帮助。

如果是师范生自己进行微格教学实践活动，则应在指导教师指导下完成观摩的任务。考虑到观摩的成效，会对试讲者的教学情况进行分析和评价，最终则以评价表填写给试讲者以百分数或等级的评价。

虽是一个教学片断，但却是年青教师观摩学习的好手段，要达到的目标主要是：学习如何组织课堂教学；如何运用教学技能；如何选择教学策略和方法，从而突出重点、克服难点；如何理顺课堂教学各环节的关系；如何与学生进行互动和交流；如何运用教学媒体和教学手段。

## 二、中学物理示范课观摩

示范课的观摩通常称为听课。所谓听课，通常是指听课者以专业人士和同行的身份，根据某一需要进入课堂教学现场开展观察活动的过程。与观摩教学片断而言，示范课的观摩通常要经历一个完整的课堂教学。若是带有评比性质的教学活动，听课者同样应当做好听课前的准备工作（比如了解主讲者讲授的课题基本情况），熟悉讲课内容，观摩整个教学活动的安排，对主讲者讲课内容做详细的记录，包括主讲者对教学过程中出现的问题的处理方式和自己的感受。因此，听课实际上是一种有目的的课堂观察活动。要真正有效地开展听课活动，首先必须要有明确的目的；其次，要掌握有效的课堂观察技术。没有目的，听课将会因无法聚焦而难于深入；没有掌握有效的观察技术，进入课堂现场将不知如何观察，观察些什么，更无法获取有效的信息。

鉴于听课是有目的的课堂教学观摩活动，因而要解决以下几个问题。第一，观摩的目的是什么，以解决听课活动需要解决的问题；第二，观摩什么，以聚焦听课的目的和明确观摩的主题；第三，怎样观摩学习，以解决听课的细节问题。

听课作为一项重要的课堂教学研究活动，基于活动的性质大致可分为两大类。

### 1. 常规的教研活动

目前，从中学物理课堂教学研究活动开展的情况来看，示范课的观摩主要是省、地市和学校级别的公开课教学观摩。首先，通过此项活动的开展，促进同行之间的相互学习和交流，共同探讨中学物理课堂教学如何提高教学质量，反映教师对课程标准基本思想和理念的认识和理解，如在中学物理课堂教学中如何进行和实施"课堂翻转"的教学研究；其次，为青年教师的成长搭建平台，借此机会让更多的青年教师能够有机会登上更大的舞台，脱颖而出，尽快成长。同时，各地中小学借"名师工作室"创建，引导年青教师在老教师的帮助下，进行有针对性的课堂教学研究。

从示范课的教学情况来看，各地教研室经过精心组织，常以年级组的形式或进行跨年级的交流和学习。如每学期安排的年级教研活动，分学校级别和区市级别进行，以"同课异构"的形式，分别组织老教师和青年教师就某一共同课题同时进行汇报和交流，也有地区组织跨年级的教研活动。由于学校规模和区域划分的实际情况，目前已有地区出现义务教育九年一贯制学校，即学校划分小学部和初中部，笔者所在地是首批义务教育初中物理新课程改革的国家级试验区，初中物理教师也是首批进入新课程改革试验。通过多年的教学探索，总结出一些成功经验，涌现出一批新课改积极分子，物理教研活动则多次联合小学科学课程进行跨年级的"同课异构"教研活动。让初中物理教师到小学去听小学科学老师如何上"浮力"内容，同样也请小学科学老师到初中听物理教师如何上"浮力"内容，这样不仅加强了小学科学课程与初中物理课程的衔接研究，同时也使理科（物理）教师有了更为广阔的交流空间。

从目前课堂教学教研活动的实施情况看，总体反映良好。教师之间的交流和合作机会增加，交流的层次提高，合作的范围更广，教研活动不局限于形式，也是能够更多地反映学科教学研究的内涵。从活动中，也出现了一批年青教师，他们积极参与教学研究活动，也有机会在更为广阔的舞台展现自己对新课程理论的认识和理解。

**2. 具有考核与评价的性质**

如各地市教研活动中的学科课堂教学质量考核、教师晋升高一级职称的评比活动、带有选拔性质的课堂教学比赛（如省市一级的"教坛新秀"评比、全国中青年物理教师教学大赛等）。与前一类相比，它们都具有一些共同特点，即听课者所关注的是授课者的教学行为、学习者学习行为以及学习者学习结果三者之间的关系。

对于青年教师而言，有了明确的听课目的和主题，下一步要解决的则是细节问题，即"观摩什么"的问题。如以课堂教学中提问这一主题为例，其核心的观摩要素是"提问什么""如何提问""怎样提问""提问设计和结构"等问题。这其中涉及提问哪些内容？问题的层次和水平、提问过程中教师提问技能的运用、问题的呈现方式和组织、学生应答情况、学生参与提问的程度，等等。如果以课堂教学中演示实验教学为主题，则观摩的要素将集中在演示实验设计、操作和实验现象分析等问题。如演示实验设计是否符合教材内容安排、是否针对学生学习的特点，演示实验操作是否便捷、现象是否明显，现象的分析和结论的得出是否符合学生的认知规律和特点，演示实验是否与学生的日常生活经验有着密切的联系、仪器和设备学生是否熟悉，等等。如果是以观摩物理教师通过教学课题实施科学探究教学，核心的观摩要素则是探究课题的来源、探究要素的组织和结构、探究过程的设计、学生科学探究能力的培养和评价等。观摩过程中，需要师生双方共同努力，学生进行科学探究时主体作用的发挥和学习的主动性、教师引导作用的体现程度、师生双方对科学探究的评价也应当及时、有效。同时我们应当看到，作为公开课和示范课教学观摩，主讲者预先的教学设计理应是听课者所熟悉的，如果从教研活动的角度思考课堂教学的实施，则应将听课的焦点聚焦在教学设计的实施，其中的课堂教学生成性问题也可以成为观摩的重点。

对于示范课的观摩，作为听课者来说，首先应当从示范课的整体结构和组织安排入手。如对于一个确定的教学主题，主讲者对于整节课的结构设计，大致从如何导入新课、新课教学、实验演示、巩固练习和课堂小结等入手。其次，则是对课堂教学中主讲教师结合教学内容和学生实际如何突出重点、克服难点，都运用了哪些方式、方法和策略。涉及演示实验等课堂实践活动时，教师对演示实验设计和操作的处理有无独到之处。最后，从师生互动和相互交流的角度，对整节课进行定性和定量的分析和评价。如果其中涉及主讲教师的个人风格和特点，特别是对听课者留下的深刻印象也是分析和评价的内容之一。

## 三、中学物理课堂教学评课

评课是教师的一项基本技能，评课活动同样能够反映和衡量教师的教学素养。显然，要想做到科学、公正、客观地评课，听课则是基础。我们知道，听课和观摩活动结束并不是以课堂教学结束为标志，作为一个完整的教研活动，笔者所在地的物理教研活动总是安排授课者进行课后说课和集体评课活动。即首先安排授课者在课后向所有参与听课的教师和同行，进行课后说课。从课题准备到教学设计，再到实施教学，然后结合具体的课堂教学的实际进行反思和自我评价。听课教师和教研人员则结合授课教师的教学准备及实际课堂教学情况按照表2-9进行分析和评价，当然，如果只是针对说课进行评价，也可以参照执行。

表2-9　中学物理教师说课评价表

| 项目 | 内容 | 评 价 标 准 | 等级（分值） | |
|---|---|---|---|---|
| 说教材<br>30% | 1.确定目标<br>2.确定重、难点<br>3.教材处理<br>4.资源分析 | 1.从物理学科体系、模块章节联系上整体分析知识结构（5）<br>2.准确表述三维教学目标，说明确定教学目标的依据。教学目标可观察、可检测，符合课标要求和学生实际（6）<br>3.结合教学实际，准确梳理教学重、难点（6）<br>4.教材处理符合教学目标，体现创新点和可行性结合（7）<br>5.围绕教学目标，合理整合各类课程资源（6） | A（25—30）<br><br>B（22—24）<br><br>C（18—21）<br><br>D（18以下） | |
| 说教法和学法<br>30% | 1.教法设计<br>2.学法设计<br>3.手段选用 | 1.教法设计凸现学生主体地位，有利于落实教学目标（7）<br>2.针对重点、难点设计教法，有一定灵活性（6）<br>3.体现对学生"自主、合作、探究"学习方式的引导（7）<br>4.合理选择各种教学手段，有利于优化教学效果（5）<br>5.对自己的教学设计能阐述一定的理论依据（5） | A（25—30）<br><br>B（22—24）<br><br>C（18—21）<br><br>D（18以下） | |
| 说教学程序<br>30% | 1.环节设计<br>2.资源利用<br>3.时间安排<br>4.效果预估 | 1.教学环节设计符合教学目标，有一定弹性和灵活性（7）<br>2.活动过程凸现学生主体性及多向互动（7）<br>3.突出重、难点的有效解决过程（6）<br>4.教学手段、课程资源合理利用，符合物理学科特点（4）<br>5.根据可能出现的教学情境，有不同的时间分配方案（3）<br>6.合理设计教学反馈环节，预估教学效果（3） | A(25—30)<br><br>B（22—24）<br><br>C（18—21）<br><br>D（18以下） | |
| 教师基本素质<br>10% | | 1.仪表大方，普通话标准，语言规范并富有感染力（3）<br>2.体现教师理论素养和实践智慧，富有教学机智（7）<br>3.遵守时间（超时每2分钟扣5分） | A（8—10）<br>B（7）<br>C（6）<br>D（6以下） | |
| 总评 | A（85—100）<br>B（75—84）<br>C（60—75）<br>D（60以下） | | | |

　　评课活动在说课后进行，主要是由教研室和学科组组织进行，听课教师对授课者的教学进行评议。从教学设计、教学实施、课堂教学效果、学生学习情况和反映，以及在执教过程中取得的成绩和亮点，逐一按照课堂教学研

· 87 ·

究的思路进行。当然，听课教师也会对授课者在执教过程中出现的问题展开讨论，能够初步形成一种共识，也允许授课者和评议人保留自己的意见和看法，本着"百花齐放，百家争鸣"的教学艺术创作的思想，进而达到相互学习、共同提高的目的。

评课的方式也按照物理教研活动的一般程序展开。对于青年教师则本着肯定成绩，指出问题，共同探讨的方式进行。对于老教师，则借示范课的示范作用，更好地引导青年教师不断丰富自己的教学经验，促进青年教师尽快走向成熟。

评课的具体方式以定性和定量分析评价为主。每次示范课后，参与听课的教师都要求上交一份事先准备好的评价表，通过定量评价的形式进行交流，课堂教学评价表详见表2－10。

表2－10　中学物理学科课堂教学评价表

| 教者 | | 学校 | | 班级 | | 时间 | | | |
|---|---|---|---|---|---|---|---|---|---|
| 课题 | | | | 课型 | | 课时 | | | |
| 评价项目 | 评价内容和要求 | | | | | 权重分数 | 评价等级和结果 | | |
| | | | | | | | A | B | C | D | 得分 |
| 教学目标 | 知识与技能、过程与方法、情感态度价值观等三维目标明确、具体、合适、完整，符合课程标准的要求 | | | | | 10 | 5 | 4 | 3 | 2 |
| | 切合学生实际，面向全体学生，尊重个性差异 | | | | | | 5 | 4 | 3 | 2 |
| 内容安排 | 系统准确，注意揭示物理基础知识、概念、规律的意义、内在联系和科学的研究方法 | | | | | 30 | 10 | 8 | 6 | 4 |
| | 注意渗透"STS"精神，开发和运用各种课程资源，体现"从生活走向物理，从物理走向社会"的课程理念 | | | | | | 10 | 8 | 6 | 4 |
| | 围绕学习目标灵活处理教材内容，内容开放，重点突出，容量恰当，疏密有致，学习内容始终围绕学习需求 | | | | | | 10 | 8 | 6 | 4 |
| 方式手段 | 教学设计有新意，多种方法结合，结构合理，程序灵活 | | | | | 30 | 8 | 6 | 4 | 2 |
| | 能充分运用实验、电教、图片、多种媒体等教学手段，动手能力强，实验成功率高 | | | | | | 7 | 5 | 3 | 1 |
| | 注意现代信息技术与物理教学的整合。现代信息技术运用得当、有效 | | | | | | 6 | 4 | 2 | 0 |
| | 引发学生认知冲突，积极引导学生自主学习和创新思维 | | | | | | 5 | 4 | 3 | 2 |
| | 面向全体学生，反馈及时，矫正迅速 | | | | | | 4 | 3 | 2 | 1 |

**续表**

| 评价<br>项目 | 评价内容和要求 | 权重<br>分数 | 评价等级和结果 | | | | 得分 |
|---|---|---|---|---|---|---|---|
| | | | A | B | C | D | |
| 基本<br>功与<br>特色 | 教态自然，普通话规范，语言精练准确，板书合理 | 10 | 5 | 4 | 3 | 2 | |
| | 教风民主，富有节奏，灵活处理预设与生成之间关系，应变<br>能力强，教学富有个性化 | | 5 | 4 | 2 | 1 | |
| 学习<br>效果 | 课堂多边活动协调，交流、合作充分有效，参与面广，课堂<br>气氛和谐 | 20 | 8 | 6 | 4 | 2 | |
| | 学生学习兴趣浓厚，情绪饱满，积极主动，乐于探究，勇于<br>发表见解，仔细聆听不同意见 | | 6 | 4 | 2 | 0 | |
| | 预期教学目标达成度高，检测反馈正确率高 | | 6 | 4 | 2 | 0 | |
| 综合<br>评价 | | | | | | 总分 | |
| | | | | | | | |

从物理教师的专业发展出发，我们对新教师或青年教师的培养，包括对师范生职前教育教学技能的培养，对中学物理课堂教学的认识和理解不能仅停留在学科教学论或教学技能训练的几次录像观摩上，要尽快了解和熟悉中学物理课堂教学实际，积极参与当地中学物理课堂教学研究，要注意以下几点：

（1）投身真实的中学物理课堂教学。在教师指导下学会如何进行观摩，如何记录课堂教学中发生的事件，在听课的过程中如何记录自己当时的感受。

（2）在进行中学物理示范课听课和评课时，由于事先知道授课教师的讲授课题，熟悉课题的教学设计，对于初学者或青年教师来说，同样准备一个教案和教学设计，再将自己准备的内容与授课教师进行对比，从中一定能够学到更多关于课堂教学的知识，通过听课得到更多的体会。

（3）参加评课环节，要积极主动地将自己对一些问题的思考放在桌面上，积极发表自己的观点，与同行和老教师进行交流，虚心听取大家的意见。如果尚不能从整节课的角度来评价授课情况，可以先从自己感兴趣的问题开始，如此逐步深入，对自己的成长定会大有益处。

（4）关注定性评价和定量评价相结合。同样的一次观摩，如果自己仅从书面的理论知识进行分析和评价是远远不够的。如果能够站在未来教师的角度进行定性和定量分析评价，则可以使观摩学习达到一个新的高度。

（5）通过观摩学习巩固学科教学论和教学技能的理论知识。教无定法，教学有法。理论与实践相结合，能够从中体会到理论指导的意义，也会激励新手或青年教师从专家或老教师身上学到真本领。

需要指出的是，对教师课堂教学质量的分析和评价宜从整体上进行，对教师的授课从结构设计、思路安排、具体实施等多方面进行，应当充分考虑到每个老师各自的风格和特点，对其教学思想的内涵和运用课堂教学技能的实效予以足够的重视，多从正面进行评价，总结经验，共同提高。

# 实践篇

# 中学物理教学技能训练

# 第三章　微格教室及微格教学预备知识

## 第一节　认识微格教室基本设备

【实验目的】

1. 了解微格教室基本结构和组成；

2. 熟悉教学环境，掌握多媒体教学仪器和投影设备的使用方法；

3. 掌握教学片断的录制、下载、保存和回放操作。

【实验内容】

### 一、微格教室的基本结构和组成

微格教学训练必备的仪器和设备主要包括：摄像机、多媒体教学仪器、黑板、小教室（20座）等。下面是学校微格教室的大致配置情况（如图3-1所示）。

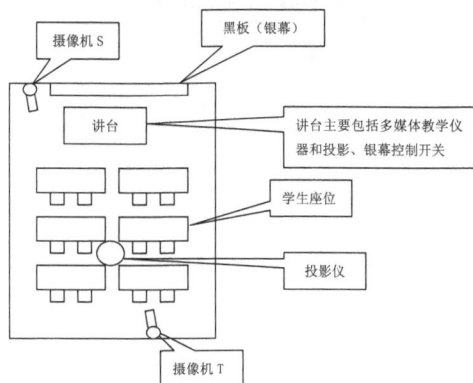

图3-1　微格教室结构简图

### 二、多媒体微格教学仪器的使用

下面以AVA微格教学设备系统为例，介绍微格教学多媒体教学仪器的使用步骤。

● 登录

第一步　打开计算机电源，启动微格教学多媒体设备。

第二步　打开计算机桌面IE图标 ，找到浏览器地址栏中与微格教室房间号一致的地址（图中http://192.168.1.111中的111即为微格教室房间号），如图3-2所示。在出现"登录页面"对话窗 中登录（admin）并输入密码。进入微格教学录播管理系统，如图3-3所示。

图3-2　进入微格教学录播系统界面

图3-3　录播管理系统

第三步　点击"录制管理"选项卡，可以发现"视频1"和"视频2"等小窗口中分别对准的是"学生"和"教师"，练习过程中应选择"教师"窗口准备录制，如图3-4所示。

图3-4　录像机画面

　　AVA系统设置了二种录制方案。一是多媒体操作设备上的操作面板，如图3-5所示。练习过程中，多采用这种录制方式进行操作。二是通过鼠标操作前面介绍的"录播管理系统"中的操作面板。

　　第四步　"录播开/关"指示灯为"绿色"则录制系统处于工作状态，此时练习者应按"录制按钮"进入录制，此时指示灯为闪烁"绿色"，表示系统正在录像。每位练习者课堂教学技能练习完成后，再按一次"录制按钮"，系统将自动保存该练习者的录像为一个mp4格式的特定文件。（若练习过程中按"暂停"按钮，系统仍处于待录制状态。）

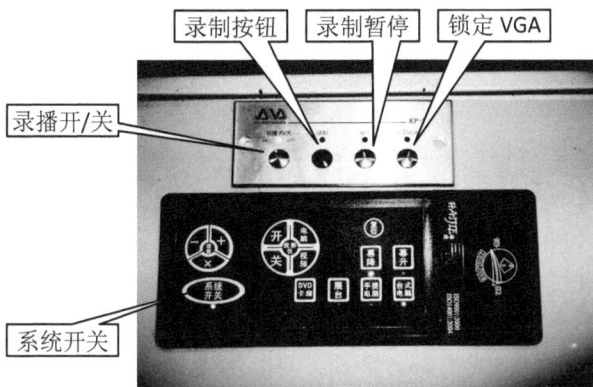

图3-5　AVA操作控制面板

　　此后，练习者只要按"录制按钮"，便可重复前面的练习。这样，便可以得到多个独立的录像文件。

　　第五步　全部练习训练结束后，在"录制管理系统"下点击"录制管理"菜单，出现如图3-6所示界面。通过选项卡"排序显示"或"分组显示"，找到自己录制且保存的文件，可以通过计算机或投影仪播放此录像文件，也可下载，下载时操作者应回答保存地址，进行正确操作，如图3-7所示。

图3-6　录制保存文件

图 3-7　录制文件下载保存

## 三、注意事项

（1）首先是多媒体教学设备的正确使用，注意操作顺序以及仪器设备的提示；

（2）为了保证录像的画面和声音效果，注意练习时站立的位置不要过于偏向黑板两端且应当使用话筒进行练习。

（3）如果在练习过程中使用课件进行教学练习，则要注意可以通过 AVA 操作控制面板进行切换操作。

（4）注意不要将粉笔和黑板擦放在多媒体设备桌面上，爱护仪器设备。

（5）录像文件的格式为 mp4 格式，目前绝大多数播放器均可正常播放。

【思考】

（1）你知道微格教室中多媒体设备录制的教学片断文件的格式吗？

（2）请注意查看小组成员的录像文件大小。如果要下载或复制自己或同学讲课的视频文件，以便日后观看、学习、讨论，注意正确的操作顺序。

# 第二节　微格教学设计和教案编写

## 一、微格教学设计的特点

从事教学技能训练的微格教学，与常规的课堂教学有很多相似之处。因此，微格教学设计与一般的课堂教学设计遵从的理论、方法、程序完全一致。但是，微格教学设计是针对一个教学片段的设计，以训练一二项教学技能为主，教学内容只是一节课的一部分，把一个事实、概念、原理或方法等当作一个完整的过程来具体设计。所以，微格教学的教学设计既要遵循课堂教学设计的原理和方法，又要体现微格教学的教学技能训练特点。

微格教学中的主要学习者是教师角色的扮演者，而不是扮演学生角色的听课学生，由于微格教学的目的是教学技能训练，这是与一般课堂的教学目的最大不同之处。但教学技能训练目标的实现又依赖于运用教学技能完成一定的教学任务，在微格教学的设计中要同时确立技能训练的目标和与教学内容相对应的教学目标。所以，在微格教学技能训练的过程中应有两个目标：一是使被培训者掌握教学技能的目标；二是通过技能的运用，实现课堂教学的目标。教学技能是实现教学目标的方法和措施，课堂教学目标达到的程度是对教学技能的检验和体现，二者紧密联系，互相依存。

## 二、微格教学设计的方法和步骤

微格教学的目的是训练各种教学技能。所有教学技能的学习和掌握必须依托学科教学的具体内容，因此被培训者要依据相关教育教学理论，选择合适的教学课题，从教学细节入手，逐渐形成关于课堂教学的感性认识，在教学活动中将理论与实践结合起来。微格教学设计的特殊性也使得其在设计的方法和步骤上与一般课堂教学设计有所不同。

### 1. 明确训练目标

众所周知，教师的课堂教学行为是以综合性的形式出现的，即便是已经细化的课堂教学技能，它所涉及的内涵也是丰富多彩的，因而在明确训练的教学技能时，一定要综合考虑所选择的具体教学课题，明确训练目标中教学行为的内容和应当达到的掌握程度。同一个课题，如果确定的教学技能训练目标不同，其侧重点有所不同。

### 2. 选择教学内容

微格教学与课堂教学的目的不同，精心选择的教学内容是为训练教学技能这一目的服务的。教学内容的选择应当有利于实现教学技能训练的目标。在这个意义上，教学内容的选择不应该追求知识内容的完整性，一个知识点的讲解、一个演示实验的操作、一道物理习题的板书、一个实验设计方法的讨论，都可以作为微格教学的教学内容。

初次练习或训练某一教学技能要通过选择一个教学片断进行，这样既便于集中训练某项教学技能中的教学行为，也适于控制和评价。因此，那种将一节课45分钟的教学内容压缩在10分钟内快速完成的做法显然是不妥当的。

选择好教学内容后，要注意分析教学内容，这里主要是分析教学内容的逻辑结构，并依据相关的教育教学理论，建立教学内容结构与学生已有的认知结构之间的联系。

### 3. 阐述教学目标

在前面分析研究的基础上，用学生的行为描述各阶段、各层次的学习成果。教师运用教学技能的达成情况应与学生的学习行为相一致，微格教学设计中的有关教学目标主要是考虑被培训者运用教学技能帮助学生实现最终的学习目标，这个目标应当针对被培训者。

4.制定教学策略

教学策略的制定应以有关教育教学理论为基础，恰当地设计相应的教学技能行为要素，将与教学技能相关的理论知识与具体的教学目标结合起来，加以创造性地应用。

教学策略是实现教学目标序列的具体操作方法，它不仅要对教学目标顺序加以排列，而且要制定如何提出问题、如何呈现教学内容、如何举例说明、如何引导学生回忆或思考等实现教学目标的方法。

5.选择教学媒体

对教学策略中计划使用的教学媒体、教学手段和需要补充的教学材料进行实际的准备，理科教学中常常会用到演示实验仪器、模型、挂图等，被培训者要根据具体情况，加以综合选择和运用。这里要注意的是，指导教师要提醒师范生加强传统教学手段的运用，运用现代化教学媒体和教学手段时，要注意其合理性，如PPT等课件的使用在教学技能训练中要适当限制。

6.注重教学效果

建立良好的评价机制，充分发挥指导教师、同组学生（被培训者）、教学评价人员的作用，注重形成性评价，通过交流和合作，肯定成绩，找出存在的问题，提出对原教学设计方案进行必要的修改意见。从训练目标、教学内容选择、教材分析、拟实现的教学目标、所运用的教学技能、教学媒体的选择和运用等各个方面考虑，修改和完善教学环节。

## 三、微格教案的编写

微格教案是微格教学设计的结果，它的编写形式和要求体现了教学设计的基本思想，适合教学技能训练的需要。

1.微格教案的格式

微格教案的格式如表3-1所示。

学科：_____教学技能：_____日　期：_____

课题：_____主讲人：_____

表3-1　微格教案的格式

| 教学目标 | | | | |
|---|---|---|---|---|
| 技能训练目标 | | | | |
| 时间分配 | 教学行为 | 学生行为 | 教学技能<br>（技能要素） | 教学要求 |
| | | | | |
| 指导教师意见 | | | | |
| 课后自我分析 | | | | |

### 2. 微格教案结构内容

● 教学目标

教学目标是指教学后学生的最后学习行为。因此，目标的陈述要符合行为目标的编写要求，简明、具体，便于观察和检测。基于教学片段的教学目标的确定和整堂课教学目标的确定方法一样，只不过对象是一个片段，所以教学目标的确定应立足于本片段，并注意与技能训练目标相对应。

● 技能训练目标

技能训练目标用教师所要应用的技能行为来描述，并说明希望达到的程度。技能训练目标应在领会教学技能的功能，熟悉教学技能的模式和适当选择教学内容的基础上提出。

● 时间分配

每个知识点需要分配的时间预先在教案中注明，以便有效地控制教学进程和教学行为的时间分配，通常以30秒或1分为时间间隔。

● 教学行为

要求将教学过程中的主要教学行为，如要讲授的内容、要提出的问题、要演示的实验、要列举的事例等师生活动依次按教学进程加以陈述，一一编写在教案内，以利于被培训者有计划地按程序进行教学。

● 学生行为

在教学设计中，对学生的行为要进行预测，这些行为包括学生的观察、扮演、复述、回答、活动、练习等各个方面，应尽量在教案之中注明，它体现了教师引导学生学习的认知策略。

● 教学技能

在实践过程中，何时何地计划运用哪种教学技能，在教案中都应予以标明。如果有的地方要运用好几种教学技能，就要选择针对性强的主要技能加以标明。标明教学技能是微格教学教案编写的最大特点，它要求被培训者感知教学技能、识别教学技能、应用教学技能，突出体现微格教学以培训教学技能为中心的宗旨。对重点训练的教学技能，应注明教师的行为是该技能的哪个要素的体现。应用的教学技能要素是对教师教学行为中典型教学技能行为的标注，填写的位置应与相应的教师教学行为对应起来。

● 教学媒体

按照教学流程注明教学中需要使用的各种教学媒体出现的先后顺序，以便随时使用。

● 指导教师意见

指导教师在学生练习前，针对学生的微格教案的各项内容进行仔细分析，指出注意事项，突出教学技能训练的实际效果。在学生练习之后，主要是针对练习中出现的问题进行分析和评价，提出相关的修改意见，指明今后的努力方向。

● 课后自我分析

此栏目的设计主要是结合练习后，被培训者完成教学反思所用，可以作为教学评价时相应的记录，也可以作为同组学员交流所用。

## 四、案例呈现

（一）演示教学技能案例

课题　平抛运动的竖直分运动是自由落体运动的实验演示

班级_____主讲人_____日期_____

### 表3-2 演示教学技能案例

| 教学目标 | 1.通过演示验证理论分析的结论；<br>2.了解验证性实验及实验仪器的基本设计思想；<br>3.理解运动的合成和分解的含义；<br>4.体会演示和分析的过程，掌握运动的分析方法 | | | |
|---|---|---|---|---|
| 演示技能<br>训练目标 | 1.了解演示在整体教学中的地位、作用；<br>2.学习指导学生观察演示中的本质因素；<br>3.学习组织和启发学生对演示的结论作出分析 | | | |
| 时间分配 | 教师行为 | 学生行为 | 教学技能 | 教学要求 |
| 00分 | 讲解：通过刚才的分析我们可以初步认为平抛运动可以分解为水平方向的匀速直线运动和竖直方向的自由落体运动两个分运动。现在我们用实验来证实上面的分析，请大家考虑我们采用怎样的手段来证实它呢？请看投影片 | 准备进入观察，思考实验方法 | 讲解导入提问 | 提出总任务，明确学习要求 |
| 01分 | 演示：利用投影片演示平抛运动轨迹在竖直方向上的投影与自由落体运动的轨迹相重合 | 观察 | 演示 | 运用教学媒体，引导学生观察和思考 |
| 04分 | 讲解：可以看出，如果有两个小球自同一高度同时开始分别做平抛运动和自由落体运动，由于全运动与分运动的等时性，它们在空中飞行的时间是一样的。反之，它们同时落地也必将证明平抛运动的竖直分运动就是自由落体运动，平抛演示仪就是根据这个指导思想设计的 | 思考实验原理 | 讲解 | 介绍演示仪器及设计思想 |
| 05分 | 演示：<br>1.展示和介绍平抛演示仪的主要构造；<br>2.分别演示小球受冲击后的平抛运动和小球的自由落体运动 | 观察 | 演示 | 控制操作演示仪器和展示实验现象 |
| 07分 | 讲解：现在我们开始做验证实验，请大家思考并回答问题。我们要通过实验解决什么问题？我们预料会出现什么现象？在观察这个实验时，特别要注意看或听什么？（听两个球落地时的声响是否一致，注意看两个小球是否从同一高度、同一时刻开始运动） | 思考回答 | 讲解提问 | 引导观察并思考 |
| 09分 | 演示：反复三次演示两个小球同时分别做平抛、自由落体运动，同时落地的演示实验 | 观察 | 演示 | 控制操作 |

**续表**

| 12分 | 讲解：实验告诉我们的结论是什么？大家是否观察到了，这三次实验有什么细微的差别吗？（三次打击力量不同，平抛运动水平速度不同）那么，为什么效果一致，它又说明了什么？ | | 讲解提问 | 检验观察的效果 |
|------|------|------|------|------|
| 14分 | 演示：利用投影仪和投影片演示同一高度不同水平速度的平抛运动，具有同一竖直分运动 | 观察 | 演示 | 选择教学媒体 |
| 15分 | 讲解：这进一步说明了不同平抛运动只要它们的竖直分运动是相同的，所用时间就是一样的 | | 讲解 | 明确学习目标 |
| 指导教师意见 | | | | |
| 课后自我分析 | | | | |

## （二）案例分析和说明

本课题的教学技能训练主要包括上述表格中的几项内容。首先是训练课题和时间等，接下来是教学目标和某项教学技能的训练目标。下面我们着重解释训练过程的主要方面。

第一，时间分配。每项教学技能训练，主要集中解决1—2项教学技能训练问题。本案例所涉及的是演示技能训练。因而，时间分配全程为15分钟（通常某项教学技能训练的时间为10—15分钟），随着训练内容的展开，时间分配则以1分钟为基本单位。

第二，教师行为。本案例中有关教师教学行为，主要涉及的是演示和讲解。在教案中均有明确的表示。值得注意的是，此案例中教师的教学行为是一个较为简洁的形式，而对于初学者而言，相应的内容还是应当准备得更加详细些。同时，在时间安排上应当充分考虑到演示实验所占的时间要适当宽裕些。

第三，学生行为。此项内容是指教学过程中，学生应当达到的或应当处于的学习状态，这也是教师预期的学生学习准备状态。考虑到中学生物理学习的兴趣和特点，有些学习状态是否达到预期的效果，还需要教师在组织教学时反复督促学生实现，这也会涉及课堂组织技能的运用，即教师如何组织课堂教学，维持课堂纪律等。

第四，教学技能的运用。运用表格方式完成教案的准备的最大特点是直观性强。本案例中，专门开辟一栏标明教学技能的运用，主要是提醒受训者此处应当运用某项教学技能。另一方面，还应当充分考虑几项教学技能的灵活运用和相互转换问题。

第五，教学要求。此项内容主要涉及明确学习要求和目标、选择和运用教学媒体、指导观察和检查观察结果、加强观察和思维的联系等。要强调的是，运用此栏的空白可以较好地注释某项具体的教学技能在运用时应当注意的问题，如演示技能运用时，首先介绍演示仪器和设计思想，而后操作控制演示实验展示实验现象，引导学生观察、思考。最后，分析观察现象，得出初步结论等。

从上述案例中我们发现，表格中各项内容是一个整体构思的结果。各项内容分散处理主要是便于操作和学习，这样处理对于初学者来说，一个最大的好处是可以在较短的时间内，掌握教学技能训练教案的编写，相应的内容可以从结构上考虑——对号入座。另外，在"教学要求"一栏，如何选择和运用教学媒体的考虑不仅要求受训者通盘设计、选择和运用教学媒体，而且还会提出如何转换教学媒体和何时转换教学媒体等问题。

（三）训练要求

我们应当清醒地看到，中学物理课堂教学不仅呈现出丰富多彩的局面，同时教师教学基本技能的运用也表现出一定的规律性。那么，在平时的训练中，应当如何系统地认识这种复杂性和规律性呢？

**1. 精心准备相关课题**

我们在进行物理教学基本技能训练过程中，首先应当确定一个适当的训练课题。其次，根据课题的基本性质，确定"学生"的基本情况，如课题面对的是初中生还是高中生。最后，要按照学科的知识结构精心组织所授内容，即准备一个较为详细的微型教案。

**2. 明确训练技能**

每次训练要明确重点，突出训练1—2项教学技能。如在练习讲解技能时，应将重点放在讲解结构的组织和安排上，明确讲解的重点和难点，教学技能的训练虽是针对教学片断，但仍应注意所选内容的意义有相对的完整性。

**3. 把握问题的关键**

由于课堂教学技能的训练具有一定的复杂性，一个课题的训练通常可以用不同的教学技能综合完成，但是，每一个课题均有1—2个关键点，对此关键点的把握不仅反映"教师"专业基础知识的掌握情况，也折射出教师教学的基本功。

### 4. 相互观摩学习

教学技能训练过程中，主要涉及两个方面的训练内容。一是"教师"角色扮演，它要求每个练习者充分发挥自己的聪明才智，以便进行有针对性的教学活动。二是"学生"角色扮演，它要求作为"学生"的练习者，通过观摩学习，了解"教师"练习者组织教学的情况，学会准确地记录，获得改进教学的反馈信息。观摩学习过程中，"学生"则应当积极配合"教师"顺利完成练习任务，并对"教师"的练习情况进行评价和分析，以达到相互学习、共同提高的目的。

### 5. 注意总结提高

我们在每次训练中，应当注意总结经验，通过有效的信息反馈，取长补短。因此，训练活动中要求以书面的形式，进行教学训练的反思，从而提高训练的效率。学会客观的、实事求是的分析和反思，是教师走向成熟的标志。

# 第四章　中学物理教学技能专项训练

## 第一节　导入技能训练

### 一、理论准备

前面我们已经提到，导入技能是教师在进入新课时，运用建立问题情境的方式，引起学生注意，激发学习兴趣，明确学习目标，形成学习动机的一类教学行为。

这里我们所称的问题情境是由学习情境和学习者相互作用的过程中转化而成的。学习情境是教学中对学生具有新异性的学习内容，通过教师对教材的处理呈现在学生面前的学习任务。当然，并非所有的有新异性的学习内容都能转化为问题情境。学习内容必须与学生的能力相适应，过易或过难的学习任务都不能转化为问题情境。因此，物理教师在运用导入技能进行教学时，通过设置问题情境可以帮助学生丰富感性认识，尽力完成认识上第一次飞跃。物理教材中包含着物理学的科学逻辑和人类认识自然界的科学方法，随着学习的深入，学生已有的认知结构必然与物理教材知识结构产生冲突和矛盾，教师应该以这些冲突和矛盾间的本质联系来设计导入方案。

### 二、案例分析

下面是动量定理教学中导入技能训练的小教案，仔细阅读该材料，注意导入技能运用中相关材料的组织和安排。对此问题，你会如何设计导入结构？

教师：大家都看过奥运会蹦床比赛，运动员借助蹦床的弹力完成各种高难度动作后，会慢慢地落在蹦床上结束比赛。如果结束前从高空直接落在硬地上，则后果不堪设想，轻者也要摔伤了。这是为什么呢？

学生1：人落在蹦床上，蹦床形变产生弹力，使人减速，所以不会摔伤。

教师：人若落在地上不受弹力吗？人的速度也要减为零。这位同学虽然没有答对这个问题，但是他却注意了人和蹦床接触后的一段减速过程，这使问题的研究前进了一步。实际上，人落在硬地上也有这样的减速过程，请同学们比较一下，这两个减速过程有什么不同呢？

学生2：运动员落在蹦床上速度减小得慢，若落在硬地上速度减小得很快，是一瞬间的事。

教师：说的很对！人若落在硬地上，速度减小得很快，但是总有一个过程。假若人从同一高度落下，一次落在蹦床上，一次落在硬地上，两种情况下人接触支持物时的速度都是 $v$，动量都是 $mv$，停下来的动量都是零，区别是动量由 $mv$ 减小到零，落在蹦床上用的时间长，而落在硬地上的时间短。运动员落在蹦床上没有摔伤说明受的力小，落在硬地上摔伤了说明受的力大。那么，动量的变化与作用时间、作用力有什么关系呢？这就是我们今天要学习的一个重要规律——动量定理。

【分析】此案例中，动量定理内容教学情境的设计，从运动员比赛导入，抓住了动量、动量变化及作用时间、作用力之间的内在关系，是一个较好的导入设计。同学们可能对此有一定的认识，如果同学对此运动项目不熟悉，则可以通过视频建立感性认识。"减速""缓冲"等字词可能是导入过程中关键所在。

## 三、导入技能练习

【实验目的】

1. 了解导入技能的特点；
2. 掌握导入技能的功能；
3. 知道导入技能的类型；
4. 把握导入技能运用的关键，即问题的关联程度。

【实验内容】

（1）下面是初中物理"压强"一章知识教学中，以故事、事例导入的例子。你还能想到什么导入方法吗？

教师：我讲的事例中包含着今天这节课要学习的科学道理，请大家注意听。

初冬的一天，湖面已经结冰，几个小学生不知危险在冰面上玩耍。突然冰破裂了一大块，一个孩子掉下去了，十分危险。这时一个解放军叔叔看到了险情，马上跑到岸边，然后爬行到破冰处将孩子拉上来，又一起爬回岸边。解放军叔叔为什么要爬过去，跑过去救人不是更快吗？

学生：跑过去可能将冰压碎。

教师：对，请大家分析一下，"跑过去"与
"爬过去"有什么不同呢？

注意"跑"和"爬"这两个关键动作。

学生：爬过去时人体与冰的接触面大，跑过去时人体与冰的接触面只有一只脚的面积。

教师：跑过去和爬过去冰受的压力都等于人的体重，然而由于受力面积不同，压力产生的效果不同。看来有必要用一个物理概念，来准确地表示压力产生的效果的不同，这就是今天将要学习的"压强"。

（2）下面是上海科学技术出版社九年制义务教育初中物理"浮力"一章的开头教材内容。仔细阅读该内容，组织一篇导入技能训练教案。

传说，古罗马统帅狄杜有一次出师大捷，捉到不少俘虏，他命令把所有俘虏捆绑起来，投入死海处决。出乎意料的是，战俘们不但没有沉下，反而一个个都平安地浮躺在海面上，被波涛送回岸边。狄杜大怒，让士兵再次把这些俘虏投入死海，可是他们仍然被某种神秘的力量托起，又被

导入技能的运用常与教材的结构有关！

送回岸边。狄杜大惊，以为这一定是神灵在保佑他们，只好把他们全释放了。

其实，神灵是没有的。这是大自然跟缺乏科学知识的古代人开的一个玩笑。其中的奥秘，就是本章要研究的。

（3）下面是高中物理"物体的平衡"一章开头的教材内容，仔细阅读该内容，组织一篇导入技能训练教案。

一个物体可以处于不同的运动状态，其中力学的平衡状态比较常见，而且很有实际意义，如桥梁、起重机、建筑物等，都需要保持平衡状态。那么，什么是物体的平衡状态？物体在什么条件下才能处于平衡状态呢？

学习本章的内容后，你将会了解物体在共点力作用下的平衡条件和有固定转动轴物体的平衡条件，了解它们在实际中的应用。

（摘自全日制普通高级中学教科书（试验修订本·必修）第一册，人民教育出版社2002年第2版，第71页）

（4）下面是高中物理"牛顿运动定律"一章开头的教材内容，仔细阅读

该内容，组织—篇导入技能训练教案。

在前面我们学习了怎样描述物体的运动，但没有讨论物体为什么会做这种运动或那种运动。要讨论这样的问题，就要研究运动与力的关系。在物理学中，只研究物体怎样运动而不涉及运动与力的关系的理论，称作运动学；研究运动和力的关系的理论，称作动力学。

运动学是研究动力学的基础，但只有懂得了动力学的知识，才能根据物体所受的力确定物体的位置、速度变化的规律，才能够创造条件来控制物体的运动。例如，运动学只是使我们能够描述天体是怎样运动的，动力学则使我们能够把人造卫星和宇宙飞船送上太空，使人类登上月球，甚至奔向火星……这一章我们就来学习牛顿运动定律。

（摘自普通高中课程标准实验教科书《物理1·必修》，人民教育出版社2004年第1版，第71页）

【注意事项】

（1）导入技能的运用一定要结合教科书中相关内容进行合理设计，建立学生的学习指向，引导学生关注所学内容，并适时提出学习要求。对于师范生而言，以教材中所示事例、内容和联系为基础，组织好导入的内容、结构和体系则能够与学生所学内容有直接关联。

（2）导入技能的类型较多，应当抓住其中的要害和关键。无论是教师通过运用讲解等教学语言技能，还是通过演示实验创设物理问题情境，都必须时刻注意把握如何通过设计建立新旧知识之间的联系，揭示学生在学习物理过程中新的概念与原有的认知结构之间的矛盾。

（3）课堂教学中，导入技能的运用不仅能较快地将学生的注意力吸引到相关知识的学习中，同时也在很大的程度上反映出教师提出课题的学习目的，从而使学生明确学习任务，形成积极的学习动机。

# 第二节　讲解技能训练

## 一、理论准备

课堂教学中，教师的讲解技能主要是指教师运用教学语言，向学生传授知识和方法，启发思维，表达思想感情的一类教学行为。

讲解技能的基本任务是使学生明确新知识与学生原有知识经验之间的联

系和新知识中各要素之间的关系。新教师普遍存在的问题是不明确讲解的基本任务，不能发现学生已知和未知之间的距离，从而失去了讲解的针对性。只有在明确新旧知识以及新知识本身各要素之间的关系基础上，才能使讲解技能的各项技术发挥出应有的教学功能。

## 二、案例分析

教师：在日常生活和生产劳动中，我们经常遇到用力的实例，如排球运动员的大力扣球、人推车、人拉锯、人提水桶、人压木板（一一写在黑板上）。在这些活动中有什么共同的特点？我们是如何发现这些特点的呢？

学生：这些活动中都是人用了力，因为人觉得在使劲。

教师：对！上述活动的共同点是都要用力。人用力的时候，就会感到肌肉紧张。因此，"（一）人类对力的认识，最初是从肌肉紧张的感觉中得来的。"（板书）

教师：在上面的例子中，推、拉、提、压的作用是人做出的，我们可以通过肌肉的紧张感觉到力的作用，同时还可以通过球被扣出去、木板被压弯等发现力的作用。下面我们来看这样一些例子：推土机推土、拖拉机拉犁、起重机吊起货物、压路机压路（一一写在黑板上）。（提问：在这些例子中有没有力的作用，你是怎样判断的？）

学生：这些例子中同样有力的作用，因为机器也有推、拉、提、压的作用，而且可以通过土被推动、犁被拉动、货物被吊起来判断有力的作用。

教师：对！这说明不仅人能对物体施加力的作用，推土机、起重机等物体也能对别的物体施加力的作用。

教师：下面我们来看几个演示实验，分析一下实验中有没有力的作用。

演示实验1：磁铁吸引大铁钉。

演示实验2：同性磁极互相推斥。

演示实验3：带电的塑料棒吸引纸屑。

教师：从上面的实验中我们也看到了类似推、拉的力的作用，这说明不直接接触的物体之间也能发生力的作用。由上面的讨论和演示实验可以总结出力的初步概念："（二）力是物体对物体的作用"（板书）

教师：请同学们注意两点：（1）力的作用离不开物体，没有物体就不会有力的作用；（2）力的作用发生时，一定要有两个物体，当一个物体是施力物体时，另一个物体就是受力物体。

【分析】本案例中，教师从学生所熟悉的日常生活入手，以学生已有的经验为背景，首先通过人所做出的作用力，再过渡到机器的作用，进而用实验演示，这样一步一步地得出结论，初步建立力的概念。其中对人、机器、物体的作用均用行为动词来表示，比如推、拉、提、压等的运用是讨论和说明问题的关键，这样"相互作用""物体""施力物体""受力物体"等内容的解释和说明便是自然而然的。

## 三、讲解技能练习

【实验目的】

1. 了解物理教学中讲解技能的特点；

2. 掌握物理教学中讲解技能的结构和要求；

3. 知道物理教学中讲解技能的类型；

4. 掌握物理教学中讲解技能与其他教学技能的联系和关系。

【实验内容】

（1）下面是人民教育出版社普通高中物理（甲种本）一篇阅读材料的教材内容。仔细阅读该内容，写一份规范的讲解技能训练的小教案并在练习中注意板书设计。

古代的学者们认为，物体下落的快慢是由它们的重量决定的，物体越重，下落得越快。生活在公元前四世纪的古希腊哲学家亚里士多德最早阐述了这种看法。亚里士多德的论断影响深远，在其后的两千多年的时间里，人们一直信奉他的学说。但是这种从表面上的观察得出的结论实际上是错误的。伟大的物理学家伽利略用简单明了的科学推理，巧妙地揭露了亚里士多德的理论内部包含的矛盾。他在1638年写的《两种新科学的对话》一书中指出：根据亚里士多德的论断，一块大石头的下落速度要比一块小石头的下落速度大。假定大石头的下落速度为八，小石头的下落速度为四，当我们把两块石头拴在一起时，下落快的会被下落慢的拖着而减慢，下落慢的会被下落快的拖着而加快，结果整个系统的下落速度应该小于八。但是两块石头拴在一起，总的重量比大石头的重量还要大，因此重物体比轻物体的下落速度要小。这样，就从重物体比轻物体下落得快的假设，提出了重物体比轻物体下落得慢的结论。亚里士多德的理论陷入了自相矛盾的境地。伽利略由此推断重物体不会比轻物体下落得快。

伽利略认为自由落体运动是一种匀变速运动，但当时他无法用实验直接证实自己的论断，只好求助于间接证明。伽利略先证明了从斜面上滚下的小球是做匀变速运动，然后把结论外推到斜面倾角增大到90°的情况，小球将自由下落，成为自由落体。伽利略认为，这时小球仍然会保持匀变速运动的性质。这种从斜面运动到落体运动的外推，是很巧妙的。不过，用外推法得出的结论，并不一定都是正确的。现代物理研究中也常用外推法，但用这种方法得到的结论都要经过实验的证实才能得到承认。

今天，距离伽利略的时代也有三百多年了。伽利略无法直接用实验来证实的结论，我们已经可以直接用实验来证实了。

（2）下面是一个利用电桥较为精确地测量电阻 $Rx$ 的实验装置，尝试运用语言并结合该图示，写一份讲解稿。注意首先介绍实验仪器装置，对其中关键的仪器设备进行解释和说明。

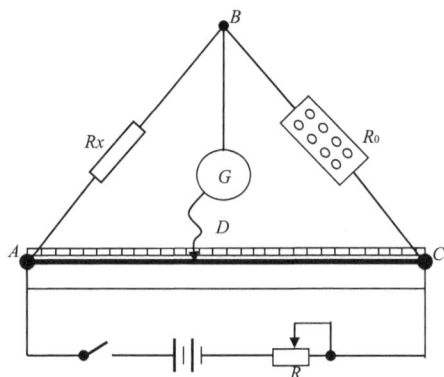

图4-1　电桥测电阻原理图

（3）阅读下面教材，写一份讲解技能训练讲稿。注意其中物理概念表述的变化。（原文中"电力线"现已改为"电场线"）

等势面　在地图上常用等高线来表示地形的高低，与此相似，在电场中常用等势面来表示电势的高低。

电场中电势相同的各点构成的面叫作等势面。在同一等势面上任何两点间移动电荷时，电场力不做功。这是因为，假如电场力做了功，这两点的电势就不相等，它们就不在一个等势面上了。这种情形，跟在同一水平面上的两点间移动物体时，重力不做功的道理是一样的。

等势面一定跟电力线垂直，即跟场强的方向垂直。假如不是这样，场强就有一个沿着等势面的分量，这样在等势面上移动电荷时电场力就要做功。但这是不可能的，因为等势面上各点电势相等，沿等势面移动电荷时电场力是不做功的。所以，场强一定跟等势面垂直。

沿着电场线方向移动正电荷，电场力做正功，正电荷的电势能减小，电荷是从电势高的地方移向电势低的地方。所以，沿着电场线的方向电势越来越低。可见，电场线不但跟等势面垂直，而且总是由电势较高的等势面指向电势较低的等势面。

（摘自全日制十年制学校高中课本《物理（下册）》，人民教育出版社1980年第1版，第17页）

（4）阅读下面教材，写一份讲解技能训练讲稿。注意物理基本规律的表述。

电荷守恒定律 无论是摩擦起电还是感应起电，本质上都是使微观带电粒子（如电子）在物体之间或物体内部转移，而不是创造出了电荷。

大量事实表明，电荷既不会创生，也不会消灭。它只能从一个物体转移到另一个物体，或者从物体的一部分转移到另一部分；在转移过程中，电荷的总量保持不变。这个结论叫作电荷守恒定律。

近代物理实验发现，在一定条件下，带电粒子可以产生和湮没。例如，一个高能光子在一定条件下可以产生一个正电子和一个负电子，一对正负电子可以同时湮没，转化为光子。不过在这些情况下，带电粒子总是成对产生或湮没，两个粒子带电数量相等但正负相反，而光子又不带电，所以电荷的代数和仍然不变。因此，电荷守恒定律现在的表述是：一个与外界没有电荷交换的系统，电荷的代数和保持不变。它是自然界重要的基本规律之一。

（摘自普通高中课程标准实验教科书《物理3-1·选修》，人民教育出版社2004年版，第4页）

（5）阅读下面提供的材料，认真思考物理概念教学应当注意的问题。

以下是高中物理"加速度"概念教学的设计示例。教材通常也是这样安排的，教师在进行教学设计时通常也是这样设计的。

①创设情景，提出课题。先给出下表所列数据，要求学生分析物体的运动情况。

表4-1 物体的运动速度变化情况

| 时间 $t/s$ | 0 | 1 | 2 | 3 | 4 | 5 | …… |
|---|---|---|---|---|---|---|---|
| 物体 $v/(m/s)$ | 0 | 0.2 | 0.4 | 0.6 | 0.8 | 1.0 | |

不难看出，物体在相同的时间间隔内速度的增加是相等的。那么我们如何来描述物体运动速度的变化快慢呢？这正是我们要研究的课题。

②实验观察，比较分析。学生分组实验：让小车从平板上端由静止滑下，改变平板倾角，仔细观察小车的运动情况。通过打点计时器打点的纸带，不难发现，随着倾角的增大，纸带上相邻点之间的距离增大，也由此可以判断，在相同的时间间隔内，小车初、末速度的变化量（$\Delta v$）增大，小车的速度变化也就越快。

③联想类比，概括定义。引导学生联想速度的定义 $v = \dfrac{\Delta s}{\Delta t}$，并以此深入物理学研究思想和方法的学习。我们能否用物体的速度变化量（$\Delta v$）与运动时间（$\Delta t$）的比值来反映物体速度变化的快慢呢？对照上表数据和实测数据分析可知各组数据相关数值的比值 $\dfrac{\Delta v}{\Delta t}$ 均为不变的常数，各比值大小正好与物体速度变化的快慢一致。于是可以用此比值来描述物体速度变化的快慢，并将其定义为加速度，即 $a = \dfrac{\Delta v}{\Delta t}$。

【分析和解释】上述的教学设计看似无懈可击，天衣无缝。然而却存在着一些问题。那么在物理概念教学应当注意哪些问题？

我们认为，对于物理概念的教学，传统的教学多把侧重点放在知识的传授上，强调的是讲清概念的内涵、外延以及与相关概念的联系与区别，至于对概念的来龙去脉，对它形成与发展的过程，则轻描淡写，甚至一笔带过。同时也不注意物理概念与物理规律之间的联系以及相关概念和规律的应用。这种不顾两头，在教材和教学中陈述"物理学中，我们把……定义为……"并将物理概念教学的重点放在物理概念的结果的做法，客观上诱导学生死记硬背，进一步加重学生的记忆负担和学习负担，而紧接着的大量练习并希望学生通过做题"理解"物理概念和规律的做法，似乎是强化了教学的结果，但却忽视了物理概念和规律的建立过程，最终的结果便是弱化了物理概念和规律教学本身，极大地影响了学生能力的发展。

物理概念是从大量的物理现象和过程中抽象出来的，它更深刻地反映了事物的共同特征和本质属性。因此可以说，概念是浓缩了的知识点。为了使学生更好地理解概念的物理意义，教师就应该将教材中浓缩而成的物理概念充分地"稀释还原"[①]。

众所周知，高中物理"加速度"是一个重要而又十分抽象的概念，它是联系运动学和动力学的桥梁和纽带，我们不能指望只是直截了当地下个定义，即"物理学中我们把速度变化与时间的比值叫加速度"，把这些前人获得的结论直接告知学生，让学生尽快占有它们，就可以使学生对其物理意义理

---

① 梁旭.中学物理教学艺术研究［M］.杭州：浙江大学出版社，2005：16.

解透彻。教学过程中，教师应当精心设计教学过程，引导学生积极参与物理规律的发现和推理过程。

对于上述教学设计的分析和解释说明，请读者考虑依据以下提示进行修改？

①考虑是否应该在上述表格中增加二列，分别标出 $\Delta v$ 、 $\Delta t$ ，为后面加速度概念的得出留下伏笔，更好地帮助学生理解物理概念的建立过程。

②学生对物理概念和规律的理解需要经历一个由浅入深的变化过程。学生的中学物理学习，必须建立在已有的概念和规律的基础上，这其中有关物理学的研究思想和方法也是重要的教学内容。上述材料中，哪些地方应用了学生已有的物理学研究思想和方法？其教学意义何在？

③高中物理"加速度"概念的建立揭示了物理概念学习的重要性，而对于"加速度"概念的学习会对我们进一步学习牛顿运动定律有什么帮助？

【注意事项】

（1）讲解技能是课堂教学中教师教学的一项基本技能，物理教师的讲解具有鲜明的特点，其中讲授内容的科学性是根本；

（2）应当针对学生的具体情况进行讲解设计，讲解的准备要充分，教学目标要明确具体；

（3）如何建立清晰的讲解结构是教师必须考虑的问题，过多的讲解极易导致"灌输"；

（4）应当明确讲解的重点和难点，精心组织讲解内容的逻辑结构，注意讲解的条理性；

（5）包括讲解在内的各教学技能的运用必须充分考虑促进学生的思维发展；

（6）注意讲解技能与其他教学技能的联系。

# 第三节　演示技能训练

## 一、理论准备

演示技能是教师在物理教学过程中运用实验操作、实物及模型观察、现代教学媒体表演等直观教学手段，充分调动学生的视觉、听觉，形成表象及联系，并指导学生进行观察、思维和操作的一类教学行为。

物理学学科的特点和物理学研究方法的特点决定了物理教学中的演示不仅要符合物理知识本身的规律，而且在设计、操作中要符合学生观察、思维的认识规律。实验技能的主要目的是得出物理规律，而演示技能不仅要正确地得出物理知识的结论，而且更主要的是指引学生观察和思维。

## 二、案例分析

### 微小形变的演示（刘炳升制作）

教师：我们知道，拉弹簧的时候，弹簧会伸长（演示）。扳橡皮块的时候，橡皮块会弯曲。请问，手拿住玻璃杯的时候，玻璃杯是否会发生形变？

学生：不会，因为玻璃杯是坚硬的材料制成的。

教师：是吗？请看下面的实验。

演示：取出如图4-2所示的椭圆截面的玻璃瓶，用钢笔杆对瓶敲两下。

教师：瓶塞中穿了一根两端开口的玻璃管，瓶中装满了红水，水面在玻璃管的中间（指出水面的位置）。下面，我准备用手压玻璃瓶了，请大家注意观察玻璃管中液面的位置。

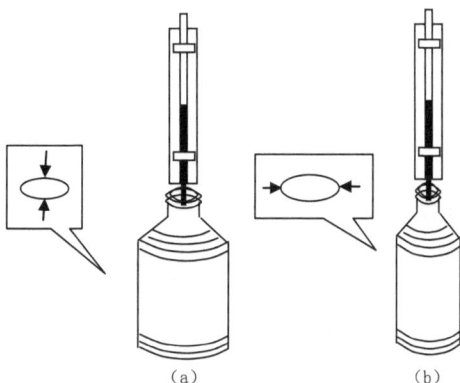

图4-2　微小形变的演示

演示：沿玻璃瓶短轴方向施压（图4-2（a）），管中的水面上升，学生惊讶。

教师：难道这瓶子不是玻璃的（用钢笔再重敲两下）？千真万确，是玻璃做的瓶子。那么为什么会产生这种奇怪的现象呢……请大家注意，我准备从瓶子的两侧压它。

演示：沿玻璃瓶截面长轴方向施压（图4-2（b）），管中的水面下降，学生更为惊讶……

教师：产生这些奇怪现象的原因是什么？是瓶子的体积发生了变化，就像挤牙膏时的现象。为什么瓶子的体积会发生变化呢？玻璃瓶因受力产生了形变。

任何物体在受到弹力作用时都会产生形变，只不过有的形变明显，有的形变不明显。有的情况下，可以不计物体的形变，这样研究起来就比较方便，这种物体，物理学上称为刚体。

【分析】在这个案例中，教师采用了边演示边引导的方法，使学生逐步地明确目的、思路和方法。因为学生对于坚硬的物体受到弹性力作用时会产生形变，缺少感性认识，因此必须做好"微小形变"的演示实验。用椭圆状的玻璃瓶进行演示效果很好。

（1）演示弹簧和橡皮块受力产生形变的现象，进而提出坚硬的物体能否产生形变的问题，使学生明确观察的目的。

（2）展示椭圆玻璃瓶的装置，说明装置的结构，使学生明确观察的对象。

（3）沿玻璃瓶截面的短轴方向施加压力，管内水柱上升，使学生惊奇，产生思维冲突，再提出可能的假设。

（4）沿玻璃瓶截面的长轴方向施加压力，管内水柱下降，使学生再次惊奇，从比较中展开深入的思考和讨论。

（5）演示或说出挤牙膏的现象，从类比中得出体积发生变化的结论。

（6）回答开始提出的问题，得出一般的结论。

这个方案中，教师用了多种方式引起学生的观察注意和积极思考，特别注意创设意外的情境激发学生的认知冲突，因此能获得很好的效果。

## 三、演示技能练习

【实验目的】

1. 知道演示技能的功能，掌握演示实验操作的一般步骤和要求。

2. 明确演示技能的构成要素。

3. 强化演示技能训练中与其他教学技能的联系。

【实验内容】

演示技能教案的编写应从训练目标中的技能要素出发，选择适于训练的技能要素演示实验，设计讲解结构，并与演示步骤对应起来。仔细阅读下面的材料，分别设计一个以演示技能训练为主的教案。

### 1. 压力的作用效果与哪些因素有关

如图4-3所示，一个演示"小桌"的桌脚是由铁钉做成的。将"小桌"放入沙盘中，观察桌脚陷入沙中的深度（如图（a））；

在"小桌"上放一重物，观察桌脚陷入沙中的深度（如图（b））；

将"小桌"翻过来放在沙盘中，放上同一重物，观察桌面陷入沙中的深度（如图（c））。

由此可见，压力的作用效果，不仅与压力的_____有关，还跟_____有关。

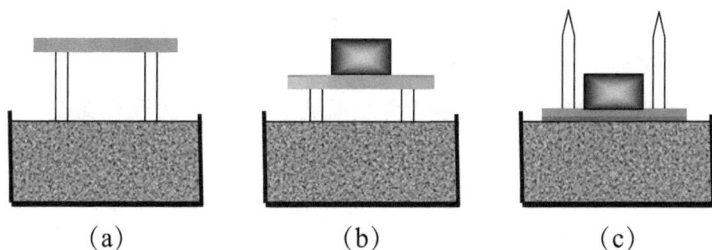

(a)　　　　　　(b)　　　　　　(c)

图 4 - 3

### 2. "物体的质量"演示实验的设计

此内容为初中物理"物体的质量"一节的教学内容①，其中涉及演示实验设计，仔细阅读以下教学内容，然后进行演示实验设计。

**一、物体的质量**

活动：探究物体形状、物质状态对质量是否有影响

1. 用天平测量一块橡皮泥的质量，然后把橡皮泥捏成其他形状后再测测，它的质量改变了吗？

2. 把一块冰放入烧杯中，用天平测量它们的质量，将冰熔化为水后再测一测，质量改变了吗？

事实说明，当物体的形状、物质的状态发生改变时，物体的质量不变。科学研究还发现，物体的质量不随位置变化而变化，如地球上的物体被航天员带到太空后，质量不变。

质量是物体的一种属性。

### 3. "大气压强"演示实验的设计

地球周围被一层很厚的空气包围着，这个空气层一直延伸到几千米的高空。包围地球的空气层又叫作大气层。我们就生活在这个大气海洋的最底层。

跟其他物质一样，空气也有质量。用抽气机抽出瓶里的空气，然后用夹子夹紧橡皮管，把瓶放在天平上，加砝码使天平平衡（图4-4）。松开夹子，让外面的空气进到瓶

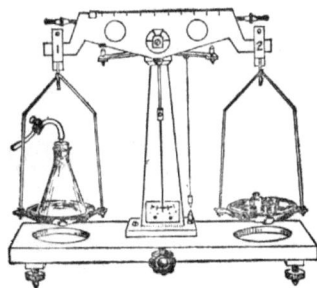

图 4 - 4

---

① 刘炳升，李容.义务教育教科书物理（八年级下册）[M].3版.南京：江苏科学技术出版社，2012：4.

里，天平就失去平衡。必须增加砝码，才能使天平恢复平衡。这增加的砝码就等于瓶中空气的质量。

在大气层里，空气的密度是随高度而变化的，越靠近地面越稠密，越到高空越稀薄。因此，在地面附近空气的密度较大，随着高度的增加，密度越来越小。在地面附近空气的密度大约是1.29千克/米³。

地球对空气也有吸引作用，因此，空气也受到重力。所以像液体对浸在它里面的物体要产生压强一样，空气对浸在它里面的物体也要产生压强。这个压强叫作大气压强，简称大气压。

取一个盛满水的杯子，用纸片把杯口盖严，手按住纸片把杯子倒过来，杯子里的水也不会流出来（图4－5）。这表明大气对纸片有向上的压力，这个力把纸片和水托住了。这个压力就是由大气压强产生的。

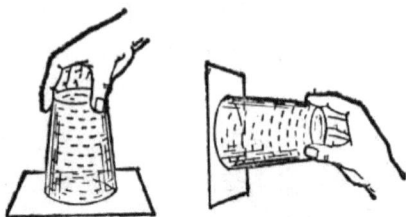

图4－5

人们虽然很早就知道有空气，但在很长的时间内却不知道有大气压强。直到17世纪40年代才发现了大气压强。但还是有许多人不相信。为了消除人们的怀疑，1654年德国马德堡市的市长、学者奥托·格里克表演了一个惊人的实验。他把两个直径30多厘米的空心铜半球紧贴在一起，用抽气机抽出球内的空气，然后用两队马向相反的方向拉两个半球，结果用了八对马还没有把它们拉开（图4－6）。球很不容易拉开，是因为球内的空气抽出以后，球里就没有空气的压强了，外面的大气压强就把两个半球紧紧地压在一起。从这个实验可以看出，大气压强是很大的。由于这个实验是在马德堡做的，后来就把这样的两个半球叫作马德堡半球，把这个实验叫作马德堡半球实验。现在学校的实验室里也常常有马德堡半球，如果你们学校也有，同学们就可以自己来做这个实验，抽出球内的空气后大家用力来拉，试试大气压强有多大。

图4－6

大气压究竟有多大呢？17世纪40年代，意大利科学家托里拆利利用下面的实验首先测出了大气压的值。

　　拿一根大约1米长的一端封闭的玻璃管，在管内灌满水银，然后用食指堵住开口的一端，把管倒立在水银槽里（图4-7）。放开食指，管内的水银面就下降，降到管内的水银面比管外的水银面大约高76厘米时，就不再下降了。如果使玻璃管倾斜，进到管里的水银就多一些，尽管这时水银柱的长度增加了，但是管内外水银面的高度差却保持不变，仍然是大约76厘米。

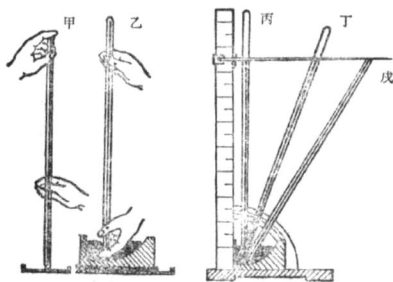

图4-7

　　如果玻璃管的上端是开口的，管里水银面上就受到跟管外水银面上相同的大气压，依照连通器的道理，管内外的水银面就会相平。现在管里水银面的上方没有空气，因此也就没有空气的压强作用在水银面上，而管外的水银面上却受到大气压的作用，作用在管外水银面上的大气压就支持着管里的水银柱。可见，这个水银柱产生的压强就等于大气压。

　　因为管里的水银柱高大约是76厘米，所以大气压约等于76厘米高水银柱产生的压强。

　　（摘自初级中学课本《物理（第一册）》，人民教育出版社1987年第2版）

　　本例中的教学内容可由四个演示实验构成。如果能够将教材中演示实验在课堂上完成，则显然能够串起本节课的教学内容，并为学生的学习建立起逻辑联系。这个线索是，第一，空气有质量；第二，大气中存在着压强；第三，大气压强很大；第四，大气压强空间有多大。

【注意事项】

　　（1）练习演示技能时，首先要明确演示的目的，从有利于突出教学内容的重点和突破教学难点出发。

　　（2）对演示仪器及其构造要有针对性地展示和讲解。

　　（3）演示实验必须成功，且有的实验只能操作一次。

　　（4）演示过程要直观，必须使每个学生都能清楚地看到。

　　（5）教学过程中要注意演示效果和操作规范，演示实验应当具有很好的示范性。

（6）演示过程中要注意与讲解等其他教学技能紧密结合，如板书技能的运用。

## 第四节　提问技能训练

### 一、理论准备

提问技能是教师运用提出问题，以及对学生回答的反应的方式促进学生参与学习，了解他们的学习状态，启发思维，使学生理解和掌握知识，发展能力的一类教学行为。宋代朱熹说："大疑则大悟，小疑则小悟，不疑则不悟。"

教师提问技能的水平往往在很大程度上决定着教学方式，教师经常提出"是什么"之类的问题，学生以再现为主要的心理活动，必然是记忆水平的教与学；教师经常提出"依据什么事实？""怎样理解？""怎样应用？"这类问题，学生以顿悟、理解为主要的心理活动，必然是说明性理解水平的教与学；教师经常与学生研究他们关注的问题，探究解决问题的方案，提出"我们获得了什么新的启示？""我们还有什么新的解决方法？""我们有哪些认识需要修正？"这类问题，学生以想象和创新为主要的心理活动，必然是探究性水平的教与学。可见教师的提问技能对教与学的重要意义。

### 二、案例分析

（一）问题的设计

【示例1】如在用功能关系解题的教学中，教师运用问题串设计进行提问：

● 问题中研究的对象是什么？
● 物体运动的初状态是如何描述的？它的能量怎样表示？
● 物体运动的末状态是如何描述的？它的能量怎样表示？
● 物体运动过程的性质是什么？
● 物体运动过程中它所受的各个力的功怎样表示？
● 如何建立以上各物理量之间联系的方程式？

【分析】教师可以事先提供解决问题的方法；也可以在学生讨论的基础上由教师总结解题策略；或者是学生先解题，教师在总结时提出一系列问题，使学生领悟解题的策略。

在习题课或复习课教学时，教师应当首先注意教材中例题设计的基本思路，从解题的规范要求入手，不论多么简单或复杂的物理习题和问题，教师只有自己去做题、去解答才能告诉学生解题的方法，才能说明如何理解"一题多解"之类的问题，从而逐步引导学生掌握解题策略。

（二）问题设计的延伸

【示例2】马鞍山二中汪延茂老师在"密度的应用"课题的教学中，向学生提出了这样一些问题：

（1）有两个相同的玻璃杯，其中一个盛有大半杯某种纯净液体，现有一架天平和足够的自来水，怎样才能知道杯里是什么液体？

（2）有一卷粗细均匀的铁丝，现有一架天平和千分尺，你能用天平"称"出铁丝的长度吗？

（3）有一个很小的玻璃瓶，室内有自来水和一只量筒，没有天平，你能知道这个小瓶的质量吗？

【分析】从上面的提问案例中，我们不难发现提问设计的价值：既能激发学生的兴趣，又引人深思；既不是完全陌生的问题，又不是学生完全认识和理解的问题。学生解决这样的问题，不仅需要运用相关的基本概念，同时也学到了处理问题、解决问题的方法，开阔了思路，进一步得到了精神上的满足，从而产生了主动学习的求知欲望。由此可见，提出好的问题，确实需要较高的技能和技巧。

## 三、提问技能练习

【实验目的】
1. 知道提问技能的功能，掌握提问技能运用的一般步骤和要求。
2. 明确提问技能的构成要素。
3. 强化提问技能训练中与其他教学技能的联系。

【实验内容】

（1）仔细阅读下面的材料，初步领会提问设计的基本要求，并自己尝试以提问的方式设计一个提问技能训练的教案。

如在"浮力"一节的复习中教师提出如下一系列的问题：

【示例3】一容器装有300厘米³的水，用弹簧秤拉着一个质量为78克的正方体铁块，慢慢放入水中，水无溢出。（说明：教师首先明确问题的背景材料，下面则是提问的设计，当然问题1－8的具体解决也是有技巧的，因为有些问题是有一定难度的。）

问题1：铁块的体积是多少？

问题2：在空气中弹簧秤的示数是多少牛顿？

问题3：铁块全部浸入水中后，它排开水的体积是多少？

问题4：铁块全部浸入水中后，它排开水的重量是多少？此时铁块受的浮力多大？

问题5：铁块全部浸入水中后，弹簧秤的示数是多少牛顿？

问题6：铁块浸没在水中不同深度时，上下两面处的压强怎样变化？铁块上下表面受的压力怎样变化？压力差怎样变化？

问题7：铁块从空气浸入水中的过程中，弹簧秤的示数怎样变化？容器底部的压强和压力怎样改变？

问题8：如果当年阿基米德按上述步骤做完实验，能说自己发现了浮力定律吗？

显然，问题的解决涉及所学内容的主要方面，用于复习课则有助于学生梳理所学知识，通过问题的解决，加深对知识的理解。

（2）阅读下面"核能"一节教材内容①，写出其中提问设计的主要内容。

【示例4】核能

我们知道，原子是由原子核和核外电子构成的。原子核非常小，它的直径大约是原子直径的十万分之一。原子核又是由质子和中子构成的，中子不带电，质子带正电。许多带正电的质子拥挤在一个小小的原子核中，它们之间必定会产生很大的相互排斥力，可为什么它们还能紧紧地结合在一起呢？这是因为，原子核内的各个粒子间还存在强大的吸引力——核力。质子和中子正是依靠强大的核力紧紧地结合在一起的。当原子核发生变化时，就可能释放出惊人的能量，这种能量被称为核能。

20世纪初，科学家已经认识到原子核内蕴藏着巨大的能量。怎样才能让这些能量释放出来呢？为此，科学家经过几十年的艰苦探索，终于找到了获取核能的途径。

① 刘炳升，李容.义务教育教科书物理（九年级下册）[M].3版.南京：江苏科学技术出版社，2013：85.

【注意事项】

（1）提问和问题的设计。首先，课堂教学中的提问必须进行设计。课堂教学中问题的设计必须以学生原有的知识和能力背景为基础，以课程标准和教材的知识范围和体系为依据，针对教材中的重点、难点以及学生实际情况，在思维的关键点提出问题。这些关键点一般表现在以下几个方面：

第一，在新旧知识的衔接处，如与"速度"的概念比较后，引入"功率"的概念，在衔接处可提问"怎样比较做功的快慢？"

第二，在学生的思维障碍处，如"静止的物体不受力，力能使静止的物体运动，力是否就是物体运动的原因？"

第三，在实验的要害处设问，如"浮沉条件"教学中用盐水中的鸡蛋进行实验，浓盐水倒入清水，鸡蛋由浮到沉，接着问"如何使鸡蛋上浮？为什么？"

第四，在问题的变通处，如学生用刻度尺测量长度后，提出"如何简单地测量从家到学校的路程？"这样的设问，容易克服思维的定势，培养学生思维的灵活性和广阔性，也是培养创造性思维的有效途径。

（2）提问技巧。教师应当了解学生的学习情况，才能有针对性地提出问题，从而把握提问时机的选择、提问对象的选择和提问方式的选择等基本问题。上述三个方面则要求教师能够准确地体察学生思维发展动态，发现教学过程中学生可能存在的疑惑和即时问题，提出经过精心设计的适当的问题。而对于被提问的对象，则需要考虑因人而异、因材施教，鼓励学生积极回答问题，进而有效地参与课堂教学活动。最后，则应在提问方式的选择方面注重学生个体的思维发展，采用诸如追问、反问、重问等方式，解决学生学习时存在的问题。

（3）提问过程中应当注意的几点说明。教师提问以后，学生的回答往往都不全面、不准确，甚至是错误的，需要教师及时做出判断，给予启发和引导。

①当学生答非所问时，很可能因为没听清题目或没理解题意，教师可以将问题重述一遍，或者换另一种问法，以使学生明白题意。

②当学生显得很紧张、不知如何回答时，教师不宜催促，用热情和缓的语气请学生再"想一想，不要紧张，大胆地说说你的看法。"然后根据学生的回答做出适当的启发。有时教师对学生回答的反应在很大程度上决定了提问能否正常进行下去，所以教师的姿态很关键。

③当学生回答不正确或不完全正确时，教师应当分析学生产生错误的主要原因，有针对性地引导学生得出正确的答案。当然如果学生的回答完全正

确，教师就不要吝啬表扬，及时对学生的回答做出评价。

④学生回答的结论是正确的，但不一定真正理解，此时教师可以追问："为什么你这样回答?""你是如何得到这个结论的?""能举例说明吗?"

⑤当学生的回答不够简洁和清晰时，教师可以这样提示："你的回答基本是正确的，能否用简短的话概括一下你的意思?"或者"我这样概括你的回答，你满意吗?"或者"××同学对问题是这样理解的，别的同学还有什么需要补充吗?"

⑥任何情况下，都应特别重视教学过程中师生之间的相互关系，因为哪怕是运用了最先进的多媒体技术和网络技术，也只能对课堂教学情境中的师生关系（传授、对话和争论）起支持辅助作用。

# 第五节　板书技能训练

## 一、理论准备

板书技能是教师运用黑板、投影片或银幕上的文字、符号和图像的方式，向学生呈现教学内容、认识过程，使知识概括化、系统化，帮助学生正确理解、增强记忆、提高教学效率的一类教学行为。

教师精心设计的板书不仅能够揭示教材中物理知识的逻辑关系和顺序，表明教师对教学内容的认识，更便于学生理解知识之间的内在联系。好的板书对于同学来说也是一种视觉上美的享受。

## 二、板书技能练习

【实验目的】

1. 知道板书技能的功能，了解板书技能的类型。

2. 明确板书技能的应用要点。

3. 认识并强化板书技能与其他教学技能的综合和联系。

【实验内容1】板书技能的运用

下面是前面讲解技能训练中的一个实例，请对照前面的内容，注意文中标注"（板书）"字样前的部分内容，体会其中板书技能的运用。

教师：在日常生活和生产劳动中，我们经常遇到用力的实例，如排球运动员的大力扣球、人推车、人拉锯、人提水桶、人压木板（板书）。在这些活动中有什么共同的特点？我们是如何发现这些特点的呢？

学生：这些活动中都是人用了力，因为人觉得在使劲。

教师：对！上述活动的共同点是都要用力。人用力的时候，就会感到肌肉紧张。因此，"（一）人类对力的认识，最初是从肌肉紧张的感觉中得来的。"（板书）

教师：在上面的例子中，推、拉、提、压的作用是人做的，我们可以通过肌肉的紧张感觉到力的作用，同时还可以通过球被扣出去、木板被压弯等发现力的作用。下面我们来看这样一些例子：推土机推土、拖拉机拉犁、起重机吊起货物、压路机压路（板书）。（提问：在这些例子中有没有力的作用，你是怎样判断的？）

学生：这些例子中同样有力的作用，因为机器也有推、拉、提、压的作用，而且可以通过土被推动、犁被拉动、货物被吊起来判断有力的作用。

教师：对！这说明不仅人能对物体施加力的作用，推土机、起重机等物体也能对别的物体施加力的作用。

教师：下面我们来看几个演示实验，分析一下实验中有没有力的作用。

演示实验1：磁铁吸引大铁钉。

演示实验2：同性磁极互相推斥。

演示实验3：带电的塑料棒吸引纸屑。

教师：从上面的实验中我们也看到了类似推、拉的力的作用，这说明不直接接触的物体之间也能发生力的作用。由上面的讨论和演示实验可以总结出力的初步概念："（二）力是物体对物体的作用"（板书）

教师：请同学们注意两点：（1）力的作用离不开物体，没有物体就不会有力的作用；（2）力的作用发生时，一定要有两个物体，当一个物体是施力物体时，另一个物体就是受力物体。


本次实验的主要内容需要集中解决几个问题：第一，板书究竟要写些什么内容？第二，这些内容应当写在黑板的什么位置？第三，如何设计板书？它应当具有怎样的结构？第四，如何处理黑板板书与多媒体板书的关系？

【实验内容2】板书究竟要写些什么内容

下面是人民教育出版社出版的九年义务教育初中物理八年级（上册）的绪论部分内容。请同学们思考一下，在准备和设计这部分教学内容的板书时，我们应当如何设计呢？

## 怎样学习物理

勤于观察，勤于动手。物理学是一门以观察、实验为基础的科学，人们的许多物理知识是通过观察和实验，经过认真的思索而总结出来的。

观察，必须是有目的的，不然，很多常见的现象你都会"视而不见"。（图示1：自行车从平路驶到坡上，要想省力，后轴的齿轮应该换用较小的还是较大的？图示2：冰棍"冒"出的"白气"向上还是向下？为什么？）

要学好物理，一定要动手，多做实验。（图示1：新鲜鸡蛋在水中会下沉。陆续向水中加盐并轻轻搅拌，你能看到什么现象？这说明了什么？图示2：用开水把杯子烫热，立即扣在气球上，气球能把杯子"吸"住。这说明了什么？）

勤于思考，重在理解。观察、实验、看书、听课，都要多动脑子。对于科学知识不应满足于背诵条文，要力求理解；应该养成爱问"为什么"的习惯，用疑问的眼光看待各种现象，探究我们不知道的自然规律。

联系实际，联系社会。物理知识是从实际中来的，又要应用到实际中去，读过前面的课文，做过前面的实验，你大概已经有了体会。在物理课的学习中，还不能忘记思考科学技术和社会的关系。没有物理学和其他科学技术的成就，能有我们今天的生活吗？不恰当地使用科技成果是不是也会给我们的生活带来麻烦？怎样解决？今后的学习中我们会不断地提醒同学们，一起认真考虑这个问题。（图示：压缩石油气的体积可以使它液化。把它装在钢瓶中，代替汽油开动汽车。这是一种清洁燃料，可以有效地降低汽车尾气的污染。目前北京是世界上使用液化石油气（LPG）和压缩天然气（CNG）公交车最多的城市。）

此例的内容正如中学物理教材中内容呈现的一般特点，即教学内容并没有明显地表示出一、二、三这样的线索，也没有1.××、2.××、3.××这样的小标题。中学物理教材的内容呈现多与教材中相关栏目的设计有关。那么，教师在处理这些内容时，如何以板书的形式展现呢？

显然，"怎样学习物理"是一个大标题，后面的"勤于观察，勤于动手""勤于思考，重在理解""联系实际，联系社会"等则属于小标题，以此为线索安排和设计板书应是首选。

下面的内容又该如何处理？请读者思考！

【实验内容3】

## STS　伽利略对摆动的探究

意大利科学家伽利略（1564—1642）是物理学的伟大先驱。他在比萨大学读书时对摆动规律的研究，是他第一个重要的科学发现。某个星期天，伽利略在比萨大教堂参加活动。教堂穹顶上挂着的吊灯因为风吹而不停地摆动。伽利略被摆动的节奏性吸引住了。因为，尽管吊灯的摆动幅度越来越小，但每一次摆动的时间似乎相等。

他决定仔细地观察。他知道脉搏的跳动是有规律的，于是便按着脉搏注视着灯的摆动，发现每往返摆动一次的时间完全相同。这使他又冒出一个疑问：假如吊灯受到强风吹动，摆得高了一些，每次摆动的时间还是一样的吗？回到宿舍后，他用铁块制成一个摆，把铁块拉到不同高度，用脉搏细心地测定摆动所用的时间。结果表明，每次摆动的时间仍然相同。尽管用脉搏测量时间并不精确，但证明他最初的想法是正确的，即"不论摆动的幅度大些还是小些，完成一次摆动的时间是一样的"。这在物理学中叫作"摆的等时性原理"。各种机械摆钟都是根据这个原理制作的。

后来，伽利略又把不同质量的铁块系在绳端作摆锤进行实验。他发现，只要用同一条摆绳，摆动一次的时间并不受摆锤质量的影响。随后伽利略又想，如果将绳缩短，会不会摆动得快些？于是他用相同的摆锤，用不同的绳子做实验，结果证明他的推测是对的。他当时得出了结论："摆绳越长，往复摆动一次的时间（称为周期）就越长"。

人们对摆动的研究是逐步深入的。伽利略逝世100多年后，荷兰物理学家惠更斯找到了摆的周期与摆长间准确的数学关系。直到牛顿发现了万有引力定律，才对摆动的规律做出了圆满解释。

阅读了以上这段材料后，讨论下面几个问题。

（1）伽利略怎样观察吊灯的摆动，并发现了值得注意的现象？

（2）伽利略在观察中提出了什么疑问？对于这些疑问作出了什么猜想？

（3）伽利略怎样设法证实自己的猜想？

（4）科学家对摆动规律的探究经历了怎样的历程？这说明了什么？

我们已经看到，学习物理，要用自己的眼睛仔细观察周围的世界，从中发现问题，提出假设，甚至是异想天开的猜想；要善于动手，只有实践，才能证明猜想或假设是否正确，也才能最终发现事物发展变化的规律。一代又一代的物理学家，为追寻科学问题的答案锲而不舍。直到今天，人们仍在探究新的未知世界。

什么是科学之旅？科学之旅就是人类永无止境的探究历程。伟大的物理学先驱牛顿有一段名言值得我们回味：

我不知道世界会怎样看待我，然而我认为自己不过像在海滩上玩耍的男孩，不时地寻找比较光滑的卵石或比较漂亮的贝壳，以此为乐，而我面前，则是一片尚待发现的真理的大海。

（摘自义务教育课程标准实验教科书《物理（八年级上册）》，人民教育出版社2001年第1版，第6—9页）

板书的内容主要有：

- 课题和各段教学内容的标题及内容提要
- 带有文字和讲解的图表
- 例题、习题的解答或证明过程，作业内容
- 公式及其推导过程及概念、定律和原理的表述
- 实验所用的数据
- 所涉及的新名词、术语和物理符号
- 物理学史的内容

| | |
|---|---|
| 41% | 20% |
| 25% | 14% |

【实验内容4】板书内容应当写在黑板的什么位置

回答这个问题，首先要清楚黑板的区域划分问题。我们在实际的课堂教学中，通常将黑板划分为两个大部分。有研究表明，学生在观看黑板或屏幕时，其注意分布有如下特点，如表所示。

该项研究提醒我们，在进行板书设计时，一些重要的概念、规律，对物理现象和过程的分析，较重要的分析结论等内容，应当考虑到放在黑板的适当位置。这样不仅能够做到重点突出，同时更能引起学生的注意。

【实验内容5】板书应当具有怎样的结构？

板书设计要从教材内容出发，根据教学目的和教学对象的特点来确定板书设计的内容和结构。教师应对教学内容进行认真提炼，板书设计要具有概括性，这样可以做到突出重点和关键。而板书设计中针对条理化的知识既便于迁移，又便于记忆，同时也有助于提高学生学习物理的认识能力，将认识过程也作为重要的教学内容鲜明生动地展现出来。在理科教学活动中，板书设计不仅从一方面反映出学科知识的逻辑联系，另一方面也反映出教师对相关教学内容的认识思路。

当然，板书技能的构成要素中，对板书的书写、绘画（板画）也有基本要求。比如，文字书写的规范要求，物理学文字符号和数学表达式的书写要求，板画特别是物理学分析过程示意图的画法等都有比较严格的要求。

示意图主要是从教学要求考虑，忽略非本质的、突出物理实质，采用概括或抽象的手法，对物理现象或过程中的实物所作的简图。如人推物体运动的示意图、螺线管中线圈的绕向、电路中各元件的连接等。

【实验内容6】如何处理黑板板书与多媒体板书的关系

这是目前我们在课堂教学中遇到的新问题。集中反映在，如何处理所谓

传统的黑板板书和多媒体课件（特别是PowerPoint演示文稿）之间的关系。

应当注意的是，理科教学特别是物理教学在板书设计方面有着本学科的特点。多媒体课件在展示物理情境、演示实验过程、反映物理现象和规律的变化中，的确有着传统的教学媒体和手段所无法表现的长处，其生动、形象、富于大量信息的表现手法，一定程度上可以弥补传统教学媒体的不足。但有一点是不能忽视的，即传统的教学媒体、手段、方法仍有巨大的生命力，所谓教无定法，更多的是指传统和现代的结合，是指我们需要努力和创新的方向。虽然，"在这种社会（信息社会）中，技术的发展可以创造使知识和学问来源多样化的文化教育环境"，但还是应当考虑"尤其应把技术与传统的教育形式结合起来加以使用，而不应将其看作是一种取代传统形式的独立的手段"①。

对多媒体课件特别是PowerPoint演示文稿的运用，我们可以从传统意义上对板书的要求入手，即演示文稿中不能有错别字、平面和立体混淆的示意图等。PowerPoint演示文稿在课堂教学中的使用，除了其基本功能和作用的发挥（如插入图片、播放视频、建立超链接等），仍应考虑各种教学媒体和手段、方法的综合运用和优化处理。

下面是初中物理的"前言"内容，请读者思考如何完成一个PowerPoint演示文稿，同时也请读者与前面高中的相似内容对应起来。（要求：以板书设计的基本要求为基准，用几张PowerPoint演示文稿完成，同时准备相应的讲解稿。）

【实验内容7】

## 怎样学好物理

物理知识这么重要，我们怎样才能学好它呢？

观察是研究问题的基础。我们要注意观察和发现自然界中、生活中以及实验中的各种物理现象，注意这些现象的产生及引起变化的条件，思考它们的变化原因。物理学家伽利略就是从观察吊灯的摆动中提出问题，认识了摆的等时性。生活中有大量可以观察到的物理现象值得我们思考，如对水加热，水温不断升高，而当水沸腾后，温度为什么保持不变；坐在行驶的汽车里，突然刹车时，为什么我们总有要向前倾的感觉等。

实验是物理学重要的研究手段与方法。物理现象往往受很多因素的影响，为了确定各个因素对物理问题的具体影响，需要用实验的方法进行有控

---

① 联合国教科文组织总部.教育——财富蕴藏其中［M］.联合国教科文组织总部中文科，译.北京：教育科学出版社，1996：157－168.

制的观察与测量。因此，在实验时要正确地操作和使用物理实验仪器，认真观察，实事求是地记录。只有这样才能根据观察和记录进行分析，提出问题，找出规律，得出正确的结论，学好物理知识。

科学探究是学习和理解物理知识的重要方法。学习物理不能只是满足于记忆一些物理概念和规律，而应根据已有原生活经验或知识基础，主动地发现问题、提出问题，进而实事求是地研究问题，并能在与同学或老师的交流、合作过程中解决问题，从中获取新的知识，训练学习与研究的能力，提高我们的科学素养。

理论要联系实际。在日常生活中要善于观察，勇于实践，勤于思考，遇事多问"为什么"，这是提高分析、概括能力的有效途径。因此，学习物理不能只满足于记住结论、计算一些习题，而应把课上所学的知识与广泛的生产、生活实际有机地结合起来，培养自己分析问题、解决问题和实践的能力。

（摘自义务教育教科书《物理（八年级上册）》，北京师范大学出版社2012年版，第5—6页）

【实验内容8】完成下列教学内容的板书设计
【示例5】动能

在初中我们已经学过，物体由于运动而具有的能叫作动能。为了定量地确定物体动能的大小，可以研究一个静止的物体怎样才能获得一定的动能。

要使静止的物体得到一定的速度，就需要一个使物体加速的力。这个力做了多少功，就表示有多少其他形式的能量转化为物体的动

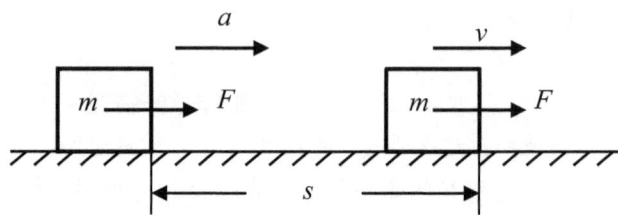

图4-8

能。在光滑的水平面上有一个质量是 $m$ 的静止物体，在恒定的水平方向的外力 $F$ 作用下开始运动，经过一段位移 $s$，达到的速度是 $v$（如图4-8所示）。在这个过程中，外力 $F$ 对物体所做的功是 $W=Fs$。如果用 $E_k$ 表示物体的动能，就有 $E_k=Fs$，根据牛顿第二定律 $F=ma$ 和运动学的公式 $v^2=2as$，可得

$$E_k = Fs$$

$$= ma \times \frac{v^2}{2a} = \frac{1}{2}mv^2$$

这就是说，物体的动能等于它的质量跟它的速度平方乘积的一半。

动能只有大小，没有方向，是一个标量，动能的单位由质量和速度的单位来确定。在国际单位制中，动能的单位是千克·米$^2$/秒$^2$。由于

1千克·米$^2$/秒$^2$＝1牛·米＝1焦，

所以动能的单位与功的单位相同。

（摘自高级中学课本《物理第一册（必修）》，人民教育出版社1990年10月第1版，第112—113页）

【示例6】物体的浮沉条件

观察与思考

浸在水中的物体都会受到竖直向上的浮力作用，为什么将木块、泡沫塑料块完全浸入水中它们会上浮，而将铁块或石块完全浸入水中它们会下沉呢？

如图所示，当物体浸没在水中时，受到竖直向上的浮力 $F_浮$，同时还受到竖直向下的重力 $G$。这两个力的合力将决定着在水中由静止释放的物体如何运动。

当 $F_浮 < G$ 时，合力的方向竖直向下，物体就会下沉。

$F_浮 = G$ 时，合力为零，即二力平衡，此时物体将悬浮在水中。

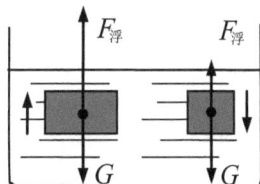

图4-9　物体的浮沉

$F_浮 > G$ 时，合力的方向竖直向上，物体就会上浮。

（摘自义务教育教科书《物理（八年级下册）》，北京师范大学出版社2011年第4版，第79—80页）

【示例7】不同物质的导电性能

按物质的导电性能来分，除了有导体和绝缘体外，还有一类物质，其导电性能介于导体和绝缘体之间，这类物质叫作半导体。锗、硅、砷化镓等都是半导体。

下图展示了常温下一些物质的导电性能，从左到右导电能力越来越强，绝缘性能越来越弱。

图4-10　物质的导电性能

（摘自义务教育教科书《物理（九年级）》，北京师范大学出版社2012第5版，第68页）

【示例8】下面是教材中"功"一节的一个例题，如何设计此例题的板书？

例题 如图4–11所示，工人小李用55N的力把重为100N的小泥桶从地面匀速拉到4m高处。小李做了多少功？

分析 本题给出了两个力，一个是小李对绳的拉力，另一个是小泥桶受到的重力。依据题意，要求解的是小李做的功，即求小李对绳的拉力做了多少功。小李的拉力作用在绳子自由端，使绳子自由端升高，但题中给出的距离不是绳子自由端升高的距离，而是小泥桶升高的距离。因此，要先依据使用动滑轮时绳端与重物移动距离的关系，确定出绳子自由端升高的距离。

图 4–11

解 绳子自由端上升的距离 $s = 2h = 2 \times 4\,\mathrm{m} = 8\,\mathrm{m}$ ，

拉力做的功 $W = Fs = 55\,\mathrm{N} \times 8\,\mathrm{m} = 440\,\mathrm{J}$ 。

答 小李把小泥桶拉到4m高处做了440J的功。

在例题中小李拉动绳子的自由端使之上升。由于绳子自由端上升，使动滑轮及小泥桶同时上升。因此，拉动绳子自由端所做的功，就是拉力对动滑轮和小泥桶所做的功。

想一想，在例题所述的过程中，动滑轮对小泥桶做了多少功？与小李做的功相等吗？为什么？

（摘自义务教育教科书《物理（八年级上册）》，北京师范大学出版社2012年版，第106页）

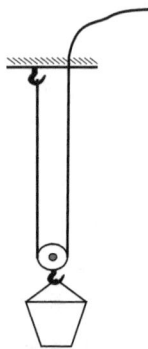

【注意事项】

（1）板书设计的结构布局。主要是指板书的内容安排，包括标题的设计、板书类型的选择（条目式、网络式、推理式、表格式、框图式等）、板书内容出现的先后次序，以及各部分之间的呼应和联系。这其中也包括各部分板书在黑板上的空间安排，以及与教学挂图、投影屏幕的合理配置。

（2）板书设计的主要方法。精选板书内容的方法是在教学设计中，对知识内容分析综合的结果再加工。将教学中的主问题浓缩为大标题，将系列化的关键问题设计为小标题。各关键问题的结论（有时是阶段性结论）作为各

小标题下的板书内容。主问题的结论，如概念规律的定义写在主板书的最后，定量的定义可只写公式。对定义的讨论，如新知识与原有知识的联系和区别，新知识的适用条件等写在结论的下面。

有了大标题和小标题及相应的板书内容，下面就要在章节标题（如第一章　第二节　时间和位移）的后面，运用　一、时刻和时间间隔　二、路程和位移　三、矢量和标量　四、直线运动的位置和位移　作为大标题，而每个大标题下面又会有若干小标题，可以用　1.××××　2.××××　3.××××　以及具体的内容构成。学会运用标题，可以清楚地整理出思路，从而把握教学内容的逻辑结构和基本线索。

（3）板书时间的掌握和运用。板书设计时，时间的掌握是指板书与讲解、演示等教学技能的先后顺序和板书的保留时间。通常情况下，首先要强调的是一定要有板书设计，这样教师就有一个大致的时间安排。好的板书不仅要求有一定的结构、漂亮的字迹、形象的图示、良好的逻辑顺序等，也要求教师能够写得较快。这样教师就可以利用更多的时间与学生交流和互动，进而创造良好的课堂教学环境。因此，教师要根据具体的教学内容，采用先语言叙述后写板书，或边说边写。对于一个新教师或没有什么教学经验的新手来说，应当避免一言不发大段大段地板书。

# 第五章　说课练习

## 第一节　说课基本要求

　　说课是近二十来年在我国兴起的一项课堂教学研究活动，源自长期以来的集体备课。在集体备课活动中，通常需要担任同一年级的教师共同完成，而后指定某位教师完成其中的章节或单元，让其独立完成这部分内容的备课任务，并将自己对章节或单元知识的备课情况说出来，以便在同行中进行交流。鉴于其独特的功能和作用，说课也是进行教学技能训练的一种方式，同时还是进行教学评比的一种方法。

　　所谓说课，是指教师运用口头语言表达的形式，依据学科课程标准，把教材中的教学内容、学生情况以及教学条件等主要内容，与教师的备课、上课等实际过程结合起来，从教育教学理论角度，把执教者的教学思想、教学设计的基本理念及其理论根据说出来，和同行交流切磋。

　　这里我们讨论的中学物理教师的说课主要是指基于一个课时安排的物理教学内容的准备情况。说课主要有说教材、说教法、说学法、说教学过程设计。在整个说课过程中，把握物理学科的课程标准是准绳，分析教材是基础，用教育教学理论指导教学过程是关键。下面我们讨论说课的主要内容和说课质量评价。

### 一、说课的主要内容

#### 1. 说教材

说教材主要通过以下几个部分完成。

（1）说教材的地位和作用。教师要在教材分析的基础上，读懂教材，了解学生已有的相关物理知识和技能，充分认识所述章节内容在整个物理教材中的地位以及与其他章节的联系，明确教学的重点和难点，对于学生掌握物理科学方法和培养学生的能力、情感、态度、价值观方面有哪些作用。

（2）说教学目标。即说本课题的教学目标和要求。说课者要根据课程标准和教材的要求进行正确的叙述，要结合教材在教材体系中所处的地位来"说"。在知识与技能、过程与方法、情感态度与价值观等方面，给出全面、具体的指标。

（3）说教材的特点、重点和难点。一般从教材的特点、结构体系、学生的年龄特征、知识基础、认知特点及思维规律等方面考虑。值得注意的是，说课者对教材、教学参考书的理解，它将为如何突出重点、克服难点提供参考。

说课者应对所述内容进行选材和组织，明确教学中心并围绕此中心展开。因而紧扣物理课程标准，钻研教材，研究学生接受能力和水平，突出重点，是对说课者的基本要求。

### 2. 说教法

教学方法的基本问题，就是教学方法的选择、优化和综合运用的问题。这既是理论问题（充分考虑物理教学原则、物理教学目标、物理教学内容、物理学科特点、学生特征、教师的特点和学校的实际情况），又是实践问题（在实际教学过程中能否实现且具有指导性），更是艺术问题（发挥教师自身的特长，从而进行创造性的工作）。它要求说课者对教学方法能否有一个完整和全面和认识，能否根据具体的教学目的和任务、教材内容的特点、学生的年龄特征和教师自身的特点进行综合分析，从而进行创造性的运用以达到最佳组合。

说教法，一要讲明为什么选择这种教法；二是从理论和实践上讲明如何运用这种教法；三是讲运用这种教法的具体的教学程序。

### 3. 说学法

说学法则主要是说出如何通过学法指导，不仅要求学生"学会"，还要要求学生"会学"。主要说清三个方面：一要分析学生在教学过程中可能出现哪些障碍及原因；二要说清在教学过程中指导学生掌握何种学习方法；三要根据学生年龄特点和认知规律，说清准备创设何种教学环境和条件，来保证学生在课堂教学活动中能够有效地学习。

### 4. 说教学过程设计

这部分内容主要是说教学过程的整体安排，是说课的重要内容。因其涉及教学程序设计，显然主要是对教学过程的设计和安排，要从教学流程和时间安排考虑。要求说出课题如何导入，新课怎样展开等；要求说出教学过程中教与学的双边活动和必要的调控措施；体现教学方法，重点和难点的解决以及各项教学目的的实现等。说教学过程设计应当详略得当，有些内容可以简捷一些，有些内容则应详细表述，特别是自己对一些问题的思考，如教学形式的改变、演示实验装置的改进、提问的设计等。最后，通常要说明板书设计及设计的思想。

应当注意的是，说教学过程设计不是宣读教案，更不应变为课堂教学的浓缩，应省略具体的细节而着重说清教学过程的基本思路及其理论依据。

由于教学过程的基本环节或课的类型虽大致相同，但具体的环节还是有所不同，比如，涉及科学探究课题的教学内容从整体上基本确定了该课题的教学程序设计与科学探究程序或要素有关密切的联系。

## 二、说课质量评价

关于说课质量的评价研究，不仅需要从质的方面进行评价，而且应当考虑从量的方面进行评价。在说课质量评价方面，尤其是将评价应用于评比和评优等教研活动时，评价指标体系的研究和制定，对说课活动的开展有一定的推动和促进作用。表5-1所示的说课评价表可以在很大程度上对我们研究说课这一项基本的教研活动有一定的参考价值，从另一个侧面提示我们在说课研究中更应当关注的一些问题。

表5-1 说课质量评价表

课题：＿＿＿＿＿＿＿＿＿＿＿＿＿＿日期：＿＿＿＿＿＿＿＿＿＿＿＿＿＿

执教人：＿＿＿＿＿＿＿＿＿＿＿＿评价人：＿＿＿＿＿＿＿＿＿＿＿＿

| 评课因素 | 评价标准 | 权重 | 很好 | 较好 | 一般 | 较差 | 很差 | 评分 |
|---|---|---|---|---|---|---|---|---|
| 教材处理 | 教材内容叙述准确，教材分析层次清楚，重点、难点设置恰当，技能、能力体现合理 | 10% | | | | | | |
| 教学目标 | 目标设置符合教材与课程标准要求，符合学生实际；学生能力构成分析正确 | 10% | | | | | | |
| 教学方法 | 以学生为主体，以教师为主导；因课制宜，因材施教，启发性好；教学方法优化好 | 25% | | | | | | |
| 教学过程 | 教学过程的整体安排合理；时间安排好；突出重点、突破难点方法得当，时机适宜 | 25% | | | | | | |
| 能力培养 | 示范清楚、准确，分析思路清晰，培养学生求知欲，培养学生科学素养 | 10% | | | | | | |
| 实验技能 | 教具齐全；操作叙述准确合理；实验现象正确，归纳正确。辅助教学手段合理，效果好 | 10% | | | | | | |
| 教师素质 | 教态自然，语言准确、流畅、生动，能用普通话，举止行为规范，仪表朴实大方 | 10% | | | | | | |

上面给出的是对说课的评价内容和评价指标。我们可以从中体会在说课的要求方面更应当注意的问题。应当指出的是，如果说课采用的是讲完观摩课后，由主讲人的说课，则在说课的要求方面除了要述说一节课的教学设计、教学过程及教学内容，而且要结合讲课过程的实际述说教学成败原因及改进意见，特别是"课后反思"部分的内容中，一定要说教得怎么样的问题。从个人和集体两方面进行评价和总结，找出存在的问题，运用教育教学理论提出改进措施，进而改进教学，提高说课水平，优化课堂教学。

【实验内容】

1. 试采用表格或栏目的形式，列出说课的基本格式。

2. 结合说课质量评价表，谈谈你对说课内容中各评价因素的理解。

3. 你认为课前说课和课后说课最主要的区别在哪里？

# 第二节 说课稿编写

## 一、说课板块结构

### 1. 说教材分析

包括题目，在第几册、第几单元，单元训练、地位、教材的前后联系，要实现和达到的课程目标（教学目标的具体体现，即此部分内容要严格按照学科课程标准进行梳理，其中三维课程目标的细化是关键），以及本节课的重难点。

### 2. 说学情分析

要仔细分析学生物理学习的心理特征和规律，研究学生学习过程中可能会遇到的困难和问题，掌握学生已有的知识背景和能力基础，通过学习能否实现预定的课堂教学目标及如何实现的方法问题。此部分内容的述说，通常是以特定的学生群体而言，所以学情分析应当包括两个方面，即通常情况下普通的一般学生物理学习情况的共性分析和特定班级学生对具体物理内容学习的个性分析。

### 3. 说教法和学法

（1）教法和学法可以分别叙述。

（2）教法和学法可以合在一起说明。

（3）教学方法可以穿插在教学过程中说。

### 4. 说教学过程设计

此部分内容是说课的主体部分，包括教学过程安排和流程，其中也有各教学环节教学时间的大致安排。

**5.说板书设计**

此部分内容应当说明板书设计的基本思想、板书设计的类型等，可以从板书设计的要求及注意事项入手。

**6.说教学效果**

此部分内容的述说应当是在完成实际课堂教学之后进行。如果不是课后说课，此部分内容可以作为教学评价的一部分。

## 二、说课与备课的异同点

说课与备课的相同点有三个方面：一是主要内容相同。说课与备课都是要分析具体课题的教材和学情，设计教法和学法，设计教学程序和板书；二是直接任务相同，都是教学的准备和总结工作；三是检验方式相同，都是接受教学实践的检验。

说课与备课的区别主要在于说课不仅要说出"怎样教"的问题，还要说出"为什么这样教"，对"这样教"有什么好处的问题。这一方面是因为说课内容主要是要向同行和评价人员述说的东西。课堂上许多需要学生掌握的内容，无须在说课中具体地述说给教师同行或评价人员，因此有些教学内容并非说课内容。另一方面是有些内容也并非课堂教学内容。说课的某些内容，如为什么这样教的科学道理和成败的原因及改进意见，都是教师们一起研讨的，许多内容并不一定要让学生知道，即不能作为课堂教学的内容。如果从时间安排上看，说课时间不宜过长，通常在15 – 20分钟。

## 三、案例分析

以下我们首先摘录高中物理教材中的课文，介绍一个说课稿案例，通过对该案例的分析和说明，来解释如何编写说课稿。

【示例1】高中物理2（必修）第五章　曲线运动　2.平抛运动

以一定的速度将物体抛出，如果物体只受重力的作用，这时的运动叫作抛体运动（projectile motion），抛体运动开始时的速度叫作初速度（initial velocity）。如果初速度沿水平方向的，这个运动叫作平抛运动。以一定速度从水平桌面上滑落的物体、运动员水平扣出的排球、水平管中喷出的水流等，在空气阻力可以忽略的情况下，它们的运动都可以看作平抛运动。

图5.2-1 垒球、铁饼、标枪被投掷后在空中的运动可以看做抛体运动

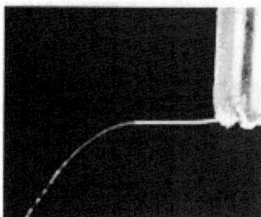

图5.2-2 喷出的水柱显示了平抛运动的轨迹

这一节我们以平抛运动为例，进一步了解研究曲线运动的方法。

平抛运动的速度　在研究直线运动时，我们已经认识到，为了得到物体的速度与时间的关系，要先分析物体受到的力，由合力求出物体的加速度，进而得到物体的速度。关于平抛运动，我们仍然遵循这样的思路，只是要在相互垂直的两个方向上分别研究。

以物体被抛出的位置为原点，以初速度 $v_0$ 的方向为 $x$ 轴的方向、竖直向下的方向为 $y$ 轴的方向，建立平面直角坐标系（图5.2-3）。

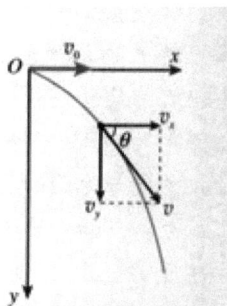

图5.2-3 研究平抛运动的速度

由于物体受到的策略是竖直向下的，它在 $x$ 方向的分力是0，所以物体在 $x$ 方向的加速度是0；又由于物体在 $x$ 方向的分速度 $v_x$ 在运动开始的时候是 $v_0$，所以它将保持 $v_0$ 不变，与时间 $t$ 无关，即在整个运动过程中始终有

$$v_x = v_0 \qquad\qquad (1)$$

在 $y$ 方向，由于物体受到的重力是沿着 $y$ 轴的，所以重力在 $y$ 方向的分力等于 $mg$。以 $a$ 表示物体在 $y$ 方向的加速度，应用牛顿第二定律得到 $mg = ma$，由此知道 $a = g$，即物体在竖直方向的加速度总是等于自由落体加速度。

物体的初速度 $v_0$ 沿 $x$ 方向，它在 $y$ 方向的分速度是0，所以物体在 $y$ 方向的分速度 $v_y$ 与时间 $t$ 的关系是

$$v_y = gt \qquad\qquad (2)$$

从图5.2-3可以看出，代表速度矢量 $v$ 和它

> （2）式应用了过去的公式 $v = v_0 + at$。式中的 $v_0$ 与本节的 $v_0$ 并不相等。

的两个分矢量 $v_x$、$v_y$ 的三个箭头正好构成一个矩形的对角线和一对邻边。由勾股定理可知

$$v = \sqrt{v_x^2 + v_y^2} = \sqrt{v_0^2 + g^2 t^2} \qquad\qquad (3)$$

这个式子表示，抛体在下落过程中速度 $v$ 越来越大，这与日常经验是一致的。

速度的方向可以由图 5.2 - 3 中代表速度矢量 $v$ 的箭头与 $x$ 轴正方向的夹角 $\theta$ 来表示。在这个图中，$\theta$ 是一个直角三角形的锐角，它的正切等于对边与邻边之比，即

$$\tan\theta = \frac{v_y}{v_x} = \frac{gt}{v_0} \qquad (4)$$

> 计算出 $\tan\theta$ 的值以后，如果有需要，可以利用三角函数或其他方法查出角 $\theta$ 的值。

这个式子表示，速度 $v$ 在抛体下落的过程中与水平方向夹角的正切越来越大。对于锐角来说，角越大，它的正切也就越大，所以（4）式告诉我们，随着抛体的下落，角 $\theta$ 越来越大。也就是说，抛体下落的方向越来越接近竖直向下的方向。这也与日常经验一致。

例题 1　将一个物体以 10m/s 的速度从 10m 的高度水平抛出，落地时它的速度方向与地面的夹角 $\theta$ 是多少（不计空气阻力，取 $g = 10$ m/s²）？

分析　按题意作图 5.2 - 4。物体在水平方向不受力。所以加速度的水平分量为 0，水平方向的分速度总等于初速度 $v_0 = 10$ m/s；在竖直方向的加速度为 $g$，初速度的竖直分量为 0，可以应用匀变速运动的规律求出竖直方向的分速度。

解　以抛出时物体的位置为原点建立直角坐标系，$x$ 轴沿初速度方向，$y$ 轴竖直向下。

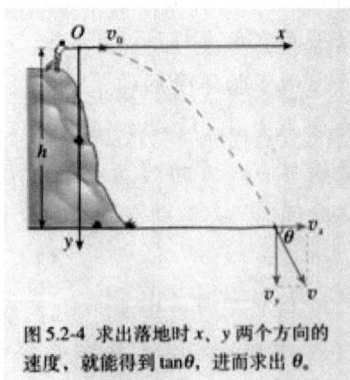

图 5.2-4　求出落地时 $x$、$y$ 两个方向的速度，就能得到 $\tan\theta$，进而求出 $\theta$。

落地时，物体在水平方向的分速度是

$v_x = v_0 = 10$ m/s

根据匀变速运动的规律，落地时物体在竖直方向的分速度 $v_y$ 满足以下关系

$v_y^2 - 0 = 2gh$

由此解出

$v_y = \sqrt{2gh} = \sqrt{2 \times 10 \times 10}$ m/s = 14.1 m/s

$\tan\theta = \frac{v_y}{v_x} = \frac{14.1}{10} = 1.41$

通过查找数学用表或其他方法找到与 1.41 最接近的正切值，得到与之对应的角

$\theta = 55°$

物体落地时速度与地面的夹角是55°。

**平抛运动的位移**  物体被抛出后，它对于抛出点 $O$ 的位移 $l$（图5.1-1）的大小、方向都在变化。这种情况下我们就要分别研究它在两个坐标轴上的分位移 $x$ 和 $y$。通过前面的讨论我们已经知道平抛运动中 $v_x = v_0$，这意味着，假如一个物体在沿 $x$ 轴以恒定的速度 $v_0$ 运动，它的运动规律就代表了做平抛运动的物体在 $x$ 方向的分位移的变化规律。这个规律正是匀速运动的规律。根据匀速运动的位移与时间的关系，我们得知，做平抛运动的物体的横坐标与时间的关系是

$$x = v_0 t \qquad (5)$$

与此相似，假如一个物体在沿 $y$ 轴以 $v_y = gt$ 的规律运动，它的运动规律就代表了做平抛运动的物体在 $y$ 方向的分位移的变化规律，而 $v_y = gt$ 正表示一个质点从静止开始在以加速度 $g$ 做匀加速运动。根据匀加速运动的知识，可知平抛运动的物体的纵坐标与时间的关系是

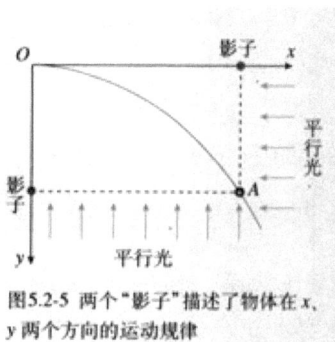

图5.2-5 两个"影子"描述了物体在 $x$、$y$ 两个方向的运动规律

$$y = \frac{1}{2}gt^2 \qquad (6)$$

如果需要知道物体对于抛出点的位移，应该怎样计算?

（1）（2）（5）（6）几个式子描述了做平抛运动的物体的运动规律。我们可以形象地说明它们与这个物体的运动的关系。如图5.2-5，两束光分别沿着与坐标轴平行的方向照射物体 $A$，在两个坐标轴上留下了物体的两个"影子"。"影子"的位移和速度描述了物体 $A$ 在 $x$、$y$ 两个方向的运动。

做一做

如图5.2-6，用小锤打击弹性金属片后，$A$ 球沿水平方向抛出，同时 $B$ 球被松开，自由下落。$A$、$B$ 两球同时开始运动。

观察两球哪个先落地。

改变小球距地面的高度和打击的力度，重复这个实验。

实验现象说明了什么问题?

实验时，也可以用耳朵"听"来判断两球落地时的先后。

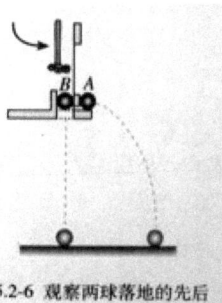

图5.2-6 观察两球落地的先后

例题 2 从本节（5）（6）两式出发，讨论做平抛运动的物体的运动轨迹。

分析 根据初中学过的数学知识，一条平面曲线可以用 $x$、$y$ 之间的一个关系式来描述。例如，$y=kx+b$ 代表一条直线、$y=ax^2+bx+c$ 代表一条抛物线（图 5.2-7）。因此，要想知道物体被抛出后沿着什么样的曲线运动，也就是要想知道物体的运动轨迹，就要知道描述物体位置的两个变量 $x$、$y$ 之间的关系式。

式中 $k$、$a$、$b$、$c$ 都是与 $x$、$y$ 无关的常量

本节（5）（6）两式给出了 $x$、$y$ 的表达式，如果从中消去时间 $t$，就能得到所需的 $x$、$y$ 之间的关系式了。

解 从（5）式解出 $t=\dfrac{x}{v_0}$，代入（6）式，得到

$$y=\frac{g}{2v_0^2}x^2 \qquad\qquad (7)$$

在这个式子中，自由落体加速度 $g$、抛体的初速度 $v_0$ 都是不随时间变化的常量，也就是说，$\dfrac{g}{2v_0^2}$ 这个量与 $x$、$y$ 无关，因此（7）式具有 $y=ax^2$ 的形式。根据初中数学知识我们得知，它代表一条抛物线。

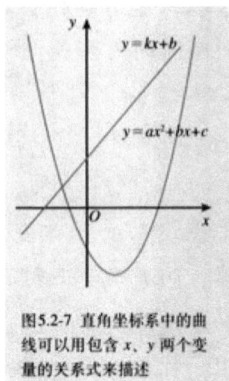

图 5.2-7 直角坐标系中的曲线可以用包含 $x$、$y$ 两个变量的关系式来描述

平抛运动的轨迹是一条抛物线。数学中把二次函数的图线叫作抛物线，这个名称就是由抛体运动得来的。

一般的抛体运动 如果物体被抛出时的速度 $v_0$ 不沿水平方向，而是斜向上方或斜向下方（这种情况常称为斜抛），它的受力情况与平抛运动完全相同：在水平方向不受力，加速度为 0；在竖直方向只受重力，加速度是 $g$。

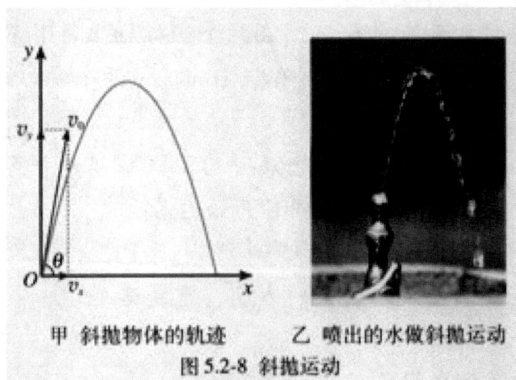

甲 斜抛物体的轨迹　　乙 喷出的水做斜抛运动
图 5.2-8 斜抛运动

但是，斜抛运动沿水平方向和竖直方向的初速度与平抛不同，分别是 $v_x=v_0\cos\theta$ 和 $v_x=v_0\sin\theta$。依照平抛运动的处理方法也能得到描述斜抛物体运动的几个关系式。图 5.2-8 甲是根据这一规律描绘出的斜抛运动的轨迹。

说一说

1. 尝试导出表达图 5.2－8 甲所示斜抛物体运动轨迹的关系式。讨论这个关系式中物理量之间的关系，看看能够得出哪些结论。

2. 以上讨论都有一个前提，即空气的阻力可以忽略。如果速度不大，例如用手抛出一个石块，这样处理的误差不大。但是物体在空气中运动时，速度越大，阻力也越大。所以，研究炮弹的运动时就不能忽略空气的阻力。根据你的推测，炮弹运动的实际轨迹大致是怎样的？

问题与练习（略）

## 《平抛运动》说课稿

一、教材分析

（一）教材简介

这节课选自人民教育出版社普通高中新课程教材《物理2》（必修）第五章 曲线运动第二节 平抛运动。教材要探究的内容比较丰富，在运动的合成与分解的基础上，给出了什么叫平抛运动，提出了探究的问题：探究平抛运动的特点。探究的过程既有实验现象的观察。又有分析、推理的过程，还将实验现象与分析、推理结合起来，探究出平抛运动在水平方向和竖直方向的运动规律。

（二）教学目标

1. 知识与技能

（1）知道平抛运动的特点和规律。

（2）知道平抛运动形成的条件。

（3）理解平抛运动是匀变速运动，其加速度为 $g$。

（4）会用平抛运动解答有关问题。

2. 过程与方法

①利用已知的直线规律来研究复杂的曲线运动，渗透物理学"化曲为直""化繁为简"的方法及"等效代换""正交分解"的思想方法。

②平抛物体探究实验中突出了"实验的精髓在于控制"的思想。

③情感态度与价值观。通过实际情景培养学生关注物理、关注生活的意识，并且培养学生在生活中应用物理知识的意识；使学生爱物理、爱生活。

（三）教学重点、难点

重点：平抛物体运动的特点和规律。

难点：平抛运动规律的得出过程。

二、学情分析

深入的了解学生是上好课的关键，我对学生的基本情况分析如下：

（1）高一学生已经具备较好的物理实验能力、分析问题能力、归纳实验现象的能力。

（2）学生刚学习过直线运动规律，对直线运动的分析方法记忆犹新；并在上一节中刚学过运动合成与分解的知识，对这一分析曲线运动的方法并不陌生，这为本节课在方法上铺平了道路。

三、教法与学法

为了发挥教师的主导作用和学生的主体地位，突出重点、突破难点，我主要采取以下的教学方法和学法。

教法：探究式教学法和情景创设教学法。

学法：以学生合作学习和探究性学习为主，培养学生的逻辑思维能力。

四、教学过程设计

"授之以鱼，不如授之以渔"，教是为了不教，根据本课题的特点和学生的基本情况我做如下的教学设计。

表5-2　教学过程设计

| 教学环节 | 教学内容及教师组织活动 | 设计意图 |
|---|---|---|
| （一）情景创设引入课题 | 【创设情景】从水平飞行的飞机上空投物资。（展示视频）<br>引问：请同学描述上述物体运动的轨迹和运动性质。<br>【演示1】用力弹一下放在桌面上的小球，使它以一定的水平初速度离开桌面，让同学观察小球离开桌面后的运动轨迹。如图所示，重复两次让同学们能够清楚地观察。 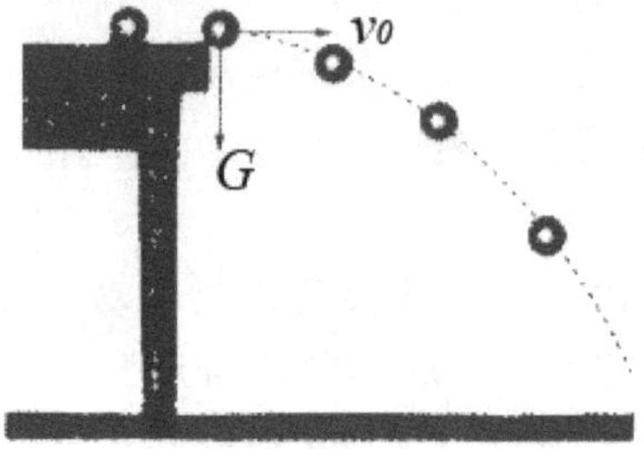<br><br>【提出问题】请同学们分析一下小球为什么会做曲线运动呢？ | 情景创设教学法：从生活情景中构建物理情景，以培养学生在生活中联系物理的习惯，同时激发学生探究的兴趣和活跃课堂气氛。培养学生课堂学习的主动和积极性 |

## 续表

| 教学环节 | 教学内容及教师组织活动 | 设计意图 |
|---|---|---|
| （二）<br>交流与讨论及猜想 | 接着说明刚才的实验中，我们在观察小球做平抛运动时，发现小球在水平向前动的同时，在竖直方向上有下落的运动，那么，这两个方向上运动只具有什么特点呢？<br>【猜想】平抛运动水平方向是不是匀速直线运动，竖直方向是不是匀加速直线运动？<br>如何验证我们的猜想？<br>让学生思考如何解决问题 | 通过讨论培养学生合作学习精神和分析问题解决问题的能力 |
| （三）<br>实验与探究 I | 探究平抛运动水平方向的运动规律<br>【演示2】在如同2所示的装置中，两个相同的弧形轨道 M、N 分别用于发射小铁球 P、Q；两轨道上端分别装有电磁铁 C、D 调节电磁铁 C、D 的高度，使 $AC=BD$，从而保证小球 P，Q 在轨道出口处的水平初速度 $v_0$ 相等，将小铁球 P、Q 分别放在电磁铁 C、D 上，然后切断电源，使两小球能以相同的初速度 $v_0$ 同时分别从轨道 M、N 的下端射出，实验结果是两球发生碰撞，增加或者减小轨道 M 的高度实验结果都是一样。<br><br>教师引入问题：这个实验结果得出什么结论？ | 通过老师的演示实验培养学生探究物理规律的方法和过程以及归纳物理现象的能力，利用已知的直线运动的规律来探究复杂的曲线运动，渗透物理学"化曲为直""化繁为简"的方法 |

**续表**

| 教学环节 | 教学内容及教师组织活动 | 设计意图 |
|---|---|---|
| （四）<br>实验与<br>探究Ⅱ | 教师创设问题：既然平抛物体水平方向上做匀速直线运动那么它在竖直方向上做什么样的运动，我们如何探究呢？<br>【演示3】用平抛运动演示器做实验<br>如图所示，用小锤击打弹性金属片 $C$，使 $A$ 球沿水平方向飞出做平抛运动，与此同时，$B$ 球被松开做自由落体运动，改变实验装置离地面的高度，多次实验，两球总是同时落地。（用耳朵听声音） 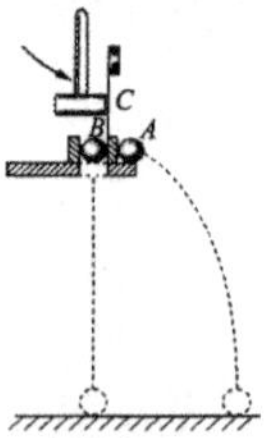<br><br>【问题创设】 $A$、$B$ 两球同时落地的现象，得出什么结果。<br>进一步提问：为什么可以下这样的结论呢？<br>我们可以运用运动的合成与分解的方法得到平抛物体在任一时刻的位置坐标 $x$、$y$ 以及水平速度 $v_0$ 和竖直速度 $v_y$。我们设物体以初速度水平 $v_0$ 抛出，它在飞行过程中在时间 $t$ 内的水平位移 $x$ 和竖直位移 $y$ 应如何表示呢？<br>学生：$x = v_0 t$ $\qquad$ $y = \dfrac{1}{2} g t^2$<br>教师：我们要求出物体在 $t$ 秒末的速度，怎么求呢？（如图所示，物体在 $t$ 秒末位于 $B$ 点） 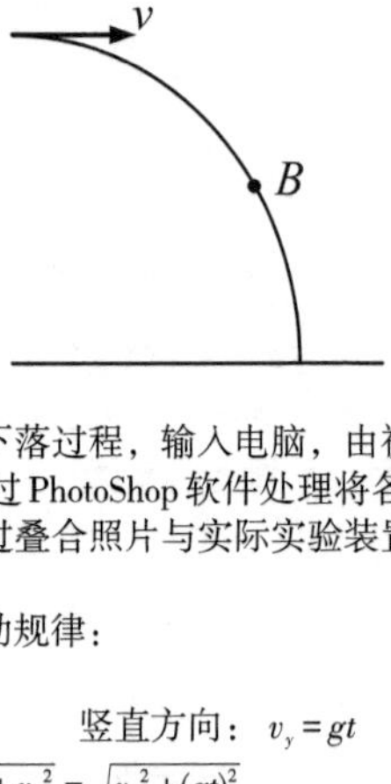<br><br>【课外探究】<br>用摄像机拍摄小球的下落过程，输入电脑，由视频工具按帧播放小球下落过程，抓图、通过 PhotoShop 软件处理将各帧图像叠合，从而得到小球运动轨迹。通过叠合照片与实际实验装置的大小比例，可分析小球的运动。<br>师生共同总结平抛运动规律：<br>速度：<br>水平方向：$v_x = v_0$ $\qquad$ 竖直方向：$v_y = gt$<br>合速度大小：$v = \sqrt{v_x{}^2 + v_y{}^2} = \sqrt{v_0{}^2 + (gt)^2}$<br>合速度方向：$\tan\theta = \dfrac{v_y}{v_x} = \dfrac{gt}{v_0}$<br>位移：<br>水平方向：$x = v_0 t$ $\qquad$ 竖直方向：$y = \dfrac{1}{2} g t^2$<br>合位移大小：$l = \sqrt{x^2 + y^2}$ $\qquad$ 合位移方向：$\tan\theta = \dfrac{y}{x} = \dfrac{gt}{2v_0}$ | 通过演示实验，让学生讨论交流得出结论，培养学生交流与合作的精神。通过分析、归纳出平抛物体运动的速度、位移公式，培养学生处理信息、推理、归纳的能力<br><br>突出一条研究物理科学的一般思想方法的主线：观察现象——初步分析——猜想——实验探究——得出规律——重复实验——鉴别结论——追求统一<br><br>培养学生的观察实验能力，分析归纳能力<br><br>使问题更加深化，锻炼学生解决问题的能力<br><br>通过课外探究扩大学生的视野，同时培养学生利用信息技术来处理物理问题的能力。让学生体会到电脑带给人类的好处 |

**续表**

| 教学环节 | 教学内容及教师组织活动 | 设计意图 |
|---|---|---|
| （五）巩固练习 | 【例】一架装载抗洪救灾物资的飞机，在距地面500m高处，以80m/s的水平速度飞行。为了使救灾物资准确地投中地面目标，飞行员应在距目标水平距离多远的地方投出物资？（不计空点阻力）<br>作业：第12页2、3题 | 通过接近生活的问题来调动学生的兴趣。同时培养学生运用知识解决问题的能力 |
| （六）板书设计 | 平抛物体运动<br>一、平抛运动概念<br>只受重力的作用初速度为水平方向的抛体运动叫作平抛运动<br>二、水平方向的运动规律<br>$v_x = v_0$　　$x = v_0 t$<br>三、竖直方向的运动规律<br>$v_y = gt$，$y = \dfrac{1}{2} g t^2$ | 帮助学生有效地梳理本节课的知识和内容 |

（注：本案例参考海南省儋州市第一中学李孔韧老师的一份说课稿，略有改动）

【分析】本案例编写者依据说课内容把教案设计的缘由和根据较详尽地"说"出来了，自始至终贯穿了既要知其然，又要知其所以然的理念。按其内在结构，根据平抛运动一节的教材编排情况，按照说课的基本要求，从教材分析、学情分析、教法和学法、教学过程设计等几方面进行说课，做到了条理清晰，重点突出，语言逻辑性强，行文流畅、简洁、紧凑。

基于对此说课的整体认识，下面着重分析说课的主体部分，即教学过程设计部分。

此部分主要是由教学环节、教学内容和教师组织活动、设计意图三栏构成。教学环节则是由情景创设引入课题、交流讨论与猜想、实验与探究Ⅰ、实验与探究Ⅱ、巩固练习、板书设计等六部分组成。

教学内容和教师组织活动部分则主要涉及教材内容的组成和教师对课堂教学活动展开的具体想法和做法。这一项内容要求教师在钻研教材的基础上，针对课程标准中对本节内容的具体要求，寻求突出重点、克服难点的具体方法，并力图通过实际的教学活动，找到教材内容与学生实际学习之间的平衡点，促进学生的发展。本说课案例中，我们可以清楚地看到，教师在组织学生学习活动方面，不仅考虑到物理概念和规律的建立过程，同时也体现了科学探究的基本过程。

教学过程设计中设计意图部分内容的安排，基本遵循和贯彻教学过程设计的基本思想，从物理教学实际、教学内容组织和结构、学生物理学生的特点和规律入手，开篇以物理情景创设，通过物理概念和规律的学习，不仅渗透物理学研究思想和方法的教育，而且从知识与技能、过程和方法、情感态度与价值观三个方面，具体落实培养学生应当达到和实现的由课程目标规定的要求。教学目的能否实现，学科教育中相关课程目标能否恰当地转化为易于实现、便于评价的课堂教学目标，需要教师和学生共同努力方能实现。设计意图的文字表述明确、具体，有较好的示范性和可操作性，也便于同行借鉴和学习。

一般来说，说课主要涉及的是备课的基本思想，其主体内容需要考虑的不仅是课堂教学的各项准备工作，更重要的是针对教材内容教师进行创造性活动的重要过程。教师也可以根据教学实际，特别是学生的实际进行梳理，或对其中的内容和安排进行适当的增减或调整，而一个完整的说课同时又与教学设计联系起来，它应当包括针对实际的教学执行情况进行课后分析和评价，使得整个的教学活动包含教师的教学反思部分，这对于提高教学水平和质量，提升教师的专业素养有很大帮助。

在实际的说课活动中，教师应当有几点值得注意。

（1）充满激情，亲切自然。说课时，不但要精神饱满，而且要充满激情。要使听课者首先从表象上感到说课者对说好课的决心与自信心，从而感染听者，引起听者的共鸣。

（2）详略得当，重点突出。说课的对象不是学生，而是教师同行。所以说课不宜把每个过程说得太详细，要重点说出如何引导学生理解概念、掌握规律的方法，说出培养学生学习能力与提高教学效果的途径。

（3）紧凑连贯，简练准确。说课的语言应具有较强的针对性。语言表达要简练干脆，不要像上课那样拘谨，要有声有色，要灵活多变。前后整体要连贯紧凑，过渡要流畅自然。

（4）表现专长，突出特色。要说出对课程、教材、教法有别于常规的特殊理解、安排，从而体现出执教者的教学专长和教学成果，突出教学特色。

## 第三节　说课练习

【实验目的】

1.熟悉说课的基本结构和要求；

2.钻研教材，明确教学内容的基本要求；

3.初步掌握说课稿的编写。

【实验内容】

现就下列初中和高中物理几则教学内容，各写一份说课稿。注意以下几点要求：

（1）仔细阅读教学内容及其相关资料，拟定说课稿撰写的思路；

（2）说课稿撰写内容应以教学过程或教学程序设计为主；

（3）注意说课稿的撰写与教案的联系与区别。

【示例2】初中物理"形变和弹力"课题[①]

　　手压气球，气球会变形；手压弹簧，弹簧会缩短；手拉橡皮筋，橡皮筋会伸长。物体形状的改变，叫作形变。如果形变的物体在撤去外力后能恢复原状，那么该物体所发生的这种形变叫作弹性形变。

　　活动：探究弹性形变与外力的关系

　　压塑料尺的力越大，塑料尺的弯曲程度越大；

　　拉弹簧用的力越大，弹簧伸长得越长。

　　由此可见，使物体发生弹性形变的外力越大，物体的形变就越大。

　　在上述活动中，你会感到，弯曲的塑料尺、被拉伸的弹簧会对使它们发生形变的手指产生力的作用。

　　事实说明，物体发生弹性形变后，力图恢复其原来的形状，而对另一个物体产生力，这个力叫作弹力。拉力、压力都属于弹力。

【示例3】初中物理"功"课题[②]

　　什么是功

　　当你举高物体时，你就应用储存于身体内的化学能，使物体的位置升高了。在物理学中，就说力对物体做了功。举起的高度相同时，物体的重力越大，举起它所需的力越大，力做的功就越多；对于同样重的物体，举起的高度越大，力做的功也越多。

　　物理学中，把力与物体在力的方向上通过的距离的乘积称为机械功，简称功。

　　若用 $W$ 表示功，$F$ 表示力，$s$ 表示物体在力的方向上通过的距离，则功的公式为

$$W = Fs$$

　　在国际单位制中，力的单位是牛（N），距离的单位是米（m）。则功的单位就是牛·米（N·m）。为了纪念英国物理学家焦耳对科学的贡献，人们将

①刘炳升，李容.物理（八年级　下册）［M］.3版.南京：江苏科学技术出版社，2012：45.

②刘炳升，李容.物理（九年级　上册）［M］.3版.南京：江苏科学技术出版社，2013：14.

功的单位命名为焦耳（joule），简称焦，用字母J表示。

$$1\,J = 1\,N \cdot m$$

1J的功有多大呢？从地上拿起一个约50g的鸡蛋，并把它缓缓地举过头顶，在此过程中你对鸡蛋做的功大约为1J。

（摘自义务教育教科书《物理（九年级上册）》，江苏科学技术出版社2013年第3版，第14页）

**【示例4】摩擦力（高中物理）**

摩擦是一种常见的现象。同学们在初中已经知道，两个相互接触的物体，当它们发生相对运动或具有相对运动的趋势时，就会在接触面上产生阻碍相对运动或相对运动趋势的力，这种力叫作摩擦力。

思考与讨论

互相接触的物体相对静止的时候，是不是也可能产生摩擦力？

图5-1　有没有摩擦力？

静摩擦力　如图5-1甲，小孩轻推箱子，箱子有相对地面运动的趋势，但他没有推动，箱子与地面仍然保持相对静止。根据初中所学的二力平衡的知识，这时一定有一个力与推力平衡。这个力与小孩对箱子的推力大小相等、方向相反。这个力就是箱子与地面之间的摩擦力（严格地说，这个问题中的推力和摩擦力并不作用在同一直线上，但在初步讨论这个问题时，可以把物体看作近地点质点，这样就可以认为这两个力作用在同一直线上）。由于这时两个物体之间只有相对运动的趋势，而没有相对运动，所以这时的摩擦力叫作静摩擦力。静摩擦力的方向总是沿着接触面（如果接触面是曲面，静摩擦力的方向与接触面相切）。并且跟物体相对运动趋势的方向相反。

小孩用更大的力推，箱子还是不动（图5-1乙）。同样根据二力平衡的知识，这时箱子与地面间的静摩擦力还跟推力大小相等。只要箱子与地面间没有产生相对运动，静摩擦力的大小就随着推力的增大而增大，并与推力保持大小相等。

**演示**

把木块放在水平长木板上，用弹簧测力计沿水平方向拉木块。在拉力 $F$

增大到一定值之前，木块不会运动。

在弹簧测力计的指针下轻塞一个小纸团，它可以随指针移动，并作为指针到达最大位置的标记（图5-2）。继续用力，当拉力达到某一数值时木块开始移动，此时拉力会突然变小。

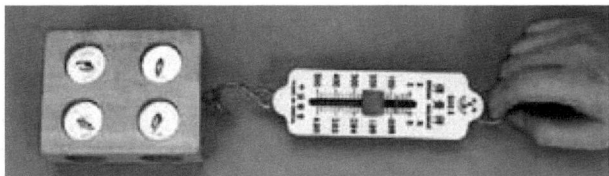

图5-2　测力计指针下面的小纸团可以"记住"拉力曾经达到的最大值

如果用力的传感器代替弹簧测力计做这个实验，能够在计算机屏幕上直接得到拉力变化的图线。

静摩擦力的增大有一个限度。静摩擦力的最大值$F_{max}$在数值上等于物体刚刚开始运动时的拉力。两物体间实际发生的静摩擦力F在0与最大静摩擦力$F_{max}$之间，即$0 < F \leq F_{max}$。

**说一说**

能把线织成布，把布缝成衣服，靠的是纱线之间静摩擦力的作用。拿在手中的瓶子、毛笔不会滑落，皮带运输机把货物送往高处（图5-3），也是静摩擦力作用的结果。你还能说出日常生活和生产中利用静摩擦力的事例吗？

图5-3　传送带　　　　图5-4　轮胎

轮胎表面都有花纹状的沟槽。雨天，沟槽能把轮胎与地面间的水排出，保持两者的良好接触以产生足够的摩擦力。沟槽的深度小于2mm时轮胎就不应再使用了。

**滑动摩擦力**　在图5-2的实验中，木块在木板上开始滑动后，拉力明显减小，表明摩擦力明显减小。当一个物体在另一个物体表面滑动的时候，会受到另一个物体阻碍它滑动的力，这种力叫作滑动摩擦力。滑动摩擦力的方向总是沿着接触面，并且跟物体的相对运动的方向相反。

实验表明：滑动摩擦力的大小跟压力成正比，也就是跟两个物体表面间的垂直作用力成正比。如果用F表示滑动摩擦力的大小，用$F_N$表示压力的大小，则有

$F = \mu F_N$

其中 $\mu$ 是比例常数（它是两个力的比值，没有单位），叫作动摩擦因数，它的数值跟相互接触的两个物体的材料有关。材料不同，两物体间的动摩擦因数也不同。动摩擦因数还跟接触面的情况（如粗糙程度）有关。

表5-3　几种材料间的动摩擦因数

| 材料 | 动摩擦因数 | 材料 | 动摩擦因数 |
|---|---|---|---|
| 钢—钢 | 0.25 | 钢—冰 | 0.02 |
| 木—木 | 0.30 | 木头—冰 | 0.03 |
| 木—金属 | 0.20 | 橡胶轮胎—路面（干） | 0.71 |
| 皮革—铸铁 | 0.28 | | |

例题　在我国东北寒冷的冬季，雪橇是常见的运输工具。一个有钢制滑板的雪橇，连同车上的木料的总重量为 $4.9 \times 10^4$N。在水平的冰道上，马要在水平方向用多大的力，才能够拉着雪橇匀速前进？

分析　雪橇在水平方向受到两个力的作用，如图5-5所示。马对雪橇的拉力 $F_1$、冰道对雪橇的滑动摩擦力 $F_2$。在这两个力的作用下，雪橇匀速前进。

由于二力平衡，匀速前进时马的拉力 $F_1$ 与摩擦阻力 $F_2$ 大小相等，即 $F_1 = F_2$。滑动摩擦力 $F_2$ 的大小可以由 $F_2 = \mu F_N$ 求出。其中 $F_N$ 是雪橇对地面的压力，它的大小等于雪橇的总重量 $G$。钢与冰之间的动摩擦因数 $\mu$ 可在表中查出。重量 $G$ 是已知的，由此可求出 $F_2$，进而求出马的拉力 $F_1$。

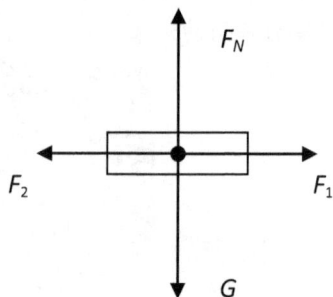

图5-5　雪橇受力图

解　　$G = 4.9 \times 10^4$ N，$\mu = 0.02$

雪橇匀速运动，拉力与阻力大小相等，所以 $F_1 = F_2$

$$F_2 = \mu F_N$$

而　　　　$F_N = G$

所以　　　$F_1 = \mu G$

代入数值后，得

$$F_1 = 0.02 \times 4.9 \times 10^4 \text{ N} = 980 \text{ N}$$

马要在水平方向用980N的力，才能够拉着雪橇匀速前进。

除滑动摩擦外，还有滚动摩擦。滚动摩擦是一个物

图5-6

体在另一个物体表面上滚动时产生的摩擦。当压力相同时，滚动摩擦比滑动摩擦小很多。滚动轴承就是根据这一点制成的。如图5－6所示，地面有沙子，易滑倒，也是由于滚动摩擦比滑动摩擦小。

**做一做**

图5－7为自行车的滚动轴承。把滚珠沾上润滑油后放入"轴碗"，外面压上"轴挡"，中间穿上轴，就成了滚动轴承。

图5－7 安装自行车的滚动轴承

**科学漫步：液体的阻力**

气体和液体都具有流动性，统称为流体。物体在流体中运动时，要受到流体的阻力，阻力的方向与物体相对于流体运动的方向相反。汽车、火车、飞机在空气中运动，要受到空气的阻力。快速骑自行车，我们会感到空气的阻力。轮船、潜艇在水面或水下航行，要受到水的阻力。鱼在水中游动，人在水中游泳，都要受到水的阻力。

流体的阻力跟物体相对于流体运动的速度有关，速度越大，阻力越大。雨滴在空气中下落，速度越来越大，所受空气阻力也越来越大。当阻力增加到跟雨滴所受的重力相等时，二力平衡，雨滴开始匀速下落。大雨滴比较重，与重力相平衡的空气阻力要比较大，雨滴速度较大时才能达到平衡。所以大雨滴落地时速度较大，"毛毛细雨"则缓慢地飘落到地面。

图5－8 神舟号返回舱空降试验

流体的阻力还跟物体的横截面积有关，横截面积越大，阻力越大。跳伞运动员在空中张开降落伞，凭借降落伞较大的横截面积取得较大的空气阻力，安全落地。

流体的阻力还跟物体的形状有关系。头圆尾尖的物体所受的流体阻力较小，这种形状通常叫作流线型。鱼的形状就是流线型的。为了减小阻力，小汽车、飞机、轮船的水下部分，外形都采用流线型。

图5-9　轮船的水下部分呈流线型　图5-18　海豚的身体呈流线型

一般来说，空气阻力比流体阻力、固体间的摩擦力都要小。气垫船靠船下喷出的气体，浮在水面航行，阻力小，速度大。磁浮列车靠电磁力使列车悬浮在轨道上，速度可达500km/h。

**问题与练习**

1.手压着桌面向前移动，会明显地感觉到有阻力阻碍手的移动。手对桌面的压力越大，阻力越大。试一试，并说明道理。

2.一只玻璃瓶，在下列情况下是否受到摩擦力？如果受到摩擦力，摩擦力的方向如何？

（1）瓶子静止在粗糙水平桌面上。（2）瓶子静止在倾斜的桌面上。

（3）瓶子被握在手中，瓶口朝上。（4）瓶子压着一纸条，扶住瓶子把纸条抽出。

3.重量为100N的木箱放在水平地板上，至少要用35N的水平推力，才能使它从原地开始运动。木箱从原地移动以后，用30N的水平推力，就可以使木箱继续做匀速运动。由此可知：木箱与地板间的最大静摩擦力 $F_{max}$ =_____；木箱所受的滑动摩擦力 $F$ =_____，木箱与地板间的动摩擦因数 $\mu$ =_____。如果用20N的水平推力推木箱，木箱所受的摩擦力是_____。

（摘自普通高中课程标准实验教科书《物理1·必修》，人民教育出版社2006年第2版）

# 第六章　中学物理教学设计

## 第一节　教学设计

### 一、教学设计的本质

教学设计是由教学目标分析与设计、达成目标诸要素的分析与设计、教学效果的评价等所构成的有机整体。

#### （一）教学设计的概念

所谓教学设计，主要是指教师运用系统方法分析和研究教学问题、确定教学目标、运用教学策略、选择教学媒体和方法、制定学和教的方案，并对其进行评价和修改的过程。课堂教学设计就是在课堂教学工作开始之前，运用学习理论、教学理论和传播理论，依据教学目的和要求，通过对教学过程各主要环节和要素的系统分析，确定合适的教学内容，创设一种教学活动模式，并形成有序的流程，指导教学工作的高效实施。教学设计是中学各学科教与学的一个非常重要环节，是教师备课工作的重要组成部分。

教学设计的任务是把先进的教育教学理论转化为教学行为，其成果的形式表现为教学模式和教学方案，因而教育教学思想的指导是教学设计的基础。教学设计主要解决以下几个方面的问题：第一，教学过程是一个系统过程，这一过程的每一个环节对成功的学习而言都是极为重要的；第二，教学过程是多种教学因素相互作用的过程，同时具有多种教育功能；第三，强调课堂教学设计要以学生的发展为中心，以学生的学习为中心；第四，注重从学生心理发展的角度来分析和处理教学过程中出现的矛盾和问题，注重学生的个性发展和创造能力的挖掘；第五，必须充分发挥信息技术手段的重要作用。

教学设计从实质上说，就是创设教与学的系统过程。创设教学系统的根本目的，是促进学生的学习。教学设计实质上是对教师课堂教学行为的一种事先策划，是对学生达成目标、表现出学业进步的条件和情境做出的精心安排。

对于教学设计的认识和理解可以从三方面进行：第一个方面是教什么和学什么，即教学目标的设计，解决教什么和学什么的问题；第二个方面是如何教和如何学，解决怎样教和学的问题，包括学习者起始状态的分析、教学内容的分析与组织、教学方法与教学媒介的选择（它们都属于达成目标的各个要素）；第三个方面是教的怎样和学的怎样，即教学的评价，解决的是教学效果问题。

## （二）教学设计的分类

一般来说，从现代学校教学活动领域所涉及的问题来看，教学设计可以分为：课程（学科）教学设计、单元教学设计和课堂教学设计三个层面。

课程教学设计，亦称为学科教学设计，主要是指对一门具体课程的教学设计。在学校教学活动中，课程教学设计工作一般需要一个专门的小组来共同研究完成，如学校的学科教研组。单元教学设计是介于课程教学设计和课堂教学设计之间的一种阶段性教学设计。

这里我们主要介绍课堂教学设计。课堂教学设计一般是指针对一节课或某一个具体问题所进行的教学设计活动，所以也称为即时教学设计，教学设计的具体实施方案就是所谓教案，一般由任课教师完成。

## （三）教学设计的过程分析

教学设计是一个复杂的过程，完整的教学设计一般包括几个环节：学习对象分析、教学内容分析、教学目标阐述、教学过程分析及教学策略制定、教学媒体运用和教学评价设计。各个环节互相联系互相制约，构成了教学设计的总体框架。

一般来说，教学设计过程的共同特征要素应包括：

（1）学习对象分析。教学设计应该比较全面地分析学习者的兴趣、需要和学习风格及认知与发展特征，分析学习者的学习起点水平及学习需要和学习动机等。

（2）教学内容分析。教学内容分析的内容主要应包括：教学内容的选择，教学内容的编排与组织，教学内容展示的程序和方式等。

（3）教学目标阐述。教学目标阐述主要是指教学目标的整体性与层次性分析，教学目标的行为、条件、标准等要素的确定与阐述等。

（4）教学过程分析及教学策略制定。教学过程设计是整个教学设计的主体，通常是以时间为序的一个教学流程设计。这里的教学过程设计主要是指教学背景和条件及环境的分析，教与学双方活动特征的分析，教学策略的制定，教学方法的优化选择与综合应用等。

（5）教学媒体运用。教学媒体运用内容主要包括：多种教学媒体特性与效果功能的分析，教学媒体的优化和选择，教学媒体的使用策略与方式的确定等。

（6）教学评价设计。教学设计过程中的教学评价设计是以形成性评价为主，教学活动信息反馈方式与渠道的分析，教学效果检测内容、检测方式的确定，制定总结性评价与激励性评价的有机结合策略等。

## 二、教学设计的意义

教学设计主要是针对教学过程的系统分析和研究，采用科学的方法认识课堂教学的规律，目的直指如何提高课堂教学的效率，促进学生的全面发展。

### （一）有利于推动教学理论与教学实践的结合

为了使教学活动高效、有序，人们一直致力于探讨教学的机制，对教学过程、影响教学的因素及其相互关系进行研究，并形成了一套独立的知识体系——教学理论。但这种理论偏重于理论上的描述和完善，对于教学的改进是间接的指导性作用，因此需要运用理论指导下的教学设计去开展课堂教学。同样，教学实践是情境丰富的、发展变化的，也不能完全套用现成的理论，中间需要起过渡作用的教学设计。在教学实践中，学生在各个方面无不例外地表现出其自身的特点，学生个体在群体中具有明显的个体差异。在教学活动中，学生是学习的主体，学生的学习不是被动地接受知识，而是一个依据原有的知识和能力，对新知识进行积极主动的建构过程。无论何种教学形式，学习最终是通过学生内部学习过程自己完成的，学习的结果将最终体现在学生身上。因此，教学设计必须重视激发、促进、辅助学生内部学习过程的发生和进行，从而使有效的学习发生在每一个学生身上，保证不让一个学生处于教学的劣势中，要创造有利的学习环境，让每个学生都享有同等的机会。

### （二）有利于教师控制整个过程，提高教学质量

通过教学设计，教师和学习者可以清楚地知道学习者要学习什么内容，学习者将出现哪些学习行为，并为此确定教学目标。通过教学设计，教师和学习者可以依据教学目标和学习者特征，采用有效的教学模式，选择适当的

教学媒体和方法，实施既定的教学方案，保证教学活动的正常进行。教学设计是以帮助学生的学习为目的，它常以学生学习所面临的问题为出发点，寻找问题，确定问题的性质，研究解决问题的办法，从而达到解决的目的。因此，教学设计是以问题找方法，而不是以方法找问题，使教学工作更具有目的性。教学设计应注重调控和教学评价，不断根据教学过程中出现的新问题修改程序。在设计过程中的各个环节上，不断地收集、反馈信息，并对教学设计整个过程和结果进行科学的评价，为不断改进教学、提高教学效果提供依据。通过教学设计，教师可以准确地掌握学习者学习的初始状态和学习后的状态，便于有效地控制教学过程。通过教学设计，可以达到优化教学效果并提高课堂教学的质量。

（三）有利于教学工作的科学化，促进年轻教师的快速成长

教学既是一门科学也是一门艺术。说它是一门科学，是因为教学是在科学的教育教学理论的指导下进行，是能够通过建立在系统论思想基础上的科学方法——教学设计使理论转化为实践；说它是一门艺术，是因为教师可以凭借自己的经验和直觉选择合适的教学策略，通过自己的言传身教取得良好的教学效果，教师在教学中所展示的人格、语言魅力以及表现出来对课堂的游刃有余都给人一种艺术般的享受。要掌握这门艺术固然有天生的成分，但对于绝大多数教师来说却不是几年内所能达到的，尤其是青年教师，而通过教学设计则可以实现新理论、新方法的有效运用。由此可见，学习和运用教学设计的原理与技术，可促使教学工作的科学化，也为师资队伍的培养提供了一条有效的途径。

（四）有利于科学思维习惯和能力的培养，提高发现问题、解决问题的能力

教学设计是系统解决教学问题的过程，按照问题解决的一般过程：发现（鉴别）问题、选择和建立解决问题的方案、试行方案及评价与修改方案，可见教学设计和传统的备课有明显的差别。在利用教学设计优化学习的过程中，设计人员一方面要善于发现教学中的问题，用科学的方法分析问题，谋求解决的方案；另一方面需要在设计、试行过程中不断地反思解决方案，在这个过程中科学思维习惯得以有效地培养，发现、解决教学问题的能力也会逐渐提高。此外，这种解决问题的方法、技术和思维方式具有很强的迁移性，可用于其他相似的问题情境和实际问题。

（五）有助于学科核心素养的养成

2016年9月13日，北京师范大学举行了中国学生发展核心素养研究成果发布会。这项历时三年权威出炉的研究成果，对学生发展核心素养的内涵、表现、落实途径等做了详细阐释[①]。

学生发展核心素养，主要指学生应具备的，能够适应终身发展和社会发展需要的必备品格和关键能力。综合表现为人文底蕴、科学精神、学会学习、健康生活、责任担当、实践创新六大素养，具体细化为国家认同等18个基本要点，各学段学生的具体表现要求如图6-1所示。

图6-1 学生发展核心素养

文化基础包括人文底蕴和科学精神。人文底蕴主要是学生在学习、理解、运用人文领域知识和技能等方面所形成的基本能力、情感态度和价值取向。具体包括人文积淀、人文情怀和审美情趣等基本要点。科学精神则是学生在学习、理解、运用科学知识和技能等方面所形成的价值标准、思维方式和行为表现。具体包括理性思维、批判质疑、勇于探究等基本要点。

自主发展包括学会学习和健康生活。主要是学生在学习意识形成、学习方式方法选择、学习进程评估调控等方面的综合表现。具体包括乐学善学、勤于反思、信息意识等基本要点。在认识自我、发展身心、规划人生等方面的综合表现，具体包括珍爱生命、健全人格、自我管理等基本要点。

社会参与包括责任担当和实践创新。社会担当主要是学生在处理与社会、国家、国际等关系方面所形成的情感态度、价值取向和行为方式。具体

---

① 《中国学生发展核心素养》总体框架［DB/OL］.http://learning.sohu.com/20160913/n468381581. shtml.

包括社会责任、国家认同、国际理解等基本要点。实践创新则主要是学生在日常活动、问题解决、适应挑战等方面所形成的实践能力、创新意识和行为表现，具体包括劳动意识、问题解决、技术应用等基本要点。

人文底蕴、科学精神、学会学习、健康生活、责任担当、实践创新六大核心素养具体细化为人文积淀、国家认同、批判质疑等18个要点。

上述核心素养结构及要点将直接关系到今后的学科课程标准的修订、课程建设、学生评价等众多事项。

## 三、教学设计的基本模式

中学物理教学设计是物理教师在物理课程目标和教学目标的指引下，对物理教学活动进行全盘考虑、系统规划与预先策划，并根据实际反馈的信息不断地调整物理教学活动的过程。中学物理教学设计可以分成教学目标设计、教学内容设计、教学策略设计、教学媒体设计和教学评价设计五个环节。其中教学目标设计主要分布在教材分析、学情分析、教学目标分析、教学重点和难点的相关内容之中，教学内容设计主要依据课堂教学目标以及如何根据教学重点和难点的确立，具体体现在教学过程之中。而教学策略及教学方法的选择和优化也相应地体现在教学策略设计和教学媒体设计之中。

刘炳升教授提出的教学设计过程一般模式如图6-2所示。与前面的教学设计的认识相比，对教学资源的利用及教学评价的研究理应考虑到教学设计之中[①]。

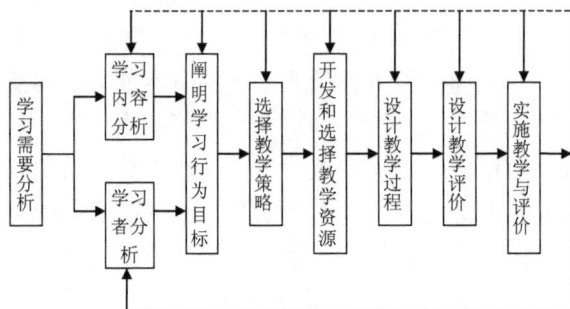

图6-2　教学设计的一般模式

王建中则认为，教学设计的一般过程模式如图6-3所示[②]。

---

① 刘炳升，仲扣庄.中学物理教师专业技能训练［M］.北京：高等教育出版社，2004：118.
② 王建中.中学物理教学设计与案例研究［M］.北京：科学出版社，2012：6.

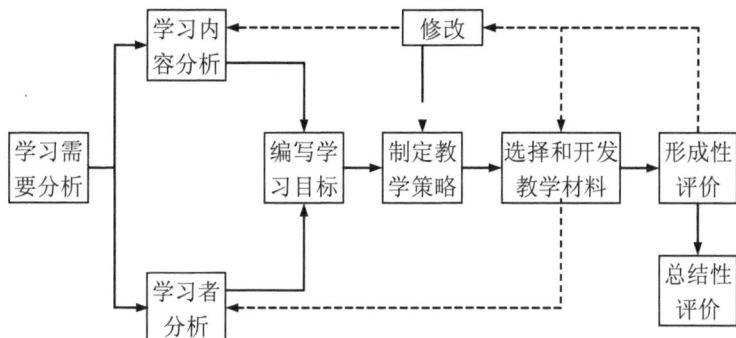

图6-3　教学设计的一般过程

纵观整个中学物理教学设计的基本思想，我们认为中学物理教学设计应当主要考虑教学对象分析、教材分析、教学目标分析、确定教学策略、教学过程设计和教学评价等几个方面的内容。

（一）学情分析

学生是学习的主体。教学过程中，教师要了解学生的生理、心理特点和学习兴趣、学习需要、学习动机和情绪、现有知识水平，并能够预测学生在具体课题的学习时可能出现的困难和问题。

### 1. 学习对象分析的目的

学习过程是学习者主动认识的过程，学习者是学习活动的主体。课堂教学所确立的目标能否实现，关键在于学习内容是否能够针对学习者的特征。作为学习活动主体的学生在学习过程中多是以自己的学习习惯和特点进行学习的。分析学习者的目的在于为学习者提供合适的教学内容和选择运用恰当的教学策略。这对教育者来说，可以做到因材施教；对学生来说，可以做到有准备地学习。

### 2. 学习对象分析的内容

学习对象分析主要包括几方面内容：学习需要分析、起点能力分析、学习者背景知识的分析、一般特征分析以及认知风格分析。

（1）学习需要分析。早在1990年，世界全民教育会议对基本学习需要做了定义，认为"基本学习需要包括人们为生存下去，为充分发展自己的能力，为有尊严地生活和工作，为充分参与发展，为改善自己的生活质量，为作出有见识的决策，以及为继续学习所需的基本学习手段（如识字、口头表达、演算和解题）和基本学习内容（如知识、技能、价值观念和态度）"[①]。

---

① 联合国教科文组织总部.教育——财富蕴藏其中［M］.联合国教科文组织总部中文科，译.北京：教育科学出版社，1996：11.

新课程强调"教"服务于"学",把学生置于教学的出发点和核心地位。教师必须研究学生的学习需要,了解学生现有的知识水平与情感,根据不同学生的个性特点和认知水平进行分层教学,从而实现学生全面发展,提高教学整体效果。

通常情况下,学生的学习需要是指学生目前的学习状况与教师期望他们通过学习应达到的学习状态之间的差距。学生的学习需要的产生原因比较复杂,有来自其自身的因素,如在学期间对某门学科较感兴趣;也有外在的因素,如学生家庭的愿望和期盼。教师应当了解学生期望达到的学习状况和他们目前的学习状况,就可得出二者的差距,而这个差距会直接反映出学生的学习需要,这个分析过程就是学习需要分析。

(2)学习者起点能力分析。书本上对于每个知识的编排依据的是学生的逻辑起点,而忽略了学生的现实起点。如今的学生获取信息的渠道拓宽了,他们的知识储备往往会超出教材上的教学起点,有时远远超出教师的想象,教师设计的教学起点就不一定是学生的现实起点。比如,许多初中学生在学习"描述物体的运动"时,对"速度"这个概念已有的一定的认识,对于日常生活中与"速度"有关的解释或说法都有自己的理解,也能够进行简单的计算。那么,学生又是如何知道这一概念的呢?学生又是如何运用这一概念的呢?学生是否真正理解了这一概念呢?这就要求教师去分析。如教师通过了解学生在小学《科学》等课程的学习情况,正确认识上一个学段的教学内容和教学要求。如果学生只是将"速度"这一概念与其日常生活建立起联系的话,则可能会对现学段的教学产生不好的影响。我们知道,中学物理教材的设计和编排,以及教学的基本要求通常都是假设学习者是中等水平,或通过教学活动的实施学生能够接受和掌握的。如果按照教材安排的起点进行教学设计,可能会出现有些学生"吃不消",有些学生"吃不饱"的现象。因此,全面分析学情,找准起点是进行教学设计的前提。只有深入地了解学生,找准教育的起点,才能够实现以人为本,切实提高学生的综合素质。学生的学习起点是影响学习新知识的重要因素,准确地诊断学习者的现有能力和水平是进行有效教学设计的基本前提。只要了解学习者的起点能力,就能依据学习者的个人特征及所学教学内容和应达成的教学目标明确学习者应达到怎样的终点能力。同时,还可以确定教学内容的重点和难点。

(3)学习者背景知识的分析。作为教师应当仔细分析学生的背景知识、已有的知识、已有的经验,根据学生知识的实际情况,灵活运用和选择教学方法。有关学习者背景知识分析在中学物理教学实施中具有现实意义,即研究学习者相关物理概念和规律学习时有关"前概念"的形成原因和特点分析。

（4）一般特征分析与学习风格分析。一般特征是指学习者个体的学习产生影响的心理、生理和社会的特点，包括年龄、性别、知识背景、个人对学习的期望、学习兴趣与动机、工作与生活经历、文化背景等。学习者的一般特征只是影响学习的背景因素，即便如此，这些因素还是对学习者学习新知识起着促进或妨碍的作用，并影响教师对学习内容的选择和组织，影响教学方法、教学媒体和教学组织形式的选择与运用。学习风格是个体在理解、储存、转换和利用信息过程中所偏好的相对稳定的态度和方式。有的学生善于想象、善于逻辑推理，有的学生善于形象思维……作为教师要通过各种渠道，了解学生的学习风格。

**3. 学习对象分析的方法**

（1）自然观察法。自然观察法指教师在自然状态下，通过对学生的行为表现进行有目的的观察与分析，从而了解学生基本情况的方法，这是了解学生最常用的方法。

（2）书面材料分析法。书面材料分析法是指教师通过阅读、分析有关学生情况的书面材料（包括档案资料、班级记录资料和学生个人作品、作业等）来了解学生的方法。这种方法能够全面地了解学生的历史、现状、发展、变化极其未来的发展趋势。

（3）谈话法。谈话法是指教师根据一定的目的要求，通过与学生口头交谈的方式，了解学生内心活动。这种方法有利于教师了解学生的情况，也有利于师生双方的情感交流。

（4）调查研究法。调查研究法是指借助一定的方法和手段，对学生课内外和校内外的生活环境与各种表现进行有计划的、全面系统的考察，从而了解学生，发现问题并研究解决问题。这种方法有利于深入了解学生的情况，发现各种关系和联系。

（5）测验法。通过诊断性（摸底性）测验了解学生的学习水平和存在的问题，并对测试结果做出分析。这种方法可以面向全体，也可以针对部分学生和个体。以上方法可以交错运用，但一定要讲究实效。

（二）教材分析

教学内容的研究与分析，是对教学目标确定所要达成的教学活动的终点目标、学生在学习开始时的起点能力转化为终点能力所需要的知识、技能以及它们之间的关系，进行比较详细的剖析过程。具体来说，完成研究与分析教学内容任务的过程，就是教师认真分析教材，合理地选择和组织教学内容，科学地设计和安排教学内容并在课堂教学过程中表达或呈现的过程。

教材中的知识内容和知识结构，必须经过教师的再选择、再组织、再加工，这个过程中教师的核心工作是激活和活化教材的知识，通过激活和活化的过程，使教材中表面上看是死的知识变成教学过程中生动的、活泼的知识。这个激活和活化知识的过程同时也是教师对教材知识的内化过程，即把教材的知识内化成为教师自己的知识，这应该是教师在教学设计过程中完成研究与分析教材任务的灵魂。

教学内容是为实现总的教学目标，要求学生系统学习的知识、技能和行为经验的总和。教学内容是根据具体的教学目标，解决"教什么、学什么"的问题。教学内容分析是要根据总的教学目标规定的教学内容的范围和深度，揭示出教学内容中各个组成部分之间的联系，以实现教学的最优化。教学内容分析的结果需表明：学习完成之后学生必须知道什么、能做什么；学生为了达到这样的目标，需要哪些预备知识、技能和态度，以及学科内容的结构及最佳的教学顺序等。经过教学内容分析，教师对选择何种教学策略就会心中有数了。

**1. 全面领会教材**

研究教材，不仅要研究每一个具体的教学内容，而且要研究每一个内容在本册、本年级、本学段、本学科中的作用。教师在深入研究时，不能教什么，眼睛里就只看到什么。研究教材，不仅要研究某一个知识在本版本的编排思想、编排顺序，还要研究其他版本教材对此知识的编排思想、编排顺序。选择适合学生学习的科学的编排方法。总的来说，首先要通读教材，分析教材的编写特点，了解教材的编排体录，领会编者的意图。其次要学习课程标准，弄清楚应该具有的教学理念，弄清具体的标准和要求……这样才能够统观全局、理清主线，避免只见树木、不见森林，避免发生一叶障目的问题。

**2. 深入钻研教材**

教师在全面了解教材内容的基础上，需要进一步研究教材。

（1）全方位把握教材内容的内在特征。

①把握教学内容在整个教学体系中的地位和作用，以及这段教学内容对后续学习的影响和这段教材对形成学生认知结构、训练技能和发展能力、培养品德的作用。

②分析知识结构和特征。主要包括分析结构关系，即这段教材与前后教材知识结构的逻辑关系、来龙去脉、层次脉络；分析类型特征，即分析这段教材所包含的知识类型（陈述性知识、程序性知识或策略性知识）；分析教材所涉及的技能和能力（思维价值），一方面指分析这段教材内在地包含哪些技

能和能力，另一方面指分析通过这段教材的教学，训练了学生的哪些技能和发展了学生的哪些能力。

③教学的具体要求。确定每段教材的教学目的，一方面必须按照课程标准、教科书和学生的实际情况确定每课时的教学要求。另一方面又要有发展的观点，即同样的内容在不同教学阶段其要求是不断提高的。

（2）要正确把握教材中的重点、难点和关键点。重点是指课程标准中或由教师根据教学目标而确定的反映在教材中最基本、最重要的学生应掌握的教学内容。难点包含两层意思。一是学生难以理解和掌握的内容，二是学生易错或混淆的内容。但难点又不是绝对的概念，学生的情况不同，难点也有变化。教师应了解学生实际，精心策划解决难点的教学活动。关键点是指教材中起决定作用的内容，掌握了它，如同获得一把钥匙，其余的内容便会迎刃而解。重点、难点和关键点三者虽有区别，但又是相互联系的。有些内容既是难点，又是重点还是关键点。但有的内容只是难点，而不是重点，也不是关键点。因此在教学策略上，要突出重点排除难点，抓住关键点。常用的解决难点的方法有：分散难点，各个击破；创设情境，联系实际，激发思维；运用直观方法加强感知。

（3）运用教材。灵活地运用教材，不可过分地拘泥于教材。教师必须从学生的实际出发，对教学内容有选择性地进行再加工、再创造。

在课堂实际教学中，面对不同的学生，教学重点、难点会有变化。教材内容是教学内容的一个组成部分，但不是全部，教师在设计教案时，在领会教材意图，完成教学任务的前提下，应该敢于分析教材的不足，敢于调整教学顺序，敢于重组教材内容。对于一些不切合学生实际的教学内容应做调整、修改和补充，不必照搬教材。不过这一点对于青年教师来说，因其缺乏教学经验，处理时要谨慎。

（三）教学目标分析

通过对学习内容的分析，确定了完成教学目标所需掌握的各个知识点与技能项目，通过对学习者初始能力的分析确定教学的起点。至此，教学的内容、对象状态已基本确定，在此基础上，我们应阐明教师通过教学而使学习者在教学活动中所要达到的学习结果或标准，即要确定教学目标，从而使教学工作的结果或标准具体化、明确化，为以后制订教学策略及开展教学评价提供依据。

**1. 教学目标的概念**

（1）目标的层次。在学校教育中，目标可分为三个层次：

①培养目标，是第一级水平的目标，即课程的总目标。它是相对抽象的、陈述较为宏观的目标，是学校教育努力实现的总目标，也是学校安排开设各种类型课程及课程领域的依据。

②课程目标，是第二级水平的目标，具体来说是某门课程要实现的目标，考虑不同的学习领域、学生的发展状况，以行为目标的形式把宽泛的培养目标分解得更加具体，作为课程标准。

③教学目标，是第三级水平的目标，是将课程目标分析到操作化的程度，描述具体的行为结果，引导教学的展开，因此称为课堂教学目标或学习目标，描述的范围是一个单元或一节课，是教师在课堂教学中需要完成的具体目标，是目标系统中最具体且可操作的单位。

（2）教学目标概念。教学目标与教学目的是一种特殊和一般、具体结果与普通要求的关系。教学目标是一种现实，是指在具体情境下，学生行为变化的结果，是可观察、可评价的，是教学目的的具体化。教学目的则是一种理想，是教师教学工作的方向与指针，是普遍的、统一的、抽象的，是教学目标的概括和总结。确定教学目标则是在课程标准中规定的知识内容和教学要求基础上，进一步制定出执行课程标准的计划及其会在学生身上出现哪些变化，学生应该掌握哪些知识，学生的认知、情感和动作技能方面应取得什么发展。因此，课程标准和计划中的目的要求不能代替教学目标，而只能是确定教学目标的依据。

## 2. 教学目标分类

教学设计工作中所确定的教学目标一般来说有两大类：

（1）期待性目标。期待性目标是一种高度抽象与概括的目标，反映的是整体的教育系统任务的基本取向和对学习者发展的一种期望。

（2）达成性目标。达成性目标是一种具体的、个别性的目标，能够通过具体的教学活动而使学生确实能够完成或实现。这种目标是对具体的课堂教学效果的最低限度的要求，也是课堂教学过程中所有学生都能够实际达到的目标。在教学设计过程中，教学目标的确定与许多因素有关，但对教学设计者来说，确定教学目标更应该侧重考虑的任务是教学目标的可操作性。

## 3. 教学目标的表述

在教学目标确定后，如何清晰、准确、具体地表述教学目标，就成为教学目标设计中的一个关键问题。一个好的教学目标的表述，就是要将一般性的目标具体化为可观察、可测量的行为目标，要说明学生在教学后能学会什么，学到什么程度，说明教师预期学生行为改变的结果，这样才有利于教师在教学时对目标的把握与评定。一般说来，一个规范、明确的行为目标的表述，要包含以下四个要素：行为主体、行为动词、行为条件和表现水平或标准。

（1）行为主体。行为主体指的是学习者。教学目标指向是学生通过学习之后的预期结果，因此行为主体必须是学生，而不是教师；规范的行为目标开头应是"学生应该……"，而不是"教给学生……"或"培养学生……"。

（2）行为动词。行为动词尽可能要清晰、可把握，而不能含糊其辞。目标的陈述主要是为了便于后续的评价行为，因此行为动词尽可能要清晰、可把握，而不能含糊其辞，否则无法规定教学的正确方向。行为动词用以描述学生所形成的可观察、可测量的具体行为，分为含糊的与明确的动词。含糊的动词有：知道、了解、欣赏、喜欢、相信等；明确的动词有：写出、背出、列出、选出、认出、辨别、解决、比较等。为有效提高教学目标的客观性和可操作性，设计者在表述行为目标时应尽可能选用那些意义确定、易于观察的行为动词，避免使用"懂得""了解"这类含义模糊、难以观察的动词。因为"懂得""了解"这类词是表示内部心理过程的术语，而内部心理过程无法直接观察，对这些词语的解释就可能有很大差别。

（3）行为条件。行为条件是指影响学生产生学习结果的特定的限制或范围。如果没有明确的行为条件，学生最终的学习结果往往就难以评价，因此，在描述课程与教学目标时，通常都说明在什么样的条件下达到何等程度的结果。如在"机械运动和力"内容学习时，要求是"会根据生活经验估测长度和时间，会选用适当的工具测量长度和时间""用速度描述物体运动的快慢。通过实验测量物体运动的速度。用速度公式进行简单计算""通过常见融合或实验，了解重力、弹力和摩擦力，认识力的作用效果"。

（4）表现水平或标准。表现水平或标准指学生对目标所达到的最低表现水准，用以评价学习表现或学习结果所达到的程度。例如，"根据物体尺度的大小设计图表，按电子—原子核—原子—分子—生物体—地球—太阳系—银河系的顺序排列并标出大致尺度。"

**4. 确定课堂教学目标的原则及注意事项**

（1）确定课堂教学目标应遵循的原则。课堂教学目标至少应分出两个层面，一层是总目标，即课程目标；一层是具体目标，即课时目标。一切具体教学目标的设定，都应该考虑课程目标的要求，课时目标是由教师开发的。课堂教学目标的设计应遵循以下原则：

①主体性原则。学生是教学的对象，是课堂教学的主体。教学的目的就是为了学生、为了学生的未来、为了学生的一切，如果课堂教学忽视了学生的存在，学生没有积极主动地参与课堂教学，没有扮演主角，那么教学目标

就不能够实现。教师的职责就是引导学生主动学习、探究学习、合作学习，帮助学生在学习活动中体验成功的快乐。

②开放性原则。创新是现代教育的灵魂，开放性是必然的表现形式。教学的终极目标是培养学生自由的思想、独立的精神，培养学生的创造能力，塑造学生的崇高人格。因此，课堂教学目标一定要目中有"人"。当然，教师的"导"也不应忽视，即使是放羊也应把羊引到水草丰茂处，而不是贫瘠的黄土地，更不是把他们围在水泥场里。"导"就是启发、点燃。

③多样性原则。教学的终极目标一致，但由于教学内容不同、班级间的差异，每堂课的教学目标自然也就不尽相同。其实，就算是同一堂课教学目标也应是多样的，同样的班级在同一堂课中，不同的学生欲达到的教学目标也不应相同。承认差异，因材施教；因人设标，分类推进，才是科学的原则。

④渐进性原则。新课改设置的每门学科，都有明确的课程目标，但是这些目标，不是一朝一夕就能实现的，一堂课不能定太多的目标，并且不能太高，也不可能面面俱到。因此，课堂教学目标也有一个由低到高、循序渐进、分类实施的过程，"高大全"式的课必会弄巧成拙。

⑤生成性原则。每一位老师在上课前都要反复斟酌确定教学目标，但是"智者千虑，必有一失"，当他走进那充满生气和变数的课堂的时候，往往会发现有的既定目标是"闭门造车"。因此，课堂教学目标不是刻板的东西，应该适时调整，这种调整应是灵动、机智的。

⑥激励性原则。学生能否在课堂上发挥主体作用，积极参与探究性学习，除了教师的引导，更离不开教师的及时点评和激励。事实上，学生的成长离不开自尊心的保护、自信心的激励，只有遵循既注重结果，又注重过程的基本原则，灵活运用各种科学有效的评价和激励手段，才能保证次目标和终极目标的实现。

（2）确立教学目标的注意事项。

①注意目标之间的纵向、横向联系。要弄清楚教学目标与上位目标的关系，以制定恰当的教学目标。教学目标说到底是要培养什么样的人的问题，与它相对应的最上位的是国家制定的培养目标，培养目标的具体化是课程标准，而课程标准的具体化就是教学目标。即使是教学目标，也有不同的层级：有学年（学期）目标，接着是单元（主题）目标，最后才是课时目标。由于上位目标决定下位目标，在确定教学目标时，教师必须清楚它的上位目标是什么，否则就无法把握下位目标的基本定位。同时学科之间，或者单元之间，又构成教学目标之间的横向联系。所以，在确定教学目标时，既要使教学目标在纵向上相互衔接，又要在横向上有机地配合，使教学目标产生整

体效应。

②科学合理地确定好三维目标。新课程提倡教学目标要体现三维目标，这就要求教师既要重视对学生进行知识的传授和能力的培养，又要对学生的学习方法进行指导，更要关注学生的精神状态、心理状态，切实做到以人为本，促进学生和谐、全面的发展。三维目标是三维一体，知识与技能、过程与方法、情感态度与价值观在整个教学过程中，是始终存在的，是一个相互联系、相互渗透的整体，是一个完整的人在学习活动中实现素质建构的三个侧面。

③要把握好预设目标与生成目标的关系。教学目标表述的是预期的学习结果，也可以说是预设的教学效益的底线，它不是教学结果的全部。真正的教学结果一定是预设的目标（也有可能改变）加上生成的目标。在课程与教学设计过程中，教师考虑最多的是预期的学习结果，而不是生成性的目标，尽管在实际教学中，教师必须充分发挥其教学才智，利用生成性的课程资源，实现非预期的教学目标。但是必须注意预期的学习结果是教学设计时关注的重点，是课堂教学过程的决定因素，是教学效果的最起码要求，过于重视生成性的目标，教学就有可能走向"无目的"的误区。

④拟定弹性的教学目标。弹性有两层意思：一是区别对待。由于学生的学习能力、学习基础是参差不齐的，制定一个适合全体学生的教学目标是不可能的，所以教师要制定不同水平的弹性目标，使不同层次的学生都有提高、都有收获。班级教学始终围绕一定的教学目标来展开。因此，应当确定教学目标的最低下线，并使目标在一定范围内波动。二是灵活变通。课堂教学过程是一个复杂多变的动态过程，每个教师在课前都不能预测课堂上学生的反映和突发的种种"意外"。而在实际教学中，经常会遇到教师意想不到的突发事件，对于这些教师应该及时调整目标，不要将教学目标视为固定不变的东西。

（四）确定教学策略

教学目标能否实现，在很大程度上取决于教学方法的选择。教学方法是教学过程中教师与学生为实现教学目的和教学任务要求，在教学活动中所采取的行为方式的总称，它总体上决定着教学策略的选择。

**1. 教学方法选择的基本依据**

任何一种教学方法最核心的作用，都是为实现教学目标和完成教学任务服务。教学方法的实质就是把教师的教学、学生的学习和教材的内容有效地连接起来，使这些基本要素能够在教学过程中充分地发挥它们各自的功能和作用，实现预期的教学目标，达到预期的教学效果。因此，教学方法与教学目的、教材内容、学生特征、教师素养、教学环境之间存在着必然的内在联系，这就是教师在教学过程中选择教学方法的基本依据。

（1）依据教学目标选择教学方法。一般来说，教学目标包括认知、情感和动作技能这三个领域，每个领域又分为若干个层次。不同领域或不同层次的教学目标必须要借助于相应的教学方法和教学技术。例如，如果教学目标强调知识的接受，则可相应注重采取以语言传递信息为主的讲解的方法；如果以学生掌握动作技能为主要教学目标，可以采用以实际操作训练为主的教学方法。所以，对教学方法的选择的指导性因素应是具体的教学目标。这些教学目标既应包含着知识内容目标，也应包括认知技能和认知策略方面的目标，还应包括培养和发展学生情感态度方面的目标。这就要求教师能够掌握相应的教学目标分类知识和方法，把教学中总的抽象的目标分解转化为具体的可操作性目标，并依此来选择和确定具体的教学方法。

（2）依据教材内容特点选择教学方法。不同学科的教材，要采用不同的教学方法进行教学，这不仅是因为不同学科内容本身所特有的抽象性或形象性的特点，而且还因为学生在学习不同学科内容时的心理过程存在差别。例如，计算机知识应用类课程宜采用讲解与演示相结合的方法，而在人文学科中则较多地使用讲读法。事实上，当今国外涌现出的一些影响颇大的教学方法，如暗示教学法、纲要信号法等，无一不是与某些特定学科的教学内容相联系的，仅适用于这些特定学科的教学，并不适用于各种学科教学。因此教师在传授不同性质学科的教材内容时，一定要选择适合该学科的教学方法。即便是同一学科，在传授某些具体、特定的教材内容时，也要求采取与完成传授该内容相适应的教学方法。因为任何学科都是由多方面内容构成的体系，在这一体系中，不同的内容具有不同的内在逻辑和特点，有些内容适宜用探索法，有些内容则适合用讨论法。

（3）依据学生实际特点选择教学方法。学生的实际特点主要是指学生现有的知识水平、智力发展水平、学生动机状态、年龄发展阶段的心理特征、认知方式与学习习惯等因素。心理学研究和教学实践都表明，学生的实际特点与教学处理之间存在着相互作用。所以，教学过程中教学方法的选择要受到学生的个性心理特征和他们所具有的基础知识水平的制约。低年级学生注意力易分散，理解能力不高，教学方法宜多样化且具有新颖性；高年级可适当采用谈话法或讨论法。如果学生缺乏对所学内容的感性认识，可采用演示法，已有相应的感性认识时就不必再使用演示法。同一年级或同一班级的学生对某种教学方法的适应性可能会有很明显的差异；同样，对于不同年龄段的不同年级的学生，对同样一种教学方法的适应程度也不相同。这就要求老师能够科学而准确地分析研究学生的特点，有针对性地选择和运用相应的教学方法，使学生在学习掌握知识、形成技能的同时，能够促进学生的身心向更高的水平和阶段发展。

（4）依据教学环境选择教学方法。这里所说的教学环境，主要是指学校教学设备条件（实验仪器、实验设备、图书资料等）、教学空间条件（教室、场地、实验室、活动室等）和教学时间条件等。教学环境状况对教学方法功能的全面发挥也有着一定的制约作用，特别是现代化教学手段的充分运用，会更进一步地开拓教学方法的功能和适用范围。教师选择教学方法时，要在时间条件允许的情况下，最大限度地运用和发挥学校教学设备和教学空间条件的功能与作用。

（5）依据教师自身特长选择教学方法。教学方法的选择还要考虑到教师自身的特长和条件，考虑到教师自身对各种教学方法的掌握和运用水平。有些教学方法虽然好，但教师不能正确使用，仍然不能在教学中产生好的效果，甚至可能起到适得其反的作用。教师个性上的不同特点，也会影响他们对教学方法的使用。如有的教师擅长用生动的语言表述，可以把较为复杂的物理现象和物理问题描绘得形象、生动、具体；有的教师则擅长运用直观教具特别是自制教具，通过直观演示来展示物理现象和变化过程，再加上生动的讲解，有效地引导学生认识物理现象和过程的本质。这两类不同特点的教师在教学方法的选择上，优先考虑的重点应是不同的。总之，教师要根据自身的素养和条件，扬长避短，发挥个人优势，选择与自己特点相适应的教学方法。另外，课堂教学的类型、教学时间的长短、教学内容的具体要求也是选择和优化教学方法需要考虑的问题。

**2. 教学方法运用的要求**

（1）发挥教学方法的整体性功能。要娴熟、正确地运用各种基本方法，发挥其最佳功能。就要求教师要善于综合地运用教学方法，发挥教学方法体系的整体性功能。为了更好地完成教学任务，实现教学目的，必须综合运用多种教学方法。实践证明，在教学过程中学生知识的获得、能力的培养、智力的发展，不可能只靠一种教学方法，必须实现多种教学方法的有机结合与相互配合，实现教学方法的优化组合，这样才能体现出教学方法运用的多样性、综合性和灵活性，从而达到发挥教学方法组合的整体性功能的目的。

（2）必须坚持以启发式为指导思想。无论选择或采用那种教学方法，在实际运用中都必须贯彻启发式的教学思想，要以启发式的教学思想作为运用各种教学方法的指导思想。注重调动学生在学习过程中的主观能动性，激发学生强烈的学习动机，引导学生开展积极的思维活动，促进学生养成独立思考问题的习惯，从而为学生的创造性思维品质的形成提供良好的条件。

（3）必须关注学生的参与。教学方法的运用过程应当是师生双方共同参与、互相合作的过程。教师在运用各种教学方法的时候，要充分注意发挥学生学习的主体作用，发扬教学的民主精神，鼓励全体学生积极主动地参与教学活动，形成良好的师生互动、生动活泼的教学气氛。总之，教师要博采众长，综合地运用多种教学方法。在教学实践中，运用教学方法要树立完整的观点；要坚持以启发式为指导思想；要善于综合地、灵活地运用教学方法，取得最优化的教学效果。教师要坚持"教必有法、但无定法、重在选择、贵在得法"的原则，以教学目标为依据，结合学生知识水平和接受能力的实际情况，认真选择行之有效的教学方法，从而圆满完成教学目标的实施。

### 3. 教学媒体设计

教学媒体（Instructional Media）是指以采集、传递、存储和加工教学信息为最终目的的工具和载体。教学媒体用于教学信息从信息源到学习者之间的传递，具有明确的教学目的、教学内容和教学对象。教学媒体在教学过程中负载信息，传递经验，把教学主体与客体紧密地联系在一起。教师只有借助教学媒体，准确、快速地传递、发送一定的信息，才能形成教学，提高教学效率，达到整体功能的最优教学效果。

课堂教学中多媒体信息技术的运用主要是指运用包括文本、视频、音频、动画、课件及其组合形式等，依据教学目标和教学对象的特点，通过教学设计，合理选择和运用现代教学手段，并与传统教学手段有机组合，共同参与教学全过程，以多种媒体信息作用于学生，形成合理的教学过程结构，达到最优化教学效果的过程。

教学媒体不仅要选择合适，而且要使用得当，才能发挥教学媒体应有的作用。同是一张投影片，由于教学过程的设计不同，媒体使用方式和出示时机的不同，使教学效果迥然两样。使用多媒体教学应该综合考虑教学媒体的效果、学校的条件、师生的实际以及经济实用性。应该选择和设计那些最真实直观，最能恰如其分地说明问题，能最大限度地激发学生学习兴趣、开发学生智力的教学媒体。不同的教学目标、内容和对象对教学媒体的要求也不同。

教学媒体的选择要实用、有目的性。根据不同媒体的特点和教学目标恰当地运用。明确所使用的媒体在教学中的作用，是调动学生的学习兴趣还是解决重点、突破难点，是创设情境还是提供事实材料，是起示范作用还是作为学生探究对象等，都要有明确的了解。运用现代教学媒体旨在解决那些用传统教育媒体难以解决的问题，没有作用的大可不用。

教学媒体的选择和设计要注意优化性。正确把握使用的时机和"度"。要求是最佳使用、恰到好处。在最需要媒体的时候，使用最恰当的媒体，发挥最大功能，获得最佳的教学效果。在教学过程中使用多媒体辅助教学，不是越多越好，也并不是简单地罗列和重复，而是既要充分利用各种媒体帮助学生有效地掌握知识，又要防止多种媒体的滥用，影响学生学习效率，让学生无所适从。计算机多媒体课件更适合运用在那些在现有条件下无法观察到的、难于理解的、抽象的或是动态的内容上，如物质内部结构的动画、天体运行轨迹的描绘、机械振动和机械波的图像，等等。教学媒体在设计和选择上应当注意：

第一，现代教学媒体与传统媒体的有机结合。在一堂课中，语言表述是基础，板书、板画是纲要，课堂上教师的语言讲解、板书和直观教具的运用是不可缺少的，现代教学媒体与之结合才能达到课堂教学的最优化。

第二，实现不同媒体间的扬长避短，互为补充。例如，电视录像在表现活动的画面有独特的优势，但它呈现的时间太短，一闪而过，学生的认知过程难以展开，但如果将它与投影教学相结合，则既能表现活动的画面，又能表现静止放大的图像，教学效果必然会好。

第三，灵活对待教学媒体，创造性地使用教学媒体。随着新课程的实施，与新教材配套的教学媒体不断增多，在提供的现成教学媒体不合适或不是最佳教学媒体的情况下，教师完全可以根据教学的实际需要，重新选择或设计教学媒体。

"（教育）技术是教师的一种工具和辅助力量，它不应为平庸无能之辈或墨守成规者提供庇护所。现在，人们在获得了众多经验、成绩和错误之后已经知道，在学习方面，任何方法、手段和现代化的教育机器都不会是灵丹妙药。"①传统的教育技术和手段有其优点，现代教育技术和手段也有其长处，妥善处理两者之间的关系，从而发挥各自在教育教学中的作用是教师需要考虑的问题。现代化的教育技术和教学手段不可能解决教育领域中的所有问题。

（五）教学过程

传统的教学设计主要体现在备教材（即钻研和熟悉教材，确定教学目的和重点，备知识、备实验、备习题）、备学生（即分析研究学生、了解学生实

①S.拉塞克，G.维迪努.从现在到2000年教育内容发展的全球展望 [M].马胜利，等译.北京：教育科学出版社，1996：135.

际、明确教学难点）、备教法（即处理教材，选择教法），这就是通常所说的"备课"。由于这种备课往往是建立在教师个人教学经验基础上的，教师的教学能力的提高多凭个人摸索，其特点是在备课的过程中，教师凭借自身的教学经验，对教学状态的一种直觉描述。随着人们对教学的目的和功能认识的不断完善，对教学过程本质认识的深入，已逐渐意识到教学过程本来就是由诸多相互作用的要素所构成的复杂过程，因此，仅仅以教师的教学经验作为教学设计的基础，已不能适应教育的要求和发展。

教学设计是以学习理论、教学理论、传播理论等为基础，应用系统科学的方法来研究教学过程，综合考虑教学过程中的多种因素，在分析学科课程标准、教材内容、学生特征的基础上确定学习需要，从而制定学习目标，根据学习内容的类型选择相应教学策略、设计教学模式和过程、进行教学评价，及时反馈，从而实现教学过程的最优化。这些对于一位新教师而言意义重大。它使得青年教师能够充分利用人类对教育教学所积累的丰富知识和经验，对新教师的迅速成长也是一条捷径。

教学过程由教学初始状态、目标状态及二者的中间联系过程三者构成。因此教学过程的设计既要重视静态设计（初始状态与目标状态），又要重视动态设计（教学过程的发展和生成），使二者在相互促进，相互转化中向前推进[①]。

对于教学过程的设计，应当充分考虑课堂教学内容的重点和要求的不同。中学物理课堂教学分为概念教学、规律教学、实验教学、理论教学、复习教学、习题教学、测评讲解和课题研究教学等不同的类型，相应地会与不同课型的操作模式有关。经过长期的教学实践，人们已初步总结出对应的教学模式，这些对于我们设计实际的教学过程会有很大的帮助。

## （六）教学评价设计

作为系统的教学设计理应包括教学评价设计，这是因为教学评价是伴随着教学活动同步进行的，要求教师在提出教学实施方案时，需要提供过程评价方案，下面我们从过程性评价入手，探讨此方案所包括的内容。

### 1. 教学评价的内容

教学评价设计首先要明确"评价什么"的问题。教师在教学过程中实施形成性评价时需要考虑教学目标究竟应当以什么形式体现在教学活动中，显然应当反映在学生的课堂表现之中。

---

① 阎金铎，田世昆.中学物理教学概论［M］.北京：高等教育出版社，2003：189.

学生在课堂教学过程中的真实表现主要可以通过学生语言、学习行为以及所反映出来的认知发展水平等。

课堂教学环境是教师与学生构建的一个能够相互促进、相互影响的教与学的过程。学生在课堂教学环境中所说、所思、所做这些表现出来的教学性、适应性和创造性都是教师的评价内容。

### 2. 教学评价的主体

评价主体主要指的是"谁来评价"的问题。形成性评价设计应当注意评价主体的多元性，教师、学生、同伴以及学生家长都可以是评价的主体。

教师评价主要包括教师对全班的评价、对部分学生的评价、对学生小组的评价、对学生个人的评价。面对一个特定的教学环境中的学生，教师要分层次、有重点地进行形成性评价。

学生以评价的主体身份参与形成性评价，可以采用学生自评、同伴互评、小组互评等。其中小组内部的合作评价是课堂形成性评价的难点。通常学生在课堂上不太善于也不适应进行合作评价，教师应当有计划地培养学生良好的合作评价行为，引导学生自主管理小组活动，自主实施小组评价任务，自主积累过程评价信息和实证材料。

在教师与学生分别作为评价主体的基础之上，作为一个重要的评价主体则是家长评价。如学生在家里做完作业的情况，家长给予必要的评价，如学习独立完成情况和学习态度等。家长参与评价，需要学校、教师和家长及时沟通、相互理解，教师和学校应给予及时的指导。从改变家长的评价态度、改善家长的评价行为、改进家长的评价方法等方面入手，以便更好地发挥家长参与评价的积极作用。

### 3. 教学评价的方法

评价最终的目的是要实现既定的教学目标，针对以往我们的学校课堂教学评价所作所为来看，当然应当关注过程性评价和质性评价。物理课程标准中对此的解释和说明则更多地涉及作业评价、测验成长、作品评价等评价方法。

我们认为，中学物理教学设计首先涉及针对某个具体课题而言，而我们需要完成的教学设计主要是将教学课题具体化，即按照上述基本模式分别完成相关内容。下面我们通过一个完整的教学设计，首先体会其中教学过程设计的基本思想。

【示例】《摩擦力》教学设计

对物体进行受力分析是高中物理力学教学的一个难点，有关力的概念的学习和理解，特别是教材中介绍的自然界四种基本相互作用的学习，对于高中生而言，则需要通过具体的、常见的几种力的学习加深对力的概念的认识。在三种常见力的学习中，摩擦力的学习是学生学习的难点，正确认识摩擦力对后续知识的学习起到非常重要的作用。

摩擦现象对于高中生而言是比较熟悉的一种物理现象，但摩擦力的学习却非常抽象，所以必须通过学生自己的亲身体验和利用身边器材来认识摩擦现象，探究摩擦力的作用，探讨摩擦力的影响因素。教学过程中，教师应当善于充分调动起学生的学习积极性，让学生经历探究的过程，从而体会到成功的喜悦，这对于培养学生探究合作的意识和能力尤为重要。

一、教学内容分析

《摩擦力》是高中物理1（必修）（人民教育出版社2010版）第三章相互作用第三节教学内容。第三章相互作用共有五节内容，在第三节摩擦力教学中，教材中分别介绍了静摩擦力、滑动摩擦力和滚动摩擦力。结合教材的结构和知识体系，在研究高中生物理学习心理特点和规律的基础上，我们认为本节的教学重点是研究滑动摩擦力的特点和规律，难点是学生对静摩擦力的认识和理解。因而在摩擦力的教学中应当注意层层分解难点，避免一步到位，在此将对静摩擦力部分的学习进行分析设计教学。

在初中阶段学生已经对摩擦力有了一些认识，但还不够深刻，只限于对简单的摩擦现象进行定性分析，对于静摩擦力产生的条件及方向的判断是学生原本不了解的，本节内容将带领学生深入学习。

对于静摩擦力的介绍，在教学中应注意把握尺度。关于静摩擦力的方向是个难点，应只限于容易判断相对运动趋势方向的情形。关于静摩擦力的大小，要注意学生已有的知识基础，在受力分析中仅限于分析二力平衡的情况。同时，这里不宜涉及静摩擦力是动力还是阻力的问题。

同时，本节教材的内容与学生的生活实际及生产实际联系十分密切，可采用实验和实例分析交替进行的方式，从生活中的摩擦现象引入，以探究学习静摩擦力这一基本概念为主线，启发学生动手动脑，引导学生积极参与到教师的活动中。

二、教学目标分析

（一）知识与技能

1.知道静摩擦力的概念、产生原因和方向；

2.知道静摩擦力的变化范围；

3.了解最大静摩擦力的概念。

（二）过程与方法

1.通过演示实验让学生初步了解采用传感器进行实验的方法；

2.通过探究实验，让学生掌握控制变量法，能够对数据进行分析和对图像进行处理；

3.通过学生自己思考探究，培养学生分析问题、解决问题的能力。

（三）情感、态度与价值观

1.培养学生实践——认识（规律）——实践（解决实际问题）的思想；

2.培养学生实事求是地进行实验的科学态度和科学精神；

3.认识物理学与科学发展、人类社会的关系。

三、教学重点和难点

（一）重点

1.静摩擦力有无的判断以及静摩擦力方向的判断；

2.静摩擦力产生的条件及特点；

3.正确理解最大静摩擦力的概念。

（二）难点

1.静摩擦力概念的理解；

2.静摩擦力方向的判断。

四、教学方法

实验法、讲授法、探究法。

五、教学准备

多媒体计算机（附Dislab系统）、投影仪、米、塑料杯、筷子、桌子、弹簧测力计、钩码、木块、小桶、细沙、木板、玻璃、毛巾、天平等。

六、教学过程设计

表6-1　教学过程设计

| 步骤及时间分配 | 教师活动 | 学生活动 | 设计思想 |
| --- | --- | --- | --- |
| 创设情境引入新课 3' | 1.播放"秤杆提米"视频；2.现场演示"筷子提米"实验，引导学生思考 | 学生讨论思考，产生探究兴趣；学生对摩擦力有感性认识，回忆摩擦力的知识并回答 | 让学生了解摩擦力与我们的生活息息相关，激发他们的学习兴趣和好奇心；体现物理来源于生活并能应用于生活的教学理念 |
| 摩擦力的概念及种类 1' | 提出问题：1.摩擦力的概念？2.摩擦力的种类？ | 摩擦力概念：两个相互接触的物体当发生相对运动时，在接触面上会产生阻碍相对运动的力，这种力叫摩擦力；种类：静摩擦力、滑动摩擦力、滚动摩擦力 | 巩固学生已有知识 |

**续表**

| 步骤及<br>时间分配 | 教师活动 | 学生活动 | 设计思想 |
|---|---|---|---|
| 静摩擦力<br>的概念<br>2' | 提出问题：<br>1.是不是只有具有相对运动，物体才会产生摩擦力？<br>2."静"字的含义是什么？ | 物体没有相对运动也可能会有摩擦力；<br>"静"指相对位置保持不变；<br>静摩擦力概念：发生在相对静止的两个物体之间的摩擦力称为静摩擦力 | 明确教学任务 |
| 静摩擦力<br>存在条件<br>2' | 1.对教材中小孩推箱子的实例进行受力分析，得到静摩擦力的存在条件；<br>2.解释"相对运动的趋势"的意思：两物体位置关系相对静止但有发生相对运动的动向 | 存在条件：<br>1.接触并挤压；<br>2.相对静止且有相对运动的趋势；<br>3.接触面粗糙 | |
| 静摩擦力<br>的方向<br>2' | 提出问题：<br>1.判断刷子向哪个方向推？<br>2.根据什么判断的？<br>3.为什么刷毛会弯曲？<br>4.静摩擦力的作用效果是什么？ | 回答：<br>1.根据刷毛弯曲的方向判断刷子受到的推力方向；<br>2.刷毛弯曲的原因是刷毛的上面受向左的推力，下面受到向右的静摩擦力；<br>3.得出静摩擦力方向与相对运动趋势相反；<br>4.静摩擦力的作用效果是阻碍物体的相对运动趋势 | 将抽象的问题用实例具体呈现出来，帮助学生理解；<br>用一系列问题引导学生思考得出结论 |
| 静摩擦力<br>的大小<br>12' | 演示实验<br>1.提出问题：弹簧测力计测出的是拉力，那怎样才能测摩擦力？<br>2.进行实验演示：<br>如图，将木块放在装有滑轮的桌面上，将一轻质小桶与木块用细线相连，中间插入弹簧测力计。将改装过的弹簧测力计调零，往桶中缓慢地加入细沙。<br>3.数据读取与记录：观察木块与桌面发生相对运动前弹簧测力计的读数，并分别记录五个数据，画出拉力与静摩擦力的关系图像。<br>4.引导学生描点作图进行分析 | 1.思考与分析：根据之前的受力分析并结合二力平衡知识，认识到拉力可以反映静摩擦力大小变化的规律。经过思考推理出其具体数值由物体所受的其他的力的大小来确定。<br>2.观察实验与数据记录：<br><br>| 次数 | 1 | 2 | 3 | 4 | 5 |<br>|---|---|---|---|---|---|<br>| 拉力 $F$ | | | | | |<br>| 静摩擦力 $F_f$ | | | | | |<br><br>观察实验操作，记录实验数据并描点作图。<br><br>3.分析数据与图像得出结论：在压力和接触面间粗糙程度不变的情况下，静摩擦力是一个变力，且存在一个最大值。<br>它的大小可以在0与 $F_{max}$ 之间变化，即 $0 < F \leqslant F_{max}$。 | 巩固二力平衡知识；<br>对教材中原有的实验进行了改进，便于实验的操作与实验过程中数据的读取；<br>复习描点法作图，学会数据的处理与分析 |

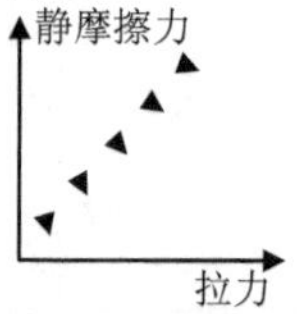

**续表**

| 步骤及<br>时间分配 | 教师活动 | 学生活动 | 设计思想 |
|---|---|---|---|
| 最大静摩擦力的概念<br>1' | 提出问题：静摩擦力会不会随着拉力的增大一直增大？ | 1. 静摩擦力存在最大值；<br>2. 最大静摩擦力的概念：静摩擦力的最大值 $F_{max}$ 为最大静摩擦力（物体将动未动时的摩擦力）；它的数值等于物体刚开始运动时所受到的拉力的大小 | |
| 探究最大静摩擦力的影响因素<br>12' | 学生探究实验<br>1. 提出问题：（1）最大静摩擦力与哪些因素有关？（2）怎样测出最大静摩擦力？<br>2. 提供测最大静摩擦力的方案：在测力计指针下轻塞一个小纸团作为指针到达最大位置的标记，持续向桶中加入细沙，当达到某一定量时木块与桌面间发生相对移动，但纸团停住不动，可根据纸团所在的位置测出最大值。<br>3. 分组实验：<br>（1）第一组同学选择材料：弹簧测力计、木板、木块；弹簧测力计拉着不同数量木块在木板上做匀速直线运动，观察读数并记录<br>（2）第二组同学选择材料：弹簧测力计、木块、木板、玻璃、毛巾；弹簧测力计拉着木块在不同材料上做匀速直线运动，观察读数并记录<br>4. 分析数据得出结论 | 1. 猜想与假设：最大静摩擦力的影响因素有接触面的粗糙程度、压力大小等<br>2. 学生分组实验：<br>第一组研究压力与最大静摩擦力的关系：<br><br>| 木块个数 | | | | |<br>| 压力 | | | | |<br>| 拉力 | | | | |<br>| 最大静摩擦力 | | | | |<br><br>第二组研究接触面与最大静摩擦力关系：<br><br>| 材料 | 木板 | 玻璃 | 毛巾 |<br>| 压力 | | | |<br>| 拉力 | | | |<br>| 最大静摩擦力 | | | |<br><br>3. 实验数据记录与处理。<br>4. 相互交流得出结论：压力越大、接触面越粗糙，最大静摩擦力就越大 | 巩固科学探究的步骤与控制变量法；<br><br>让学生分组进行实验，节省了课堂实验时间，培养了学生动手能力与合作交流能力；<br><br>培养学生分析数据、解决问题的能力 |

**续表**

| 步骤及<br>时间分配 | 教师活动 | 学生活动 | 设计思想 |
|---|---|---|---|
| 知识补充<br>6' | 演示实验：<br>将木块放在木板上，指导学生用力传感器通过 Dislab 数字实验系统探究静摩擦力的大小，注意观察木块运动前后瞬间电脑屏幕上的示数变化 | 得到如下图样： 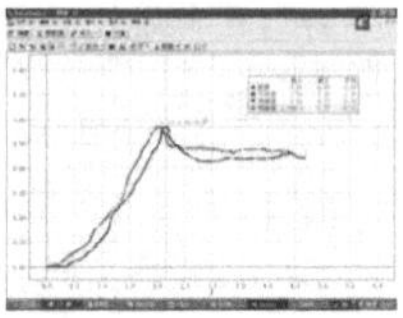<br><br>总结：<br>静摩擦力具体数值由物体所受的其他力的情况根据二力平衡知识来确定。<br>在压力和接触面间粗糙程度不变的情况下，静摩擦力是一个变力，且存在一个最大值；<br>静摩擦力的最大值 $F_{max}$ 为最大静摩擦力，它的数值等于物体刚开始运动时的拉力的大小。最大静摩擦力略大于滑动摩擦力 | 采用现代教学方式，用传感器对实验数据进行采集，使得到的数据快捷方便可靠，提高了课堂教学效率，图像清晰直观便于学生理解；<br>加强了学生分析图像解决问题的能力 |
| 最大静摩擦力与滑动摩擦力的大小比较<br>2' | 课堂动手动脑：<br>折纸游戏猴子爬山：将一张纸折成如图所示的形状，上下拖动 ab，三角形部分会由下爬到顶端<br>思考这一游戏中关于摩擦力的知识；了解一般情况下，可认为最大静摩擦力等于滑动摩擦力 | 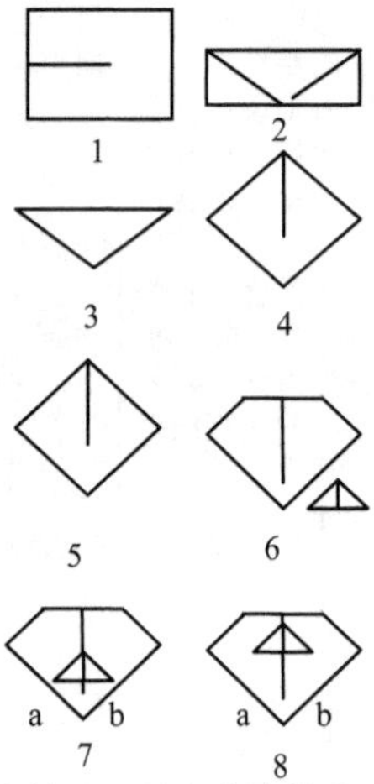 <br>得出结论：最大静摩擦力大于滑动摩擦力 | 增强学习兴趣，同时将知识与实际生活紧密联系起来 |

**续表**

| 步骤及<br>时间分配 | 教师活动 | 学生活动 | 设计思想 |
|---|---|---|---|
| 例题分析<br>2' | <br><br>例题：质量为2kg的物体在$F$=40N的力的作用下沿墙保持静止状态，求物体所受的静摩擦力 | 对物体进行受力分析，得到静摩擦力与重力为一对平衡力，大小 $F = G = mg$ =19.6N，方向竖直向上 | 采用例题对知识进行巩固 |
| 应用举例<br>2' | 思考游戏"幸运传送带"的过关方法 | 思考日常生活和生产中利用静摩擦力的事例 | 了解物理与科学发展、人类社会的关系 |
| 体验感受<br>2' | 1.让两个学生手拉手进行拔河比赛，谁的双脚后发生挪动，谁将赢得比赛；<br>2.让其他同学猜测这两个人谁会赢得比赛，并说出理由；<br>3.对游戏中的原理进行分析，体重较大、穿的鞋底面较粗糙的同学易获胜，这是由于最大静摩擦力与压力和接触面的粗糙程度有关 | 每两个同学进行游戏，感受自身受到的摩擦力作用，与本节课所学知识联系，思考游戏中的原理，会解决日常生活中的问题，并引发对日常生活中的物理现象的积极思考 | 让学生亲身体验摩擦力的作用，在复习本节课内容的同时让学生回味，让学生体会到成功的乐趣 |
| 作业布置<br>1' | 任选一题：<br>1.日记：《我与摩擦力的一天》；<br>2.利用摩擦力知识制作一个放在晾衣杆上不易被风吹走的衣架 | | 将所学知识灵活运用 |

七、板书设计

```
                  第3节   摩擦力
一、回顾
1.摩擦力的概念
2.摩擦力的种类
二、静摩擦力
1.概念
                 ┌ 接触并挤压
2.存在条件 ┤ 相对静止且有相对运动的趋势
                 └ 接触面粗糙
3.方向：与物体相对运动趋势的方向相反
大小：0 < F ≤ Fmax
4.最大静摩擦力
```

八、设计反思

摩擦力是物理教学中的难点，我们应利用身边随手可见的例子和简单的实验来突破本节课的难点，一定要注意避免把知识点强加给学生，应该让学生自己去感受和体会。

在讲解静摩擦力大小的过程中，要结合学生的知识基础，注意对受力分析应只限于二力平衡的情况。在实验中，为使操作更加简便，我们对教材中的实验进行了改进。将用手拉动木块来直接测量拉力的大小改为了间接测量，采用往小桶中加入细沙来拉动木块的方法，这样使木块的受力更加稳定，方便读数。同时，在实验中自制了一个可以调零的弹簧测力计，使读数可以从零开始，增强了实验数据的直观反映性。而且在实验结束后要对得到的实验数据和图像进行分析，以达到实验预期的目的。

当然，静摩擦力这部分内容不可能在我们这一节课就能完全解释清楚、让学生全部了解，而应该让学生先熟悉解决问题的基本方法，然后再在以后的学习中逐步解决这些问题，因为静摩擦力会不止一次地出现在将来的学习中。

（选自中国师范大学教学技能比赛"东芝杯"参赛作品，作者系安徽师范大学2008级物理学专业徐菊萍）

也请读者思考这样一个问题，此份教学设计中的教学评价应当如何完成？或大致可以从几个方面对学生的学和教师的教进行评价？

由教学设计的理论和实践引申而来的教师的教学设计能力或技能，也是我们探讨教师教学能力的一个重要内容。因为教学设计的实践过程体现出教师对课堂教学的认识，其特有的教学反思更是引导教师专业化发展的一种有效模式。

# 第二节　中学物理教学设计

下面是义务教育阶段初中物理《阿基米德原理》教学课题的教学设计案例，仔细阅读此教学设计，并结合后面的问题进行思考。

【教学设计案例】

## 阿基米德原理

一、教材及学情分析

《阿基米德原理》这一节是选自上海科学技术出版社义务教育课程标准实验教科书八年级物理第七章第四节的教学内容。本节内容是浮力这一章的核心内容，也是初中物理的重点内容。从学生物理学习情况来看，这部分内容如果处理不好，极易形成初中生物理学习兴趣的一个分化点。物理规律的学习和具体应用上出现的问题，在很大程度上使得本节内容的学习存在一个难点问题。

这一节的全部内容安排为三个课时（第一课时：认识浮力并掌握测量方法；第二课时：阿基米德原理的探究；第三课时：阿基米德原理的应用），我的教学设计是针对第二课时设计的。

在学习这节课之前，学生刚刚学习了浮力的概念及如何测量物体所受浮力的大小，这节课就是要使学生在前一节课学习的基础上进一步认识浮力的大小与哪些因素有关，我们该如何让去计算一个物体所受浮力的大小。

这是一节实验探究类型课，学生通过独立的操作去认识现象、发现规律，这对激发学生的学习兴趣、培养他们的实验观察能力、科学思维能力以及形成科学研究的习惯都十分有益。但是，由于八年级的学生对物理实验的流程还不是很清楚，所以，在探究的过程中少不了教师的引导以及指导。

基于此，我确定这节课的教学目标和教学重难点如下：

（一）教学目标

（1）知识与技能：通过探究学习，理解浮力的大小等于什么，知道阿基米德原理。

（2）过程与方法：通过几个连续的探究活动，让学生了解浮力的大小与哪些因素有关，学会探究物理问题的基本方法——实验法、推导法，学会应用排除法解决物理问题，熟悉物理问题的探究模式。

（3）情感态度与价值观：让学生认识到物理就在我们身边，只要我们用心去发现。在实验中培养学生实事求是的科学态度，提高学生的科学素养，并且通过探究活动的开展，让学生体会物理研究方法的多样性。

（二）教学重点、难点

（1）教学重点：阿基米德原理的探究。

（2）教学难点：阿基米德原理的探究方法设计。

二、教法的选择

学生对于日常生活中所积累的浮力知识较多，有些简单的探究活动完全可以放手让学生去做。基于此，确定如下的教法：

（1）将被动观察改为主动探究，将演示实验改为在教师指导下的学生随堂实验。

（2）探究模式采用与物理研究方法相同的模式：猜想—设计—验证—分析归纳—评估。

三、学法的指导

基于本节的教学内容，我在课堂上将着力于开发学生的三个"空间"，即

（1）学生的活动空间：将演示实验改为在教师指导下的学生随堂实验，全体学生参与，使每个学生都能体验探究过程，得到发展。

（2）学生的思维空间：创设问题情景，让学生自己体验，感知知识的发生、发展过程，通过思维碰撞，培养思维能力。

（3）学生的表现空间：通过把自己的想法、结果展示给大家，学习交流与合作，体验成功的愉悦。

四、教学过程设计

整个教学过程的设计从下列教学环节入手，逐步展开。课题引入→课题研究→说明→小结。其中课题研究环节主要由建立假说、深化假说、实验探究设计、进行实验、分析论证、实验评估等内容组成。

表6-2 教学过程设计

| 教学环节 | 教学内容 | 教学策略 | 教师活动 | 学生活动 |
|---|---|---|---|---|
| 课题引入 | 1. 利用图片提问；<br><br>2. 提出问题：浮力的大小与哪些因素有关；<br><br>3. 观看弹簧秤测浮力大小的视频 | 利用问题引入课题，激起学生的学习兴趣，使学生顺利进入学习环境 | 1.结合图片提问，引入课题；<br>2.引导学生观察(提醒学生注意观察在小石块浸入水中的过程中，水面高度及弹簧秤示数的变化) | 思考并回答问题：观察现象，结合实验现象及日常生活经验提出猜想，可能给出如下猜想：<br>1. 与物体的密度有关；<br>2. 与物体的体积有关；<br>3. 与液体的密度有关；<br>4. 与物体进入水中的体积有关；<br>5. 与物体所处的深度有关 |
| 课题探究 | 1.建立假说<br>引导学生利用"排除法"建立假说；确定"排开液体的密度和排开液体的体积"影响到了浮力的大小。<br>引导学生进行实验加深学生的观点<br><br><br>2. 深化假说<br>①提出问题：浮力的大小与"排开液体的体积和排开液体的密度"两个因素有关的结论说明浮力的大小与什么力有关呢？<br>②深化假说：浮力的大小与排开液体的重力有关 | 学生所猜想的"与浮力大小的相关因素"中有许多是错误的猜想，如何才能让猜想顺利进行，这一环节的设置有利于学生思维的顺畅，使学生学会在众多的猜想中可以利用"排除法"确立自己认为较正确的假设，找准探究方向，节约探究所用时间<br><br>这实际上是一个物理的推导过程，把这一过程放手给学生进行推导有利于学生理解阿基米德原理 | 引导学生进行实验或实例排除错误的猜想（也可以以辩论形式进行错误猜想排除）<br>最终将学生的结论归到排开液体的密度和排开液体的体积上<br>引导学生进行实验，加深学生的观点<br><br>实验一：浮力的大小与排开液体的密度有关<br>方法1：盐水浮鸡蛋<br>实验二：浮力的大小与排开液体的体积有关；<br>方法2：将空矿泉水瓶慢慢按入水中，感受浮力的大小<br><br><br>引导学生思考讨论，注意引导学生与旧的知识相互结合，利用"推导法"解决这一问题<br><br><br>深化假说 | 排除干扰因素，获得较为准确的假设：<br>①利用"称重法"测量体积相同的铜块和铝块浸没于水中时所受的浮力大小相等，说明浮力大小与物体的密度无关；<br>②利用"称重法"测量全部浸入水中的石块所受到的浮力大小与部分浸入时所受浮力的大小不同，说明浮力大小与物体的体积无关<br>（对于1、2两个猜想，可以用一个薄铁皮的实验视频来排除：同样的一块薄铁皮，当将它展平放入水中时，它会沉入水中；而把它做成空心状再放入水中，它就浮在水面上了。这说明物体所受浮力的大小与物体的自身重力无关）<br>③利用"称重法"测量浸没于水中不同深度的石块所受浮力大小相同，说明浮力的大小与浸没时所处的深度无关<br>进行实验，加深理解<br><br><br>结合重力、质量进行思考，推导过程如下<br>$\because m = \rho V$<br>$\therefore G = mg = \rho V g$<br>即<br>$$G_排 = m_排 g = \rho_液 V_排 g$$<br><br>确立假说 |

185

**续表**

| 教学环节 | 教学内容 | 教学策略 | 教师活动 | 学生活动 |
|---|---|---|---|---|
| 课题探究 | 3.引导学生进行实验探究设计 | 此实验探究的设计可以引导学生一步步进入探究的主题，避免由于过高的探究设计课题使学生产生抵制情绪 | 引导学生进行探究设计：<br>①如何测浮力？<br>②如何测排开液体的重力？（在这里，学生很容易想到用弹簧秤测出排开液体的重力，关键的是如何得到这"排开的液体"。教师在这里可以举阿基米德是如何发现测不规则物体体积的例子，引导学生想到将物体排开的那部分体积溢出！从而向学生介绍溢水杯并详细介绍其用途）<br>由学生的实验设计进行演示实验 | 讨论并进行相关的实验探究设计：<br>1.利用"称重法"可以测量出物体所受浮力的大小；<br>2.收集排开液体；<br>3.用弹簧秤测出排开液体的重力 |
| | 4.进行实验 | | | 分析实验数据、获得实验结论<br>由数据获得结论 |
| | 5.分析论证 | | 引导学生进行实验数据分析获得实验结论<br>实验小结，获得阿基米德原理 | 进行评估（启示：利用"排除法"确立较为准确的假设、利用"推导法"确立明确的探究课题等。存在问题：溢出液体测量的准确性、所用物体的吸水性等都能影响实验结论的顺利获得） |
| | 6.实验评估 | | 引导学生将实验中获得的启示、实验中存在的问题进行分析 | |
| 说明 | 说明阿基米德原理适用范围 | | 指出阿基米德原理在气体中同样适用 | |
| | 小结本节知识 | | 小结 | 回忆，识记 |

五、板书设计

---
第四节　阿基米德原理

1. 与浮力大小相关的因素：液体的密度、排开液体的体积

推导：$\because m = \rho V \therefore G = mg = \rho Vg$，即 $G_排 = m_排 g = \rho_液 V_排 g$

阿基米德原理：$F_浮 = G_排 = \rho_液 g V_排$

2. 阿基米德原理同样也适用于气体

---

（全国首届大学生物理说课比赛二等奖《阿基米德原理》教学设计，作者系安徽师范大学2006级物理学专业王小莉）

【问题讨论】

（1）这份教学设计的整体结构严谨，体系完整。教材及学情分析中较好地阐述了该知识点教学的重要性、学生在学习过程中可能出现的难点问题。比如，初中生对于物理学习仍以直观思维为主，较为抽象的具有一定逻辑性的物理知识学习，需要生动的直观给予帮助。你认为应当如何结合初中生物理学习的兴趣和特点对具体的课题或章节内容进行教学设计？

（2）这份教学设计对于教学目标和教学重点、难点的分析全面、正确。可以看出整个教学设计力图突出重点、克服难点，作者也在教法和学法指导方面探索解决的方法。这部分内容要想写好，并尽量表述清晰和完整，仔细阅读教科书是根本，同时也提醒大家，对教师用书要引起足够的重视。另一方面，绝不能照搬教师用书上的解释和说明，对教学目标的分析和教学重点、难点问题分析，还应与学生学习实际联系起来。（注意教学目标分析和教学重点、难点分析的表述中行为动词的使用。）

（3）这份教学设计能够较好地联系教学过程设计和科学探究基本环节。你能看出它们之间的联系吗？

（4）板书设计是以条目式的结构组织的。这种结构形式有什么特点？

# 第三节　中学物理教学设计练习

仔细阅读下列的课文，按照中学物理教学设计的基本模式完成教学设计。

## 一、初中物理教学设计（电流）

闭合开关，小灯泡持续发光，表明有电荷持续地流过小灯泡。

导线、小灯泡的灯丝都是金属做的。金属里面有大量自由电子，它们可

以自由移动。平时金属内自由电子运动的方向杂乱无章，但是接上电池之后，它们受到了推动力，就会做定向移动，电荷的定向移动形成电流（electric current）。

回路中有电流时，发生定向移动的电荷可能是正电荷，也可能是负电荷，还可能是正、负电荷同时向相反方向发生定向移动。19世纪初，物理学家刚刚开始研究电流时，并不清楚在各种情况下究竟是哪种电荷在移动，当时就把正电荷定向移动的方向规定为电流的方向。

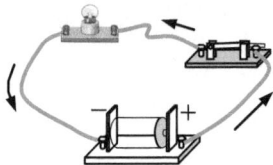

图6-4　电路图

按照这个规定，当电池、导线、小灯泡组成的回路闭合时，在电源外部，电流的方向是从电源正极经过用电器流向负极的，如图6-4所示。

（摘自义务教育教科书物理（九年级），人民教育出版社2013年版）

## 二、高中物理教学设计（伽利略对自由落体运动的研究）

### 1. 绵延两千年的错误

落体的运动是司空见惯的，但人类对它的认识却经历了差不多两千年的时间。爱因斯坦曾经颇为感慨地说："有一个基本问题，几千年来都因为它太复杂而含糊不清，这就是运动的问题。"最早研究运动问题的，大概要算古希腊学者亚里士多德了。

是什么因素决定一个下落物体的快慢呢？平常观察到的事实是，一块石头比一片树叶落得快些……亚里士多德认为物体下落的快慢是由它们的重量决定的。他的这一论断符合人们的常识，以至于其后两千多年的时间里，大家都奉为经典。

### 2. 逻辑的力量

16世纪末，意大利比萨大学的青年学者伽利略对亚里士多德的论断表示了怀疑。后来，他在1638年出版的《两种新科学的对话》一书中对此做出了评论。

根据亚里士多德的论断，一块大石头的下落速度要比一块小石头的下落速度大。假定大石头的下落速度为8，小石头的下落速度为4，当我们把两块石头捆在一起时，大石头会被小石头拖着而减慢，结果整个系统的下落速度应该小于8；但两块石头捆在一起，总的重量比大石头还要重，因此整个系统下落的速度要比8还大。这样，就从"重物比轻物落得快"的前提推断出了互相矛盾的结论，这使亚里士多德的理论陷入了困境。为了摆脱这种困境，伽利略认为只有一种可能性：重物与轻物应该下落得同样快。

### 3.猜想与假说

伽利略并没有就此止步，他要进一步通过实验研究自由落体运动的规律。

伽利略首先面临的困难是概念上的，因为那时人们连速度的明确定义都没有。因此，对伽利略来说，必须首先建立描述运动所需的概念。此前我们所学的概念，诸如平均速度、瞬时速度以及加速度等，就是伽利略首先建立起来的。

伽利略相信，自然界的规律是简洁明了的。他从这个信念出发，猜想落体也一定是一种最简单的变速运动，而最简单的变速运动，它的速度应该是均匀变化的。

图6-5　比萨斜塔

但是，速度的变化怎样才算"均匀"呢？他考虑了两种可能：一种是速度的变化对时间来说是均匀的，即 $v$ 与 $t$ 成正比，例如每隔1s，速度的变化量都是2m/s；另一种是速度的变化对位移来说是均匀的，即 $v$ 与 $x$ 成正比，例如，每下落1m，速度的变化量都是2m/s。

### 4. 实验验证

后来发现，如果 $v$ 与 $x$ 成正比，将会推导出十分复杂的结论。所以，伽利略开始以实验来检验 $v$ 与 $t$ 成正比的猜想是否是真实的。

在伽利略的时代，技术不够发达，无法直接测定瞬时速度，所以也就不能直接得到速度的变化规律。但是，伽利略通过数学运动得出结论：如果物体的初速度为

> 爱因斯坦有一句很著名的话："提出一个问题往往比解决一个问题更重要，因为解决一个问题有时仅仅是一个数学上或实验上的技巧，而提出新的问题、新的可能性，从新的角度去看旧的问题，却需要创造性的想像力，而且标志着科学上的真正进步。"

0，而且速度随时间的变化是均匀的，即 $v \propto t$，它通过的位移就与所用时间的二次方成正比，即 $x \propto t^2$（学过前面的几节，我们也能进行这样的数学推算了）。这样，只要测出物体通过不同位移所用的时间，就可以检验这个物体的速度是否随时间均匀变化。

但是，落体下落得很快，而当时只能靠滴水计时，这样的计时工具还是不能测量自由落体运动所用的时间。伽利略采用了一个巧妙的方法，用来"冲淡"重力。他让铜球沿阻力很小的斜面滚下（图6-6），而小球在斜面上运动的加速度要比它竖直下落的加速度小得多，所用时间长得多，所以容易测量。

> 伽利略比他的前人更伟大，就在于他首先采用了以实验检验猜想和假设的科学方法。在他之前，学者们总是通过思辨性的论战来决定谁是谁非。

图6-2　伽利略在做铜球沿斜面运动的实验（油画）

　　伽利略做了上百次实验，结果表明，小球沿斜面滚下的运动的确是匀加速直线运动，换用不同质量的小球，从不同高度开始滚动，只要斜面的倾角一定，小球的加速度都是相同的。

　　不断增大斜面的倾角，重复上述实验，得知小球的加速度随斜面倾角的增大而变大。

　　小球沿斜面向下的运动并不是落体运动。但是，伽利略将上述结果做了合理的外推：当斜面倾角增大到90°，这时小球的运动不就是自由落体运动了吗（图6-7）？伽利略认为，这时小球仍然会保持匀加速运动的性质，而且所有物体下落时的加速度都是一样的！

> 　　后人在用伽利略的器材重复他的实验时发现，铜球沿斜面滚下，如果斜面倾角超过5°就很难准确计时。伽利略把他的结论外推至90°是需要很大勇气的。后来，他的外推被直接的实验证实了。

　　伽利略的逻辑和实验自然使人钦佩，但是人们却疑惑地问道：为什么日常生活中常会见到，较重的物体下落得比较快呢？伽利略把原因归之于空气阻力对不同物体的影响不同。他写道："如果完全排除空气的阻力，那么，所有物体将下落得同样快。"这时，落体运动也就真正成为自由落体运动了。为此，伽利略特别指出，在科学研究中，懂得忽略什么，有时与懂得重视什么同等重要。

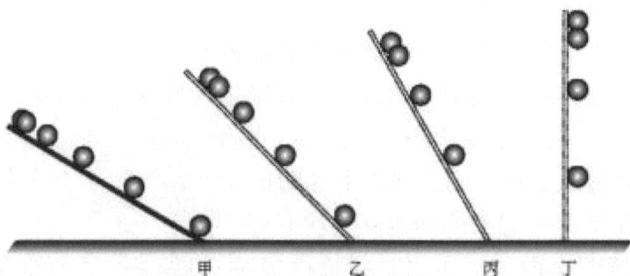

图6-7

### 5. 伽利略的科学方法

伽利略对运动的研究，不仅确立了许多用于描述运动的基本概念，而且创造了一套对近代科学的发展极为有益的科学方法，或者说给出了科学研究过程的基本要素。这些要素包含以下几点：

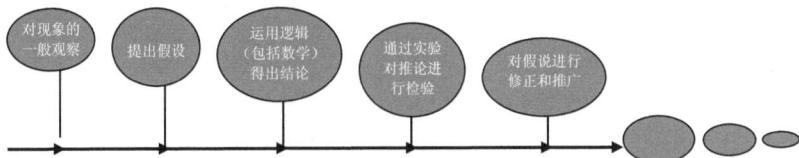

伽利略科学思想方法的核心是把实验和逻辑推理（包括数学推演）和谐地结合起来，从而有力地推进了人类科学认识的发展。

伽利略之前的科学踯躅于泥途荒滩，因而千年徘徊。从伽利略开始，大师辈出，经典如云，近代科学的大门从此打开了。

### 6. 从伽利略的一生看科学与社会（STS）

伽利略是伟大的意大利物理学家和天文学家，比萨大学和帕多瓦大学的教授，他融会贯通了当时的数学、物理学和天文学，在研究工作中开科学实验之先河，奠定了现代科学的基础。他在米开朗琪罗（Michelangelo，1475 - 1564，意大利文艺复兴时代的雕刻家、画家、建筑师）去世前三天出生，仿佛要连接两个时代：文艺复兴基本完成，近代科学开始奠基。

在他所处的历史时代，文艺复兴绝不限于文学艺术的复兴，它也是一次前所未有的科学振兴。文艺复兴的精神打破了束缚人们思想的桎梏，激发起人们对自然的兴趣和对自然的探索。活跃在人们心中的各种思想，终于得到实在的结果。对于伽利略的成就和获得成就的方法，爱因斯坦的赞扬最具有代表性："伽利略的发现以及他所应用的科学的推理方法，是人类思想史上最伟大的成就之一，而且标志着物理学的真正开端。"

伽利略的科学生涯并不是一帆风顺的。他发明了望远镜，并用它观测天空。观测的结果，支持了天文学的新学说——日心说。然而，日心说与圣经相抵触。伽利略不得不用圣经的语言来解释日心说，即使如此，仍然不能逃脱教会对他的指控和迫害。《关于两个世界体系的对话》使日心说变成摧毁教会教义和传统"科学"框架的理论，因此立刻成为禁书。1633年伽利略被罗马宗教裁判所判刑入狱，后来改为在家监禁。尽管如此，他仍坚持研究工作，并将自由落体等方面的研究成果转送荷兰，于1638年出版了《两种新科学的对话》。这部著作的出版，奠定了伽利略作为近代力学创始人的地位。

时隔346年，罗马教廷于1979年承认对伽利略的压制是错误的，并为他"恢复名誉"。但是教会对科学的干涉和对伽利略的迫害所造成的严重后果是无法挽回的。以前一直是人才辈出的意大利，在伽利略之后，它的科学尘埃很快衰落下去，在很长一段时间里，没有再产生重要的科学家。

没有学术的民主和思想的自由，科学就不能繁荣。

（摘自普通高中课程标准实验教科书《物理1·必修》，人民教育出版社2006年第2版）

综合篇

教师专业化发展

# 第七章　教师专业化发展

随着我国教育事业的发展，作为基础教育事业重要组成部分的教师队伍无论在年龄结构、教龄层次、职称构成、学历水平、性别比例等方面日趋合理，进入成熟的发展阶段。历经几代人的努力，在这支队伍中，涌现出许许多多优秀的学科带头人和学科骨干教师，他们是学校教育教学的中坚力量，是基础教学课程改革和发展的领军人物。

纵观这些优秀教师的成长，我们不难发现，站好站稳讲台、积极投身课程和教学改革、开展学科教研活动、培养年青教师、开发校本课程等是这些优秀教师具备的共同特点，也是青年教师学习的榜样。由此衍生出在新教师培养过程中，以优秀教师的教学实践作为标杆，始终坚持高效务实的教师职后培养机制，一直是全国各地通行的做法。从目前我国基础教育的发展来看，我们务必注意，在新教师招聘过程中，坚持高标准的教师入职门槛是保证高质量教师队伍的基础。"任何旨在降低教师招聘水平或培训水平的措施都不利于教育质量，并会对未来造成严重的损害。"[1]

我们应当清醒地看到，提高教师的教学能力，要从全方位、多角度系统考虑。如提高教师职前接受教育的层次和水平、规范教师资格证书制度、严格教师的聘用、扎实的在职培训、改善教师的工作条件和提高社会地位及报酬等。本章首先通过教师招聘工作讨论教师入职的基本要求，探讨教师的成长和发展，最后是有关教师专业化发展的几个问题。"要提高教育质量，首先必须改善教师的招聘、培训、社会地位和工作条件。教师只有在具有所需的知识和技能、个人素质、职业前景和工作动力的情况下，才能满足人们对他们的期望。"[2]

---

① 联合国教科文组织总部.教育——财富蕴藏其中［M］.联合国教科文组织总部中文科，译.北京：教育科学出版社，1996：165.
② 联合国教科文组织总部.教育——财富蕴藏其中［M］.联合国教科文组织总部中文科，译.北京：教育科学出版社，1996：134－135.

# 第一节  教师招聘

## 一、招聘公告

先从下面的一则招聘公告谈起。

根据有关文件和规定，结合××市实际，决定面向社会公开招聘中小学教师。现将有关事项公告如下：

一、招聘原则与方式

坚持民主、公开、竞争、择优的原则，采取笔试与面试相结合的方式。

二、招聘条件

（一）国家承认的全日制本科及以上学历，专业要求符合应聘教师岗位设置；

（二）年龄35周岁以下（1981年8月1日以后出生）；

（三）遵纪守法，具有良好的职业道德，热爱教育事业；

（四）具有相应的教师资格证书；

（五）适应岗位要求的身体条件，体貌端正；

（六）岗位所需的其他条件。

三、招聘程序及办法

本次公告包括市教育局直属和市辖五区属学校，招聘教师岗位共计×个（详见附表），市教育局统一组织市直属学校和各区集中报名和笔试工作。笔试后各招聘工作环节（步骤），由市教育局和各区按规定分别组织实施（详情见市教育局和各区教育局、人社局网站）。

（一）报名

资格审查。（教师资格证）

报名方式和报名时间。

报名有关事宜。

领取笔试准考证。

（二）笔试

笔试科目为《教育综合知识》与《学科专业知识》（满分均为100分）。《教育综合知识》和《学科专业知识》按4∶6比例合成笔试成绩。为确保招聘教师基本素质，设定笔试最低控制合格分数线，笔试合成成绩达到60分的报考人员方可进入面试。

《教育综合知识》主要考查报考人员对教育学、心理学、教育法规、新课程理论和教师道德修养等相关知识掌握情况。

《学科专业知识》主要考查报考人员应具备的专业知识和综合运用能力。

笔试时间：×年×月×日下午

《教育综合知识》　　　13:30－15:00

《学科专业知识》　　　16:00－17:30

笔试地点：详见考生《准考证》。

笔试结束后，成绩将在××教育信息网和各区教育和人社网站上公布。笔试成绩从高分到低分排序，进入面试人数与招聘岗位数按3∶1的比例，最后1名出现同分情况的，一并进入面试环节。

（三）面试

面试主要考察考生的基本素养、逻辑思维、教育教学水平和业务能力以及仪表举止等。面试设考官组，一般不少于7人。面试成绩当场评定并公布。

面试内容为说课，面试成绩满分为100分。

面试时间与地点。

成绩合成：

报考人员考试最终成绩依笔试成绩与面试成绩合成确定后在××教育信息网和各区网站上公布。笔试和面试成绩按照5∶5的比例合成为考试最终成绩。笔试成绩占50%，面试成绩占50%；上述成绩均按百分制计算，计算时保留到小数点后两位，小数点第三位四舍五入。

（五）体检与考察

（六）公示与审批聘用

四、其他相关事宜

咨询电话

附件：×年××市直属和区属学校招聘教师岗位表

中共××市委组织部

××市人力资源和社会保障社局

××市教育局

×年×月×日

## 二、招聘公告的解读

教师招聘公告通常会在相关地方的教育局和人社局网站发布。上述招聘公告中包含重要的信息，这也是教师应聘过程中需要注意的问题。

（一）报名环节中的教师资格审查

从目前教师招聘工作实施的具体情况看，此项工作也成常态并逐渐规范化。应聘者要在应聘报名之前完成教师资格审查工作，取得教师资格证书。

（二）笔试环节考察的科目范围、要求及成绩的折算

教师招聘考试分笔试和面试两个部分。笔试环节主要考查应聘教师职位的申请人两个方面的知识和能力，即《教育综合知识》和《学科专业知识》，两项满分均为100分；笔试成绩合成的折算关系是4：6。

（三）面试环节考察的形式和要求

参加完笔试的应试者首先要确定自己是否进入面试环节，其次要注意有关单位对面试的要求。本例中的面试主要考察考生的基本素养、逻辑思维、教育教学水平和业务能力以及仪表举止等。面试考察是以说课的形式进行。对于应试者来说，应当注意说课内容的选择范围和具体要求（通常进入面试的应聘者会得到相关的通知）。如果面试是上课的形式进行的话，应试者则要注意是有生上课还是无生上课；上课的内容是整节课还是教学片断；是指定课题还是自选课题；是否要求运用多媒体课件等。

## 三、笔试

通常教师招聘考察的笔试环节主要考查的内容是《教育综合知识》和《学科专业知识》两大部分。其中的《教育综合知识》主要涉及教育学、心理学、教育政策法规、新课程理念和教师职业道德等内容；《学科专业知识》则依据应聘者报考的学段和学科专业的具体情况，考查其专业知识和综合运用能力。例如，报考中学物理教师岗位，则主要考查其物理学基础知识（内容通常分为两个方面，高中物理和大学物理。前者难度相当于高考，后者为大学普通物理）和给定课题的教学设计或教案设计内容。

## 四、面试

面试形式包括说课、试讲、限时问答等。应试者要仔细阅读面试公告，先弄清楚面试的形式及要求，以便利用已知的信息准备自己的面试，这样就会少走弯路，从而在短时间内迅速提升自己的面试成功率。

本例中，事先已经说明进入面试环节的人数与招聘岗位数的比例为3：1，应试者熟悉面试流程显得非常重要。面试公告会对整个面试做出具体的流

程安排，应试者对此应做到心中有数。如果有些单位的面试流程是有选择的，可能只是讲授教学片断，可能只有说课，也可能先试讲、再答辩。应试者应当针对不同的要求做好相应的准备。

准确掌握面试的课题及教材版本等信息。应试者要在面试公告公布之日起就要对指定的教材进行预习。通常面试会在公告公布的一周之内进行，有的则会更快。因为面试本身存在着诸多不确定的因素，面试内容对于不同的应试者来说是相对变化的，也是相对灵活的。采用死记硬背的方式不一定能够取得好的效果，而有效的准备则会给你的面试增添灵动的色彩。这种有效的准备既包括对教材教案的准备，也包括心理上的准备，这就要求应试者把准备过程当成真实的面试，这样的准备才是充分有效的，才能取得最后的成功。

应试者要对面试成绩的折算方法有所了解。比如，上述教师招聘公告，面试成绩通常还会设置最低要求，如以参加面试的应试者的平均分数为最低分。总成绩则按笔试成绩、面试成绩进行折算。本例中面试成绩占50%的分量之重不言而喻。当然，目前教师招聘中任何一个环节都是非常重要的。

## 五、面试应当注意的问题

面试是用人单位选聘录用人才的重要方法和必不可少的步骤，是供需双方相互加深了解的必要途径。面试不仅可以考核应试者的知识水平和综合能力，而且可以观察应试者的仪态、气质、口才、应变能力和某些特殊技能。因此，教师招聘过程中的面试是相当关键的一步。

从理论上讲，面试可以测评应试者的基本素养。目前教师招聘面试环节，担任考官的人员通常依据回避的原则，选用其他学校的教师或教研员承担考核任务。面试过程中，虽然使用统一的、规范的评价表，以确保评价的公正性和科学性，但各考官甄选方式方法仍有差别，其所关注的方面也不尽相同，应试者对此要有充分的思想准备。在教师招聘面试中，用人单位并不是以面试去测评一个人的所有素质，而是有选择地去测评应试者的潜在能力和综合素养，考察应试者有没有成为一名优秀教师的潜力。

### （一）面试的一般考察

由于教师的职业特点，教师公开招聘考试中的面试内容与一般的职位面试有一定的区别。其面试考查的主要内容有：仪表风度、口语表达能力、综合分析能力、反应能力与应变能力、人际交往能力、自我控制能力、工作态度、进取心、求职动机、业余爱好等。总之，要想成为一名教师，就要从各方面来武装自己，这样才会真正地为教书育人打好基础。

（二）专业考察

专业考察主要集中在学科专业方面，包括专业知识、工作经验、专业认知度等内容。对于缺乏实际工作经验的应届毕业生，可以通过自己对教育教学实习和教学实践活动，从正反两个方面的经验入手适当地反思，有条理地进行叙述，这样不仅可以从理论和实践层面予以总结，也能够在一定程度上弥补自己工作经验的不足，比如从事班主任工作的经验的不足。从某种意义上来说，理论指导下的实践经验就显得格外宝贵。

（三）礼仪

面试过程中的礼仪考察包括日常礼仪和教师礼仪两个方面。教师礼仪方面主要有教师的手势和站姿等。

手势作为一种重要的身体语言可以将自己的意图传达给对方，表达一定的信息、思想甚至情感，也可以通过手势了解对方的心理活动或心理状态。手势的作用大致有三个方面：一是澄清和描述事实，二是强调事实，三是吸引注意力。在课堂教学中，教师的手势可以传递思想感情，组织教学活动，展示自身良好的精神风貌与职业修养。

教师的站姿应给人以挺拔笔直、端庄大方、精力充沛、积极向上的良好印象。端庄、稳重、亲切、自然是教师站姿的基本要求。教师站在讲台上要精神振作，潇洒大方。要随时根据授课内容和课堂情景的变化调整站姿，适当走动，要善于运用恰到好处的动作和站姿来配合自己的语言表达。如讲课时，教师站在教室的前中央为最佳位置，即讲桌与黑板之间。这样做可以提高课堂教学的效率。教师讲课，总是辅以板书，还要随时参阅教案，站在讲桌与黑板之间，口述笔写，随手可到，浏览教案，低头可及，既节约时间又方便应手。

而在与学生交流和教学互动时，教师的站姿应保持身体微微前倾，与学生保持适当的距离，面对学生，看着学生，这不仅表明教师愿意与学生交流的积极态度，对学生说的话感兴趣，也表明教师的注意力都集中在学生身上，没有走神，增加了亲切感。

在学生回答问题时，教师有两种不好的站姿应当注意避免。第一种是不看着学生，甚至背对学生，给学生一种不礼貌的感觉，学生也不能从教师的表情中判断自己的回答是否正确，是否需要继续回答。第二种是目光游离，双手放在裤袋里或两手反在背后，一副居高临下的姿态。

# 第二节　新教师成长

## 一、拜师学艺

对于初任教师或任职时间在2—3年的新教师而言，学科组通常会指定一位具有丰富教学经验的老教师以"传帮带"的方式指导新教师尽快熟悉学科教育教学的各个环节，具体做法虽各校之间有差异，但有些要求却是共同的。如跟班听老教师的课，参加年级组集体备课，参与学校学科组的教研活动，观摩本地区学科组的公开课，等等。

目前，学校和地方教育行政部门也有通过设立"名师工作室"的方式，不仅为本校青年教师的发展着想，也想方设法为其他学校新教师尽快成长搭建平台，提供各种发展机会，这在一定程度上改变了青年教师培养过程中师傅带徒弟的传统做法中的弊病。在青年教师发展中可以通过中长期发展规划的实施，科学、合理地引导青年教师从教学的各个环节潜心研究，从青年教师的听课和备课、课前撰写教学计划和教学设计、安排教研活动等方面有计划、有步骤地进行。

## 二、钻研教材

对于新教师来说，钻研教材既是一项常规的教学工作，也是一项艰辛的工作。面对中学物理各版本、各系列、各模块教材，新教师会出现难以有效地把握教材的要义与核心，难以找到教材内容与学生认知结构之间的联系点，无法完成年级组和学校提出的要求，更谈不上从学科体系的角度深入理解教材的内容结构，理不清教材的内在逻辑关系，因而在从事教学工作时常常感到疲于奔命，总是在赶进度，总是在备课写教案，等等。我们觉得作为新教师应当注意以下几点：

### （一）结合课程标准的课程内容，通读课题内容

通过通读教材，了解本章节内容所包含的知识。在此基础上，理出各知识之间的关联图，初步揭示章节教材中各知识内容的内在联系和组织线索。

其次，对比其他版本的教材，了解教材的结构异同，认识不同版本教材在课时计划和内容安排上的相同点和不同点。

（二）精读教材对应的课时内容，钻研教材

以教学用的版本为主，对照其他版本教材，把握课时内容，明确课时安排，对课题教学活动的理解应从知识背景入手，研究教材是如何引入新知识和应用新知识的。

在通读教材阶段，注意课题的相关内容，包括导语、栏目、图表、文本、实验活动及安排，以及课后习题设计，等等。

研究教材导入环节内容的设计和安排，明确教材编写者是如何基于学生已有经验引出课题的，而这样的设计又是基于什么目的。

研究教材中诸如"观察与思考""活动与探究""探究活动""实验"等主要栏目，把握栏目的设计思想和功能定位，研究栏目设计的内容是通过什么方法进行研究、希望达到什么目的、知识的联结意义何在。

对于新教师而言，研究课时计划和教学要求，可以在很大程度上使自己的备课和教学设计具有明确的目的，针对性也会更强。例如，教材中有关例题和习题安排，能够很好地体现教学目标的具体要求，即为什么要在此安排例题，其对知识的强化和巩固包括对学生能力培养的要求又是如何体现的。

积极对待与教科书配套的教师教学用书，可以先从全局出发，在精读教材的基础上再去研究教师教学用书，体会教学用书在课时计划、重点和难点分析以及教法建议等方面的提示，这是深入理解教材并将此与编写者的意图联系起来的捷径。作为新教师，时常会遇到自己对教学活动的设计和安排会与教材、教学用书存在冲突的问题，建议此时先明了教材和教学用书的设计意图，弄清它们为什么会这样引入课题、这样做的结果会是怎样、自己对此问题的认识是怎样，等等。如果能够做到这些，则会出现钻研教材的想法，也会将这些想法与钻研其他版本教材联系起来。这对新教师的成长至关重要。

新教师由于缺乏教学经验，对学生的学习情况的了解浮于表面且多于想像，常感到难以把握教学的重点和难点。对于这些问题，新教师应当潜心钻研教材、研究教法、充分利用多种课程资源，主动积累教学经验，加强理论与实践的结合。此时在处理教材的重点特别是难点时，切忌以自己在某个阶段学习时的认识和体会为判断标准，并就此武断地认为已了解甚至熟悉所教学生的认知状态。

## 三、站稳课堂

新教师能否站稳课堂，不仅反映了其课前准备工作的质量高低，也体现出新教师能否通过课堂教学工作树立起自信心，进而将理论与实践有机地结合起来。

教学设计、实验准备、预计学生的认知发展状态，这些虽说是课外功夫，但如果没有机会展示那一定是最遗憾的。而如果有机会的话，又能展示到何种程度。所有这一切，都要通过课堂教学来实现。

对于各种类型的课堂教学，新教师都应当事先做好充分的准备。这里显然不能只将注意力放在新课教学而忽视实验课、习题课的教学准备。在培养师范生时，我们也曾告诫学生，凡是在习题课教学时，教师在黑板上演算具体数据则说明该教师习题课肯定是没有备课。有一位老教师曾说过，对于教材中的例题和习题，如果不去准备，不去备课，你就不会知道还有没有其他的解法。

对于缺乏课堂教学经验的新教师来说，正面的教学经验的积累非常重要，它很大程度上决定了新教师健康成长的发展方向。老教师的指导、课堂教学的观摩均应建立在新教师的课前思想准备上，自身教学技能的理论认识和实践经验不是凭空实现的，需要脚踏实地、一步一步地学习和积累，再加上自己对教学工作的反思，一定能够早日成为一名合格的中学物理教师。

站稳课堂要求教师应当注重提高课堂教学的效率。我们一直强调的高效课堂教学是指班级授课的高效率、高效益、高效果。从课程改革的角度讲，是指在班级授课中实现和整合课程三维目标——知识与技能、过程与方法、情感态度与价值观——的关键，是培养学生学科核心素养的关键。在课堂上，要克服学生的各种惰性现象，提高课堂教学中有限的时间内（40—45分钟）师生教与学的效率，实现教学效果的最优，教学效益的最好。改革课堂教学模式，提高课堂教学效率，提升学校教育质量，是基础教育改革的着眼点和突破口。

（一）充分做好课前准备，保障高效的课堂教学

教师在设计教学过程时，一定要针对学生已有的知识基础、能力水平与思想水平，符合学校现有的实际条件。这样设计出的教学方案才切合实际，才具有可操作性。"台上一分钟，台下十年功"，要实现课堂高效，必须下足课前准备功夫，备课不是单纯地写教案,而必需备教材、备学生，不仅要花功夫钻研教材、理解教材，仔细琢磨教学的重难点，更要了解学生的实际情况，合理设计教学活动，要设计高质量的有针对性的课堂练习，根据教学过程的设计和教学的实际需要制作好教学所必需的教具或课件、学生操作的学具等。仔细考虑课堂教学中的细节问题，对于课堂上学生可能出现的认知偏差要有充分的考虑，针对可能发生的情况设计应急方案，确保课堂教学的顺

利进行。

## （二）问题的切入宜从学生的生活实际和兴趣出发

好的开端是成功的一半。高效的课堂教学，必须重视问题的导入设计。中学物理课堂教学中，问题的切入有其自身的特点和规律。初中阶段的物理教学多以学生熟悉的日常生活经验为背景，以学生常见的生活中的物理现象为依托，必须想方设法引起学生对学习内容的探究兴趣，同时符合学科的特点及教材自身的性质。高中阶段的物理教学除了在学生已有的知识和经验的基础上，仍应重视学生的日常生活经验，而在探索物理规律的现象的认识方面又有一些新的特点。如在探究性教学的导入设计中，学生已有的知识背景则更为重要，这不仅反映出高中物理科学探究教学的特点，也折射出高中物理知识结构的逻辑性特点，其中的理论性和思想性也必须结合具体的教学内容展开。

## （三）优化"学、讲、练"时间安排

我们要改变课堂教学的观念，正确认识课堂教学的结构和程序、流程。课堂上教师要精讲多学多练，要精心安排学、讲、练的内容，以保证各个环节使用的时间，巩固课堂教学效果，就要求教师还必须在课堂练习题的设计和灵活使用上下功夫。课堂教学中教师应根据教学内容的不同需要灵活掌握，注意及时反馈。作为高效课堂教学，尝试、探索、自学成为课堂教学的主旋律，教师应当转换教学观念，作为学生学习的指导者、促进者，通过反馈，及时了解学生学习和掌握情况，有针对性地进行复习和巩固，激发学生的学习兴趣，并由此调整教学节奏，及时进行矫正教学等。

课堂教学是一个庞大而又复杂的动态系统，教学效率受许许多多因素的影响、制约，现代的课堂知识是多元化的，具有多样性的。追求教学的高质量、高效益，培养高素质的人才是每位教师的强烈愿望，在教学中应根据学生的特点和学习的一般规律，选择并确定适合自己也适应学生的一整套教学方法和教学策略，使之能够引起孩子们的学习兴趣，提高教学效果，帮助学生高效学习。

## 四、积极投身课程改革，参加学科教研活动

学科教研活动的参与程度在一定程度上决定着一位新教师正确认识教学工作的态度。我国基础教育课程改革正逐步走向深入，有关课堂教学的改革也渐入深层，对教师参与教研活动的要求也在不断提高。笔者所在地区自

2001年开始为全国义务教育初中物理课程改革试验区，历经多年卓有成效的教研活动，已经初步形成具有规模的较为规范的物理教研活动。目前，在中学物理教研活动中，一些学校均以教研为抓手，在市区和所辖县开展微课和翻转课堂教学研究。之前，与小学科学联合进行的"同课异构"活动，即小学科学教师到初中听物理教师的示范课，以及初中物理教师到小学科学听课的活动，无疑促进了学科之间的交流，拉近了科学课程教师之间的关系。初中物理教师已然明了学生在学习物理之前，对物理现象、物理概念的理解程度，而这些恰恰是初中物理教师了解学生物理前概念的重要基础。区级和市级物理教师的示范课和公开课的开展进行得有条不紊，青年教师投身初中物理课程改革的积极性与日俱增，在各级活动中涌现出一批积极参与课程和教学改革的青年人。

对于新教师而言，参与各级教研活动，无疑是为自己的成长提供了一个可以大显身手的舞台。现阶段我们对新教师或青年教师的要求是，首先要到当地的物理教研室报到，熟悉教研活动开展情况；其次，通过各种教研活动，加深同行之间的了解，并让同行知道自己感兴趣的领域和方向；第三，作为课题组成员，参与校、区、市级教学研究课程；第四，作为课题负责人申请校级、区级教研项目；第五，作为课题负责人申请省级及以上教学研究课题。

当然，对于新教师或青年教师，能够参与本地物理名师工作室的活动，可以借助这个高端平台，在与名师和同行交流和共事时有所收获。在名师工作室规范和系统的教研活动中，青年教师通过亲身经历名师的成长过程，了解名师和同行的长处，知晓其他教师在日常的教学工作之外都在干什么，与自己的兴趣是否相同，有无共同语言，能否通过合作达到自己预期的成长目标。客观地说，各地市学科教研活动开展较多，如教学设计评比、优质课展示、实验技能竞赛等，也有与其他部门联合开展的活动，如与电教馆、教学仪器站等共同开展的学科教学与信息技能整合的活动。

笔者曾多次参与当地物理学科教研活动，与中学物理教师就某一课题进行过探讨。在与一线中学物理教师交流时，发现仍有相当一部分青年教师普遍存在不知如何参与教研活动，不会撰写教研论文，不了解目前学科教育教学研究的新动态，对中考和高考缺乏理论和系统的前瞻研究，终日忙于应付日常教学工作。长此以往，不利于教师特别是青年教师的成长和专业发展。

## 五、努力进取，树立远大目标

教学工作开展较好、且有一定的教研活动作为支撑的示范学校，从学校师资队伍建设和发展出发，对新教师或青年教师的要求比较规范和具体。通常，学校对初中物理教师的要求是从事教学工作5年后能够独当一面，8年成才；高中物理教师则6年后能够独当一面，10年成才，届时学校将会向这些教师提出更高的专业发展要求，其中包括课堂教学的质量、中高考成绩、参与或主持教研项目、职称评定和晋升等。

鉴于学校对新教师或青年教师的培养目标和要求，新教师或青年教师首先要有强烈的进取愿望，并着力规划自己的专业发展方向，借助学校和地区的教研室不断提升专业发展水平。一是在教育教学工作方面，特别是课堂教学质量方面和教书育人方面；二是在参与学科教研活动方面，主持和参与校级、市区级、省级及以上教研项目，撰写教研论文和报告；三是参照职称评定方面的条件和要求，实现自我，均衡发展。

## 第三节　教师专业化发展

随着基础教育课程改革的不断深入，对中学物理教师的专业化发展提出了更高的要求。这对中学物理教师来说，既是一次机遇也是一次挑战。从根本上说，能否从思想上重视课程改革的迫切性，理解并贯彻课程改革的基本思想，能否从专业的角度做好准备并做到可持续发展，是关系到中学物理课程教学改革成败的关键。课程和教学改革的实践告诉我们，世界范围内无论哪个国家的哪次课程改革，如果没有教师的理解和支持是无法取得成功的。教师对待课程改革的态度将决定课程改革能否得以深入并最终取得成效。

基础教育中任何一门学科的课程和教学改革都必须促进学生全面而富有个性的发展。教师的专业化发展水平和专业素养不仅应当能够解决有效地传授人类积累起来的优秀文化遗产，同时也是基础教育课程改革的目标得以实现的重要保证。学生全面而富有个性的发展在很大程度上取决于教师的专业化发展水平。"为人师表""教书育人"不仅反映教师的思想品德、职业道德、专业水准、精神气质、志趣情操等在学生成长过程中潜移默化的影响，也是教师职业道德的基本要求。

"人们要求教师既要有技能，又要有职业精神和献身精神，这使他们肩负的责任十分重大。"[①]下面我们主要就教师的知识结构、能力层面和专业素养等方面进行解释和说明。

---

①联合国教科文组织总部.教育——财富蕴藏其中［M］.联合国教科文组织总部中文科，译.北京：教育科学出版社，1996：137.

## 一、知识结构

这里所谓的物理教师的知识结构，从宏观上看，主要是指教师从事物理教育教学工作应当具备的各种知识以及比例和整体构架。物理教师的知识结构主要包括几个方面。

### （一）扎实的专业知识

学者舒尔曼（L. S. Shulman）认为，教师必须知道如何把他所掌握的知识转换为学生能理解的表征形式才能使教学取得成功，因而教师应当具备以下的知识：①学科内容知识，这是物理教师立身的基础，也有人称之为教师的本体性知识。②一般教学法知识，或教师的条件性知识，指超出学科内容之外的有关教室组织和管理的主要的原则和策略。③课程知识，特指掌握适用于教师作为"职业工具"的材料和程序。④学科教学法知识，指学科内容知识与教育专业知识的混合物。⑤有关学生及其特性的知识。⑥有关教育脉络的知识，包括班级或小组的运转、学区的管理与财政、社区与文化的特征等。⑦有关教育目的目标、价值、哲学与历史渊源的知识。后面几项知识也可以称作实践性知识，即关于课堂情境及与之相关的知识。

从中学物理课程与教学改革的实践来看，中学物理教师必须掌握一定的专业知识，了解物理学科的产生、发展和变化的过程，提高自身的科学文化素养是十分必要的。我们认为，物理教师的专业知识，是指作为一名合格的物理教师所必备的专业方面的知识，主要包括几个方面：第一，熟悉现代物理，精通基础物理，掌握物理学的基础理论、基础知识、基本方法和基本技能，形成完整的物理学知识结构，清晰理解物理学知识的相对地位和相互关系以及知识的内涵和外延。第二，了解物理学的发展前沿。具有现代物理学的观念、思想，掌握物理学的最新发展动态，并能够以现代物理学前沿的眼光审视中学物理的概念、原理、理论。第三，了解物理学知识的应用。了解物理学知识与技术的关系，与社会发展、人类生存和生活的关系，将物理学知识与实际密切结合。第四，熟悉物理学的发展历史，知道物理学发生、发展的过程，物理学发展的内在规律，从而历史地、系统地看待物理学各部分的地位和作用，对物理学的未来发展有明确的认识，并能合理地运用物理学史于物理教学之中。我们谈到物理学的发展历史，总是将它与西方文化联系在一起，而对此的认识却存在偏颇。"只有了解西方的逻辑、批判性的思维和对未知事物的好奇心、发现真理的试验方法和处理问题的客观态度，我们才能正确评价它的文化。"①第五，掌握科学方法论。物理科学方法是物理学家认识物质运动规律的工具和手段，担负着发现、建立、检验、运用和发展物理规律的职能，也是物理教育改革的一项重要内容。第六，熟练的物理实验操作技能。物理学是一门以实验为基础的科学，物理教师必须具有娴熟的实验操作技能，处理实验数据和演示实验、分析实验原理的能力，具有设计实验、制作教具的能力，能指导学生课外实验探究和实验小制作的能力。最后，则是创新能力。物理教师自己必须有学科创新的经历，才能指导学生的研究性学习过程，在物理学科教学过程中，培养学生的创新精神、创新能力，指导学生探索科学创新的途径和方法，实施创新教育。

### （二）丰富的教育科学知识

现代课程和教育教学理论的发展，要求每一位教师必须掌握教育科学知识，懂得教育教学规律。科学的教育理论可以给教师以正确的教育教学理念和思想观点，从而使教师建立正确的学生观和发展观。教师劳动的特点决定了教师的教育教学工作一定要以科学的教育教学理论为基础，只有这样才能顺利地开展教育教学工作。"大部分教师都是因为他们有专业知识或科学才能而不是因为他们有教育才能而被聘用的""那种以为精通某些知识就足以将它们传授给他人的说法已经过时，那种不是把个人全面教育而是把理论知识的简单传授作为目的的内容教育学已经被超越。当然，对科目的精通是一个不可或缺的基本条件，但仅有一个条件是不够的。"②

教师的教育教学活动是一种特殊的艺术创造活动，这种创造性劳动的规律随着时代的前进而愈加复杂，教师必须有科学的教育理论做指导，具有广阔的教育前沿视野、敏感的教育问题意识、先进的教育思想观念、强烈的教育改革精神。要熟练掌握现代的教学理论、课程理论、学习理论。教学是一种双边、双向的活动，因此必须懂得心理学理论，把握和研究学生的生理与心理特点及个性差异，提高教学效果。精通物理教育学理论，熟练地分析、处理物理教材，恰当把握教材的重点，突破难点，进行最佳的教育教学方案的设计与研究，按照物理教育教学的规律进行有效的教学。教师的教育教学过程是科学的、严密的组织管理过程，所以要掌握教育管理、教育社会学的知识等。

① 联合国教科文组织总部.教育——财富蕴藏其中 [M].联合国教科文组织总部中文科，译.北京：教育科学出版社，1996：230.
② 转引自S.拉塞克，G·维迪努.从现在到2000年教育内容发展的全球展望 [M].马胜利，等译.北京：教育科学出版社，1996：266.

其次，在物理教育教学中，培养和发展学生的科学思维能力是十分重要的，特别是创造性思维能力的培养。物理教师必须谙熟思维规律，研究学生思考物理问题时思维的动态发展过程，找出规律，结合物理学科知识的教学培养学生建立物理模型及形象思维、直觉思维、逻辑思维等的方法与技巧。对于中学物理教师而言，同时还应当具有较高的美学修养。物理教师要具有高雅的审美情趣，健康的审美观念，敏锐的审美眼光，特别要具有科学美的审美能力。

最后，从教师专业化发展的角度来看，就是教师信念的建立。教师信念是指教师对有关教与学现象的某种理论、观点和见解的判断，它影响着教育实践和学生的身心发展。目前，教学重心向学生转移，学生是学习活动的决策者、实施者，这必须要有全新的教师信念作有力的支持。教师对教育工作的个人意义和社会意义有了明确的认识，并把这种认识转化为信念，才可能在强烈的责任心驱动下完成自己肩负的历史任务。夸美纽斯曾尖锐地指出："不学无术的教师，消极地指导别人的人，是没有躯体的人影，是无雨的云，无源的水，无光的灯，因而是空洞无物的。""学生可以原谅教师的严厉、刻板甚至吹毛求疵，但是不能原谅他的不学无术。"

我们可以看到，中学物理教师要掌握的教育科学知识主要包括教育学、心理学、教育心理学、教育测量与评价知识、教育科学研究方法和物理学科教学论等方面的知识。对未来的中学物理教师而言，"个人必须掌握高质量的基础教育的一切基本知识，学校应进一步赋予学生学习的兴趣和乐趣、学会学习的能力以及对知识的好奇心。"[①]物理教师必须努力学习物理教育教学理论，认识和掌握教育教学规律，形成科学的世界观和方法论基础，注重理论联系实际，在实践中灵活运用教育教学理论，促进学生的全面发展，创造性地发现和培养人才。

（三）必要的相关学科知识

现代科学的发展趋势主要体现在两个方面，即一方面继续高度分化，另一方面又高度综合，呈现纵向分支、横向综合，相邻学科间的交叉和渗透必将引起物理学科的扩大、发展、综合，中学物理教师必须具备相邻学科知识。另一方面，现代物理学的迅猛发展，物理学与其他众多学科之间的交叉综合，作为一个物理教师，应构建起立体网络式的知识结构，动态发展式的知识体系。比如数学基础知识，数学是培养理性思维的重要载体，是物理学

①联合国教科文组织总部.教育——财富蕴藏其中［M］.联合国教科文组织总部中文科，译.北京：教育科学出版社，1996：8.

工作者和物理教师科学素养的重要组成部分，数学不仅仅是物理学的重要工具，也是物理学的重要表述和思维工具。面对我国基础教育课程和教学改革发展的新形势，物理教师不但要有物理学和教育科学的专门知识，而且要有一定的人文社会科学方面的知识，具备一定的哲学、美学、逻辑学、文学以及系统科学等方面的基本知识。"学校的课程设置应与教师培训的内容相一致，在制订教学计划时，应同时制订出教学方法、教科书、教学材料和教具来。教学计划应考虑自然科学及人文科学研究文献所取得的进步。在制订教与学的方法时，还应考虑实验课的重要作用和在与自然界接触的生活和学习中所能获得的经验。"①科学文化和人文文化这两种文化之间的"隔阂既不是天生就有的，也不是历史造成的。这种疏远主要是20世纪的一个特点，它在很大程度上是由于教育忽视人的全面发展而造成的"②。

学校教育作为培养人的一种特殊的社会实践活动，教学是在一定的社会文化背景和传统文化背景中进行的，这种背景又影响着教师的观念和行为模式。教师的人文素养一般指教师的精神世界及其兴趣、爱好、品格等。物理教师人文素养的培养和提高与专业发展是相通的，前者是精神支柱，追求真理的动力，后者是对自然奥秘的探索实践。物理教师人文素养的培养，也可以从物理学本身出发去寻求，如物理学中实事求是的科学态度和正确的科学方法、科学的怀疑意识、颂扬创造精神、追求崇高、完美人格、强烈的社会责任感。

目前，由于专业分工太细，原本密切联系的关于客观世界的知识体系被人为地割裂开来，高等师范院校在教师教育课程设置和结构体系方面的确存在诸多问题，加之中学教育课程一味迎合"应试"和"考试"，以至于物理教师已有的狭窄的知识面越发狭窄。物理教师必须具有广博的知识基础，以满足学生多方面的探究兴趣和发展，帮助学生了解丰富多彩的世界，更好地理解物理学科。

"科学技术的发展不仅改变了物质生产，也改变社会生活。它要求普通教育的课程内容不断更新。对传统的知识应该认真地加以选择，因为它们始终是主要的基础知识，对经过更新的现代知识更需要认真选择。理论应该与实践相结合，因为这不仅能激发学生为掌握好基础知识而学习的欲望，而且能

---

① 联合国教科文组织总部.教育——财富蕴藏其中［M］.联合国教科文组织总部中文科，译.北京：教育科学出版社，1996：196－197.
② 联合国教科文组织总部.教育——财富蕴藏其中［M］.联合国教科文组织总部中文科，译.北京：教育科学出版社，1996：211.

大大促进他们发挥分析和解决问题的能力……"①

教师的知识是教师专业化的基础。已有的研究表明，教师的本体性知识与学生的学习成绩之间几乎不存在统计上的关系，且并非本体性知识越多越好。条件性知识也只有在具体实践的情境中才能发挥功效，更为重要的是实践性知识。这类知识的获得，因为其特有的个性、情境性、开放性和探索性特征，要求教师通过自我实践的反思和训练才能得到和确认，这也是我们强调和重视实践性知识的原因。

## 二、熟练的教学能力

教师所具有的熟练的教学能力不仅反映了教师这个职业与社会其他职业的根本区别，同时也反映了教师职业的特点。面对新世纪我国基础教育迅速发展现状，对教师的要求也越来越高，其中教师的教育教学能力的培养和提高的重要性日益显现。本书中所述的教师教学技能便是可以量化的教师教学能力，是构成教师教学能力重要组成部分。

目前，教师教学技能研究中有关教师的教学设计能力只是研究的一项重要内容，之所以关注教学设计能力的研究，主要是针对当前基础教育课程改革发展的需要和教师教育课程建设的需要，以及教师专业化发展的需要。我们认为，教学设计能力主要是指教师在课前根据学生对象的特点，对教学内容进行组织和再加工，并选择适当的教学模式和教学策略以获取最佳的、最有效的教学效果的能力。从我们前面的讨论不难得出，教学设计能力是诸多教学技能的组合，其基本内容包括分析学生学习特点与组织教学内容、制定恰当教学目标、选择教学模式与教学策略、预测课堂环境变化的技能。

基础教育课程改革提倡探究性学习方式，强调科学探究不仅是学习内容也是重要的学习方式。要求教师不是把科学作为结果的知识体系来传授，而是把科学当作一种过程，使学生在探究科学的过程中获得真实的体验。学生在探究性学习过程中，他们的认识、情感、意志及行为达到了高度的统一。教师必须要引导学生对观察、提问、分类、测量、实验、推理、假设、解释、表达、交流等活动既感到有兴趣，又力所能及。在这个学习过程中，教师有效指导和学生积极主动同样重要。

教师在探究性学习中的指导作用体现在：

（1）精心设计探究计划。物理教学以全面提高学生的科学素养为目标，教师必须对课程内容进行甄别，选择合适的内容与形式设计探究活动，对学

---

① S.拉塞克，G.维迪努.从现在到2000年教育内容发展的全球展望［M］.马胜利，等译.北京：教育科学出版社，1996：152.

生已有的知识水平和各种能力做正确的评估，在探究过程中又要做适当的监测与指导。

（2）选择和组织恰当的教学材料。所选材料必须与所学的重要概念或原理有关，材料要引起学生普遍的兴趣，材料之间能发生多种相互作用，形成不同的联系方式，确保每组或每个学生有足够的材料。

（3）做好探究学习的组织安排。教师必须能正确地根据学习任务的性质和学习进程判断什么时候运用班级教学、小组合作、个人独立探究的教学组织形式，达到什么教学目标。

（4）有效指导教学过程。教师必须学会既要引导学生为达到一定目标而努力，又要允许学生确定他们自己的目标并为之奋斗，既要肯花时间让学生对某一课题做更深层次的探讨，又要及时地把教学活动转移到需要学习的内容上来。学生之间存在各种各样的差异，要使每个学生都参与探究、乐于探究，达到探究的目标，这对教师的指导提出了很高的要求。

教师要在探究性学习中真正体现主体作用，还要具有进行探究性提问和探究性讨论的技能。探究性提问要问在有疑之处，问题难易适度，具有启发性，在提问过程中要创造良好的课堂气氛。探究性讨论中要选择恰当的讨论问题，营造良好的课程讨论环境，建立有凝聚力的、配合默契的小组，安排好最适合的组织形式。此外，教师还要学会按照课程改革的评价理念，对探究性学习实施科学的评价，以激励学生探究性学习活动的开展。

为了更好地指导探究性学习，教师必须拓宽自己的知识面，因为探究的主题和探究的过程都会涉及多方面的知识。教师必须积极开展科学研究，丰富自己的科研经历，提高自己的科研水平，掌握科学研究的各个环节，以便在探究性学习的各个方面都能作出针对性的、卓有成效的指导。

通过探究性学习过程可以更好地培养学生学会学习的能力。联合国教科文组织在其文件中指出，面向21世纪教育应围绕学会认知、学会做事、学会共同生活、学会生存四种基本学习加以安排，认为学会认知即获取知识的手段[①]。这里，针对学校教育而言，所谓"学会学习"主要是指会根据自己的实际情况为自己确定学习目标，善于选择学习策略。目前已经识别出来的认知学习策略主要有产生和维持动机，使焦虑衰减，产生热爱学习的积极情感，在所学材料的各个部分之间建立其联系，通过其他方法将新信息与已有信息相关，利用认知监控注意力，运用理解监控检查记忆，利用执行性控制策略组织和协调活动等。善于运用元认知能力监控和调节自己的学习过程。学习

---

① 联合国教科文组织总部.教育——财富蕴藏其中 [M].联合国教科文组织总部中文科，译.北京：教育科学出版社，1996：75.

过程是一个动态的过程，一个会学习的人，不仅要会为自己设置目标，而且要会把自己的学习过程放在自己意识的监控之下。根据学习过程中出现的问题，及时地调整和修正自己的学习策略，以达到预期的目标。

通过物理教学实际，教师应当引导学生学会学习的技能，即帮助学生根据自己完成学习任务的水平、能力和实际效果，为学生确定相应的学习目标，根据教学目标的要求选择适当的学习策略。为了做到这一点，一定要让学生了解自己的认知特点和认知风格。培养学生的元学习能力，引导学生学会把自己的学习过程放到自己意识的监控之下。要求学生经常通过自我观察和反省来检查自己的学习行为。另外，还要注意及时总结自己成功的经验，不断完善和提高自己的学习策略。

我们应当清楚地看到，具备课程应用和开发能力对教师专业发展而言具有重要的意义，它是教师成长过程的一个重要分水岭。自20世纪70年代以来，西方教育科学领域由探究普适性的教育规律转向寻求情景化的教育意义，这种课程理论的研究已逐渐由原先的认识课程发展为对课程相关概念的理解，从而把课程作为一种多元"文本"来理解，从而实现了课程与教学研究领域的匹配和结合。与课程研究领域相对应，教学研究领域正在走出仅作为教育心理学之应用学科的狭隘视域，开始运用多学科的话语来解读教学的意义。作为教育改革关键的教师，自20世纪80年代以来，教师专业化已成为现代教育改革和教育研究中备受关注的焦点之一。我国从2001年4月1日起，首次开展全面实施教师资格认定工作。我国教师教育课程标准的颁布，彰显教师专业化则必须落实教师专业发展，这也是教师教育改革的根本。2014年教师节期间，习近平总书记便用"有理想信念，有道德情操，有扎实学识，有仁爱之心"定义"好教师"的标准。扎实的知识功底、过硬的教学能力、勤勉的教学态度、科学的教学方法是教师的基本素质，其中知识是根本基础。

随着基础教育课程改革的深入，有关教师的专业情意问题的研究已越来越受到人们的重视，"无论是教师的入门培训还是在职培训，其主要使命之一是在教师身上发展社会期待于他们的伦理的、智力的和情感的品质，以使他们日后能在他们学生身上培养同样的品质。"[①]目前对此问题的研究主要集中在教师的专业信念、专业情操、专业自我等方面。

当前，世界各国掀起了教育改革的热潮，在改革中都把提高教师的素养放在重要地位，特别是美国、英国、日本、韩国等出台一系列改革措施和方案，以提高教师素养。"教师的奉献精神和能力同课程内容一样，决定着教育

---

① 联合国教科文组织总部.教育——财富蕴藏其中［M］.联合国教科文组织总部中文科，译.北京：教育科学出版社，1996：143.

的质量和针对性；因此，如果没有教师的参与和全力支持，任何教学计划的改革都是不能成功的。"①就教师教育发展的总体趋势而言，教师应具备较高的学历水平，广博精深的科学文化素养，全面创新的能力素养，整体素养上的"全能型"和"完整型"。我们构建的中学物理教师的专业素养体系与世界各国致力提高教师素养的总趋势是基本一致的。

## 三、教师专业化发展

众所周知，提高教师素养是实施素质教育的必要保障，是提高教育质量的关键，是教育改革的核心问题。教师素质高低直接影响人才培养和教育教学的效果。要提高中学物理教育质量，推动中学物理教育改革，必须要有一支高素质的中学物理教师队伍。中学物理教师所从事的教学活动，一方面要传授知识、培养能力、提高素质，要培养学生具有科学的精神，掌握科学的方法，具有科学的想像力、创造力，以适应现代物理学发展、社会变革、教育改革对人才提出的全新的要求。另一方面，也是更重要的，是要使中学生了解物理学，欣赏物理学，引起中学生对物理学的浓厚兴趣，愿学物理学，会学物理学，乐学物理学，并立志为物理学的发展而奋斗、献身。

基础教育课程改革力图突破传统的课程与教学的概念框架，以先进的教育教学理念冲击着传统的课程观念。在大规模课程改革的背景下，教师作为课程实施主体和教学主体，已成为实现课程改革的理想的关键人物，同时，教师也将在改革的大潮中获得新生。随着课程改革的不断推进，教师的专业素质、专业发展已成为人们关注的焦点。

促进教师的发展、提高教师的专业素养已经成为现代教育领域的一个热点问题，引起了全世界的普遍关注。教师专业化是指教师在整个专业生涯中，通过终身专业训练，习得教育专业知识技能，实施专业自主，表现专业道德，并逐步提高自身从教素质，成为一个良好的教育专业工作者的专业成长过程。"我们无论怎样强调教学质量亦即教师质量的重要性都不会过分。"②

20世纪80年代以来，以"教师""教师文化""教师教育"为主题的研究构成了教育研究的重大领域，"教师专业化"成为许多国家和地区关注的中心和焦点主题之一。世界"教师专业化运动"也由此兴起并成为提高教育质量的保障。美国、日本以及一些国际组织都在积极地推进教师专业化的改革。

---

①联合国教科文组织总部.教育——财富蕴藏其中［M］.联合国教科文组织总部中文科，译.北京：教育科学出版社，1996：119.
②联合国教科文组织总部.教育——财富蕴藏其中［M］.联合国教科文组织总部中文科，译.北京：教育科学出版社，1996：139.

1998年，在北京召开的"面向21世纪师范教育国际研讨会"明确提出："当前师范教育改革的核心是教师专业化问题"。培养具有专业化水准的教师成为国际教师教育改革的目标。目前，中国教师教育正在发生着历史性的变革，正在从数量发展向质量提高转变。从我国的现状分析，当代青少年的培养需要的是专业化的教师；我国教育的改革发展要求教师队伍建设实现从"数量扩张型"到"质量优化型"的转变。进入21世纪，基础教育的改革对教师提出了全面的要求，教师将在新课程的实施中实现自身专业化的发展，终身教育运动要求教师专业发展的可持续性。

从20世纪60年代开始，对教师专业化的发展过程和专业化发展范式的研究不断深入，不仅提出了各种理论，而且在理论的指导下进行了大量实践。

### 1. 教师专业化过程

对教师专业化发展过程的研究，主要的观点有：三阶段论（求生存阶段、调整阶段和成熟阶段）、四阶段论（求生、巩固、更新、成熟）、五阶段论（新手、已入门者、胜任者、熟练者、专家）。一般认为可分成：准备阶段（教师教育）、求生阶段（任职第一二年）、巩固阶段（任职第三四年）、更新阶段（任职第四五年）和成熟阶段（四五年后）。根据教师不同的特点，各阶段的年限会有所变化。在各个不同阶段，教师具有不同的发展内容和侧重点。同时，在教师成长的五阶段中，更新和成熟两个阶段是连续循环、交叉重叠的两个过程，正是在不断地求新—成熟—再求新—再成熟的过程中，教师的专业水平不断提高，专业能力得到增强。

从一名普通教师到优秀教师或教学名师，大致需要经历掌握学科知识、习得教学技能、探索教育教学规律等三个阶段。而要成为一名优秀教师或教学名师，需要的是像科学家那样的探索精神，能够带着理性的目光，审视自己的教学实践和他人的实践经验，创造性地改进自己的教学工作，不断地完善自己，成为一名真正的、具有个性特点的学者型教师。

### 2. 教师专业化的范式

研究者们对教师专业化范式进行了长期的探讨，发展了各种不同的体现对教师专业发展不同要求的范式，如能干型实践者、研究型实践者、反思型实践者，等等。这其中，教师成为研究者则与教师从事教育教学工作的行动研究联系在一起。

教师成为研究者可以使教师更加关注具体的教学情境，通过行动研究把教育理论和教学研究方法应用于教学实践，并在实践的基础上促使教师对教学过程和课堂行动进行必要的反思与研究，把成功的教学经验上升为教学理论，重视自己教育教学行动的有效性和合理性的研究，以提高教育教学的质量和水平。

在实践中，教师的教育研究应以直接推动教育教学实际工作改进为目的，不断对自己的实践进行考察和反思。通过研究，教师完全可以提出解决教学中存在问题的方法和思路，这本身就是一种创造。教师要转变角色，必须增强课程意识，加深对课程观念的认识和课程观念的转变。要着力提高对课程实施的适应能力，提高自身的整体素质。教师应当积极参与课程和教学改革，成为课程开发的主体，促使课程得到有效实施。教师作为研究者不仅顺应教师专业化发展的方向，而且具体要求体现在教师的教育理论水平、教育科研能力、信息技术应用能力和外语水平的提高。

在教师的专业化发展中，教育实践能力、教育研究能力和教育反思能力是教师专业化发展中的三个重要目标，但我们还应看到教师发展具有差异，教育也需要具有不同层次、不同专长的教师，即要强调发展模式的多样化。应从教师现有的发展水平出发，根据其不同的特点，提出最切合实际的专业化发展要求，以最大限度地促进其专业能力的发展和提高。

### 3. 课程改革中教师的新角色

在新课程中教师角色的转变，赋予了教师的教学行为以全新的含义，可以使教师在课程的实施中发挥应有的功能，促使教师主动地适应新课程，树立新的教师形象，为教育理论和实践的发展做出贡献。

（1）教师作为学习的组织者。教师要成为学习的组织者，关注学生主体，提升学生主体性，为学生的自主学习创造条件。要面向全体学生，了解和研究每个学生的需要及其发展的可能性，注重个别指导，尽可能满足学生的不同需要。

（2）教师作为学习的引导者。倡导学生主动参与、乐于探究、勤于动手的学习方式，这种学习方式的转变必然要求教师教学方式的转变，教师的角色也随之发生转变，即从知识传递者转变为学生学习的引导者。这种转变，对教师的知识面、理论水平、认识水平、洞察问题的能力，特别是科学研究的经历等方面提出了更高的要求。

（3）教师作为反思型实践者。教师需要在教学实践中不断反思，发现自身不足，提高教学水平，充分认识理论指导下的实践活动的意义和重要性。在新课程的实施中，教师要通过反思进一步理解新课程，提高实施新课程的效果和水平。

（4）教师作为课程开发者。教师是课程开发的主体，通过参与课程开发，教师获得专业发展的机会，从而促进教师的专业成长。教师作为课程开发者拓展了自身专业活动范围，提高了课程开发的能力和水平。"教学计划和教材的制定要在在职教师的参与下进行，因为对学习的评价无法和教学实践分享。"[1]2016年，新修订的《普通高中物理课程标准（征求意见稿）》中明确指出教师的课程能力，认为物理教师必须具备培养学生物理核心素养的课程开发、实施与评价的能力。

（5）教师作为研究者。教师作为研究者，这是指教师在教室里检验已有的理论。教师作为行动研究者，指教师针对某些实际问题改变自己原有的教育教学方式，在解决问题过程中不断进行自我监控、评价，从而修正、改进和提高自己的理论。教师作为开放性行动研究者，指教师通过"促进者"即外来专家的帮助，形成自己的研究共同体，并由教师共同体来引导他们不断地进行自我反思、调整教育实践。

"教学是一门艺术，任何东西都无法取代丰富多彩的教学对话。"[2]但并不仅仅体现在方法技巧上，而是从教学的性质、特点、内容等方面都表现出艺术性来。第一，教学过程给教师提供了充分、自由的创作空间，使得教师能够有机会以其独特的个性，充分施展他的才华，去传递人类文化遗产，发展学生的体魄与智慧，塑造学生的心灵。教师将教学原理、教学原则、教学方法创造性地融为一体并运用于物理教学之中，在教与学的互动中，化繁为简、化难为易、化平凡为神奇，使学生的知识、思维、情感、个性和意志品质得到全面的提升。教学过程是一个动态发展的过程，教师必须以不断创新的方式来处理教学过程中发生的各种意料的和始料不及的事件，使整个物理教学过程与学生的接受过程、思维过程相融合，教和学交相辉映，相得益彰。教学过程中，教和学的双方都是活生生的人，有思想、有情感、有个性，各方面又存在各种不同的差异，而要让所有的学生都能在物理学习中得到充分的发展，得到最大的提高，教师就必须研究学生、了解学生、熟悉学生，有针对性地指导与帮助学生，因而，教师必须具备科学的理论、高超的专业水平、独特的教学艺术。

---

① 联合国教科文组织总部.教育——财富蕴藏其中［M］.联合国教科文组织总部中文科，译.北京：教育科学出版社，1996：146.

② 联合国教科文组织总部.教育——财富蕴藏其中［M］.联合国教科文组织总部中文科，译.北京：教育科学出版社，1996：170.

# 参考文献

[1] 《安徽省中小学教师继续教育丛书》编委会.物理课堂教学技能训练 [M].合肥：安徽教育出版社，2000.

[2] 蔡冠群.微格教学与教师教学技能实训教程 [M].长春：东北师范大学出版社，2008.

[3] 陈向明.在行动研究中学作质的研究 [M].北京：教育科学出版社，2003.

[4] 陈刚.物理教学设计 [M].上海：华东师范大学出版社，2009.

[5] 邓金.培格曼最新国际教师百科全书 [M].北京：学苑出版社，1989.

[6] 郭友，等.教师教学技能 [M].北京：首都师范大学出版社，1993.

[7] 郭怀中.物理教学论 [M].芜湖：安徽师范大学出版社，2011.

[8] 高艳.现代教学基本技能 [M].青岛：中国海洋大学出版社，2000.

[9] 胡淑珍，等.教学技能 [M].长沙：湖南师范大学出版社，1996.

[10] 教育部师范教育司.教师专业化的理论与实践 [M].北京：人民教育出版社，2001.

[11] 刘炳升，仲扣庄.中学物理教师专业技能训练 [M].北京：高等教育出版社，2004.

[12] 孟宪恺.微格教学基础教程 [M].北京：北京师范大学出版社，1992.

[13] [加拿大]迈克·富兰.变革的力量——透视教育改革 [M].北京：教育科学出版社，2000.

[14] 欧用生.教师专业发展 [M].中国台湾：师大书苑，1997.

[15] 孙立仁.中学物理微格教学教程 [M].2版.北京：科学出版社，2002.

[16] 物理课程标准研制组.全日制义务教育物理课程标准（实验稿）解读 [M].武汉：湖北教育出版社，2002.

[17] 物理课程标准研制组.普通高中物理课程标准（实验稿）解读 [M].武汉：湖北教育出版社，2004.

[18] 新课程实施过程中培训问题研究课题组.新课程与教师角色转变 [M].北京：教育科学出版社，2001.

［19］阎金铎，田世昆.中学物理教学概论［M］.北京：高等教育出版社，2003.

［20］［日］佐藤学.课程与教师［M］.钟启泉，译.北京：教育科学出版社，2003.

［21］中华人民共和国教育部.全日制义务教育物理课程标准（实验稿）［S］.北京：北京师范大学出版社，2001.

［22］中华人民共和国教育部.普通高中课程方案（实验）［S］.北京：人民教育出版社，2003.

［23］中华人民共和国教育部.普通高中物理课程标准（实验）［S］.北京：人民教育出版社，2003.

［24］中华人民共和国教育部.全日制义务教育物理课程标准（2011年版）［S］.北京：北京师范大学出版社，2011.